*gleterre), une
lle commence
lle poursuit à
bert Bradford*

Spécialiste de la mode et de la décoration d'intérieur, elle publie en 1968 The Complete Encyclopedia of Homemaking Ideas (somme de conseils pour décorer le foyer), puis assume une rubrique Designing Woman (La décoratrice), très suivie dans l'ensemble des Etats-Unis. On doit à cette journaliste bien connue quatre autres ouvrages sur le même thème, une série en quatre volumes sur How To Be the Perfect Wife (Comment être l'épouse parfaite), plus un certain nombre de livres pour enfants.
Le premier roman de Barbara Taylor Bradford : L'Espace d'une vie (titre original : A Woman of Substance) paraît en 1979 et connaît aussitôt un immense succès.

Emma Harte, révoltée que son jeune frère Frank ait dû quitter l'école à douze ans pour entrer dans la filature du village, alors qu'il adore l'étude, consciente néanmoins que son maigre salaire est aussi indispensable à la famille que celui gagné par son père et son frère aîné Winston à la briqueterie, ne se résigne pas à la pauvreté. Elle se jure de devenir riche.
Elle a quatorze ans, Emma, quand elle prononce ce serment et elle est fille de cuisine au manoir d'Adam Fairley, maître des usines et des terres alentour. Elle le déteste d'instinct mais n'en travaille qu'avec plus d'ardeur pour édifier sa richesse future et engranger tout le savoir qui pourra lui servir plus tard.
Si à seize ans elle a acquis une compétence bien au-dessus de son âge, elle a aussi la distinction d'une vraie « lady » — avec la beauté en plus, comme l'a constaté depuis longtemps son ami l'Irlandais Blackie O'Neill. Edwin, le fils cadet d'Adam Fairley qui s'est lié d'amitié avec elle, s'en aperçoit à son tour. Et c'est le coup de foudre réciproque.
Les princes épousent les bergères, disent les contes de fées, mais un fils de gentilhomme épouse-t-il sa domestique dans l'Angleterre de 1904 ? Cette question oriente toute la destinée d'Emma Harte, la petite fille qui voulait faire fortune et dont l'étonnante histoire commence dans un village niché au creux des landes du Yorkshire.

BARBARA TAYLOR BRADFORD

L'Espace d'une vie

Tome 1

TRADUIT DE L'AMÉRICAIN
PAR MICHEL GANSTEL

BELFOND

Ce livre a été publié sous le titre original :
A WOMAN OF SUBSTANCE

par Doubleday, New York.

© *Barbara Taylor Bradford 1979.*
© *Belfond* pour la traduction française *1980.*

*Pour Bob et mes parents.
Ils savent pourquoi...*

La valeur d'une vie ne repose point dans le nombre de ses jours mais dans l'usage que l'on en fait. Un homme peut vivre longtemps sans retirer grand-chose de sa vie. Pour tirer de la vie des satisfactions, il ne faut point compter sur le nombre des années mais sur sa volonté.

MONTAIGNE, *Essais*.

J'ai le cœur d'un homme et non d'une femme, et je ne redoute rien...

ELIZABETH, Ire, reine d'Angleterre.

PROLOGUE

1968

Il marche dans la plaine et se réjouit de sa puissance. Car ses ennemis s'avancent à sa rencontre.

Job

1

Le Lear-Jet venait de crever le plafond de nuages et Emma Harte recula, éblouie par le soudain éclat du soleil. Le bleu du ciel lui tira un léger cri de surprise : c'était précisément le ton d'un ciel de Turner, celui du grand paysage accroché au-dessus de la cheminée dans le petit salon de Pennistone. Un ciel du Yorkshire au printemps, quand le vent du matin a débarbouillé la lande de ses brumes.

Son expression sévère s'adoucit d'un sourire. Car Emma Harte avait toujours plaisir à évoquer Pennistone, cette grande bâtisse à allure de château, sa maison. Dressée sur l'austérité de la lande comme un monument indestructible, œuvre de quelque architecte surnaturel, c'était pour elle le symbole de la pérennité, un refuge au milieu des dangers. C'était *son* foyer, *son* refuge. Il y avait trop longtemps, six semaines déjà, qu'elle s'en était éloignée. Dans moins d'une semaine, elle serait de retour à Londres. A la fin du mois, au plus tard, elle retrouverait son cher Pennistone, se laisserait envelopper de son atmosphère apaisante et immuable, du charme de ses jardins. Elle pourrait surtout s'y entourer de l'amour de ses petits-enfants.

Rassérénée, elle se détendit tout à fait. La tension nerveuse qui, ces derniers jours, ne lui avait laissé aucun répit se dissipait peu à peu. La bataille qui avait fait rage pendant l'assemblée extraordinaire de *Sitex*

Oil Corporation of America, dont elle était la principale actionnaire, l'avait à ce point épuisée qu'elle se réjouissait presque de retrouver le calme, pourtant tout relatif, de ses bureaux de New York. Ce voyage à Houston avait été un calvaire. Elle devenait trop vieille pour courir le monde en avion et se battre comme un jeune homme... A peine formulée, elle chassa cette pensée : même pour un instant, Emma Harte ne pouvait accepter la faiblesse, encore moins la défaite. C'était indigne d'elle. Trop vieille? Allons donc! Il lui arrivait parfois de ressentir la fatigue, une certaine lassitude. Mais surtout quand elle avait des imbéciles en face d'elle! Et Harry Marriott, président de la *Sitex*, en était un, dangereux comme tous les imbéciles. Le problème était maintenant réglé, à quoi bon s'y attarder? Mieux valait préserver ses forces pour les consacrer à l'avenir. Lui seul comptait.

Elle se redressa sur son siège, déjà impatiente de se tourner vers une occupation utile. Quand il s'agissait de ses affaires, sujet qui l'occupait tout entière, Emma Harte ignorait la fatigue, méprisait le sommeil et trouvait toujours en elle d'inépuisables ressources d'énergie. Assise très droite, presque raide, les chevilles croisées, la tête dressée, il émanait d'elle une dignité impérieuse et une puissance de caractère impossible à méconnaître, qui semblait s'exprimer dans l'éclat métallique de ses yeux verts. D'un geste machinal, elle lissa son impeccable chevelure argentée, tira sur un imaginaire faux pli de son élégante robe de laine gris foncé, dont la sévérité n'était adoucie que d'un rang de perles et d'une discrète broche d'or rehaussée d'émeraudes. Redevenue pleinement elle-même, prête à affronter le monde, Emma Harte eut un mince sourire de contentement.

En face d'elle, dans la confortable cabine du Lear-Jet mis à leur disposition par la *Sitex*, sa petite-fille Paula était plongée dans des dossiers et prenait des notes en prévision de la semaine que les deux femmes allaient passer à New York. Emma la regarda avec attendrissement. Ce matin, pensa-t-elle, Paula a l'air fatigué, les traits tirés. Je la mène peut-être trop dur... Mais non, se dit-elle, Paula est jeune. Elle peut bien supporter un peu de surmenage de temps en temps.

Elle attira son attention et lui sourit :

« Paula, ma chérie, veux-tu demander au steward qu'il nous prépare du café ? J'en ai grand besoin, ce matin. »

La jeune fille releva la tête. Sans être jolie au sens classique, elle avait une beauté tout en contrastes : une chevelure lisse, très noire; un visage un peu allongé, aux pommettes saillantes et au front large; des traits irréguliers mais vifs et expressifs, avec un menton volontaire qui rappelait celui de sa grand-mère; un teint clair et lumineux. Et surtout des yeux immenses, d'un bleu si profond qu'ils en prenaient des reflets violets.

« Bien sûr, grand-mère! répondit-elle en souriant. J'en prendrai volontiers moi aussi. »

Elle se leva pour se diriger vers l'avant de l'appareil et Emma la suivit des yeux. Une longue silhouette souple, aux mouvements pleins d'aisance. L'allure d'un pur-sang, se dit-elle avec fierté. Paula était la préférée de ses petits-enfants, la fille de Daisy, qu'Emma avait toujours mieux aimée que ses autres enfants.

Paula incarnait ses rêves et ses espoirs. Très tôt, des liens particuliers s'étaient noués entre l'enfant et sa grand-mère. Toute jeune encore, Paula avait manifesté une attirance peu commune chez un enfant de cet âge pour les affaires de sa famille. Sa distraction favorite était d'accompagner Emma à son bureau et de la regarder travailler. Dès l'âge de quatorze ans, Paula provoquait l'étonnement de sa grand-mère par sa compréhension des questions les plus complexes. Secrètement ravie de telles dispositions, dont aucun de ses enfants n'avait fait preuve, Emma s'était efforcée de refréner son enthousiasme de crainte qu'il ne s'agît que d'un feu de paille juvénile. Il n'en avait rien été et la précocité de Paula ne fit que se renforcer avec le temps. A dix-huit ans, elle refusa d'aller « perdre son temps » dans un de ces pensionnats chics où la Suisse transforme les jeunes filles fortunées en ladies de la « jet-society » : elle préférait se mettre immédiatement au travail avec sa grand-mère.

Au cours des années qui suivirent, Emma prit Paula en main avec une exigence qu'elle n'imposait à aucun de ses subordonnés. Cet apprentissage porta ses fruits. A vingt-trois ans, Paula était si bien familiarisée avec les moindres rouages de *Harte Enterprises*, elle possédait une maturité et une sûreté de jugement tellement au-dessus de son âge qu'Emma lui avait confié un poste clef à la vive indignation de Kit, l'aîné de ses fils. Devenue l'adjointe de sa grand-mère, Paula était au courant de toutes ses affaires et recevait ses confidences sur les problèmes familiaux les plus épineux, situation que son oncle jugeait intolérable.

Paula revint à sa place, reprit ses dossiers. Les deux femmes échangèrent quelques commentaires sur les résultats du magasin de New York, récemment réorganisé par Emma. Cela lui permit de constater à nouveau les qualités de jugement de sa petite-fille. Avec Paula, se dit-elle, l'avenir est assuré.

Emma chaussa ses lunettes et parcourut une dernière fois l'épais dossier *Sitex*, dont la lecture lui tira des sourires désabusés. Il lui avait fallu trois ans de luttes, de ruses et de louvoiements pour arracher enfin la direction générale à Harry Marriott et le remiser sur la voie de garage d'une présidence honoraire où il serait inoffensif. Avec l'appui du conseil d'administration et malgré les supplications de Harry, elle avait réussi à le chasser de son fauteuil pour y asseoir son candidat. *Sitex Oil* était sauvée, mais Emma ne tirait aucun plaisir de sa victoire. La bataille avait été trop dégradante.

Elle referma son dossier, but quelques gorgées de son café et regarda pensivement Paula.

« Paula, ma chérie ? » lui dit-elle.

La jeune fille releva les yeux.

« Maintenant que tu as assisté à plusieurs assemblées et conseils de la *Sitex*, crois-tu pouvoir t'en occuper seule ? »

Paula ouvrit des yeux étonnés :

« Moi, seule là-bas ? C'est m'envoyer à l'abattoir ! Vous ne parlez pas sérieusement, grand-mère !

— Je ne plaisante jamais sur ces sujets-là », répondit Emma avec une moue agacée.

La jeune fille ne répondit pas et, pendant le long silence qui suivit, Emma l'observa attentivement. Aurait-elle peur ? se demanda-t-elle. Me serais-je trompée sur son compte, va-t-elle se révéler aussi faible, aussi indécise que les autres ?

« Naturellement, reprit-elle, je ne compte pas t'y envoyer seule avant que tu ne sois toi-même convaincue, comme je le suis déjà, d'en être parfaitement capable. »

Paula posa ses dossiers, se carra dans son siège et dévisagea sa grand-mère avec fermeté :

« La question n'est pas là, grand-mère. Croyez-vous qu'ils m'écouteront avec le respect que vous leur imposez ? Non, tous ces hommes me feront des sourires condescendants et me traiteront comme une gamine sans importance. Je ne suis pas vous et ils le savent. »

Emma eut un sourire amusé. Ce qu'elle avait pris pour de la pusillanimité n'était, en fin de compte, qu'une poussée de vanité toute féminine... Cela ne ressemblait pourtant pas au caractère de Paula.

« Je n'ignore pas ce qu'ils pensent de toi, répondit-elle en reprenant son sérieux. Mais tu sais comme moi qu'ils se trompent. Je comprendrais que leur attitude te vexe. A ton âge, ma croix la plus lourde à porter était précisément de me trouver en butte aux exaspérantes manifestations de la prétendue supériorité masculine. Pourtant, d'être toujours sous-estimée, traitée comme une petite femme sans conséquence a constitué mon avantage le plus décisif et j'ai vite appris à m'en servir, crois-moi ! Vois-tu, ma chère enfant, devant nous autres faibles femmes, ces messieurs baissent leur garde, commettent des erreurs et des négligences dont nous n'avons plus qu'à profiter. Combien de fois m'ont-ils ainsi offert des victoires inespérées...

— Peut-être, grand-mère, mais...

— Pas de mais, Paula ! Je sais ce dont tu es capable et je te connais sans doute mieux que toi-même, ma chérie, dit-elle en souriant. N'oublie jamais que ce qui compte, dans la vie, ce n'est pas ce que les autres pensent de toi. L'important, c'est de savoir ce qu'on est et ce qu'on vaut. L'aurais-tu déjà oublié ? »

Paula secoua la tête sans répondre.

« Après ma mort, reprit Emma, tu auras pour toi autre chose que tes seules qualités. Partout où tu iras, tu inspireras aux autres le respect qu'ils m'accordent aujourd'hui. Car tu détiendras alors une arme que nul au monde ne peut mépriser : le pouvoir. Je ne te parle pas simplement d'argent ni de fortune, il s'agit de bien autre chose. Le droit de décision sans appel que confère la majorité des actions. Cela, ma petite, personne n'ose le discuter, pas même les mufles de la *Sitex* ! Cette puissance-là compte bien plus que la fortune seule. De l'argent, il en faut, bien entendu, pour se loger, se nourrir, se vêtir, mais une fois l'essentiel assuré, l'argent ne compte plus. Il devient un outil, un moyen d'acquérir le pouvoir. Et il est faux de prétendre que le pouvoir corrompt. Il n'avilit que ceux qui en font mauvais usage et sont prêts à ramper pour le conserver. Bien exercé, le pouvoir peut au contraire ennoblir celui qui le détient. »

Paula écoutait sa grand-mère avec fascination. Emma Harte avait soixante-dix-huit ans. Une vieille dame... Elle ne portait pourtant aucun des stigmates de l'âge et n'avait rien perdu de son extraordinaire vitalité. Serait-elle capable, elle, sa petite-fille, de l'égaler un jour ?

« Vous avez raison, grand-mère, répondit-elle enfin. Le spectacle de ces gens et de leur bassesse m'avait sans doute déprimée. Non, avec ou sans le pouvoir dont vous venez de parler, je n'ai pas peur d'eux. Ce que je craignais, ce que je crains encore, c'est de n'être pas digne de vous, d'échouer...

— Il ne faut jamais avoir peur de l'échec, Paula ! Sa crainte suffit presque toujours à le provoquer. A ton âge, je n'avais pas le temps d'avoir peur de ne pas réussir, crois-moi ! Il fallait survivre, manger. Douter de soi est un luxe que je n'ai jamais pu m'offrir, que ton grand-père lui-même s'est toujours refusé... »

A cette évocation, le regard d'Emma fut assombri d'un regret. Paula, à qui il n'avait pas échappé, se pencha vers elle, mi-curieuse, mi-attendrie :

« Est-ce vrai que je lui ressemble, grand-mère ? »

Emma scruta le visage de sa petite-fille. Le soleil qui passait par le hublot nimbait Paula d'un halo doré. Sa chevelure semblait plus sombre, la pâleur de son teint perdait sa dureté pour prendre la douceur du velours. Ses yeux s'y détachaient avec une profondeur et un éclat inégalables. Oui, pensa Emma, ce sont bien là *ses* cheveux, *ses* yeux...

Elle se détourna, soupira :

« Oui, beaucoup, répondit-elle. Allons, remettons-nous au travail. Je voudrais bien revoir les rapports mensuels du magasin de Paris. Il va sans doute falloir réorganiser la gestion, là-bas aussi. »

Au bout d'un moment de silence, elle releva les yeux :

« Que dirais-tu d'aller à Paris quand nous quitterons New York ? Si nous voulons éviter des déboires sérieux, il faut reprendre fermement le magasin en main. »

Paula hésita brièvement :

« Si vous voulez, grand-mère, mais... Je pensais plutôt faire une tournée d'inspection dans les magasins du nord de l'Angleterre. Il y a eu des problèmes d'inventaire, ces derniers temps... »

La jeune fille s'était efforcée de prendre un ton naturel. Mais son trouble, non plus que le côté surprenant de sa déclaration, n'échappèrent pas à Emma. Elle ôta ses lunettes et dévisagea sa petite-fille avec un regard perçant qui la fit rougir. Mal à l'aise, Paula s'agita dans son fauteuil :

« Mais j'irai à Paris si vous voulez, grand-mère. Vous

êtes mieux placée que moi pour décider ce qu'il y a de plus urgent. »

Emma sourit ironiquement. Elle pouvait lire dans les pensées de Paula comme dans un livre ouvert.

« Je serais curieuse de savoir d'où te vient ce subit intérêt pour le nord de l'Angleterre! Quant aux inventaires, laisse-moi rire. Dis-moi plutôt qu'il s'agit de Jim Fairley. Tu le vois toujours, n'est-ce pas?

— Mais non! Cela fait des mois que... »

Paula se mordit les lèvres. Elle venait par étourderie de tomber dans le piège en admettant ce qu'elle s'était pourtant juré de ne jamais révéler à sa grand-mère.

Emma eut un bref éclat de rire sans gaieté :

« Allons, ma petite, je ne t'en veux pas. Je m'étonne simplement que tu ne m'en aies pas parlé, toi qui d'habitude me dis tout.

— Au début, justement, je ne voulais rien vous dire. Je connaissais trop vos sentiments envers les Fairley... Plus tard, quand j'ai cessé de voir Jim, ce n'était plus la peine de vous mettre au courant. Il était inutile de remuer tout cela, vous causer des soucis.

— Les Fairley sont le cadet de mes soucis! répliqua Emma sèchement. Tu sais très bien, d'autre part, que c'est moi qui ai engagé Jim. Je ne lui aurais pas donné à diriger mon groupe de presse si je n'avais pas eu confiance en lui. Pourquoi ne le vois-tu plus? ajouta-t-elle après une pause.

— Eh bien... »

Ainsi sa grand-mère était au courant depuis le début! Elle aurait dû se méfier. Allait-elle maintenant tout lui dire au risque de la blesser? Paula n'avait plus le choix et elle se jeta à l'eau :

« J'ai cessé de voir Jim quand j'ai senti que nous nous attachions l'un à l'autre. Mieux valait couper court avant que nous en souffrions et que nous nous fassions du mal. Je savais que vous ne voudriez jamais d'un Fairley dans la famille... »

Elle prononça ces derniers mots à voix presque basse et détourna la tête pour cacher son émotion.

Emma se sentit soudain très lasse. Pourquoi avoir provoqué cette conversation qui ne menait à rien, ces aveux qui ravivaient tant de blessures ? Elle aurait voulu sourire à Paula, fermer les yeux pour s'isoler. Elle se trouva incapable du moindre geste. Son cœur se gonflait d'une tristesse dont elle avait cru s'affranchir depuis très longtemps. Et voilà Edwin Fairley qui réapparaissait... Dans son ombre, Jim, son petit-fils, son portrait trop vivant. Celui qu'elle avait cru chasser à jamais de sa vie et de sa mémoire revenait la hanter, lui infliger une douleur si intolérable qu'elle eut du mal à réprimer un cri.

Paula n'avait pas quitté sa grand-mère des yeux et prit peur à l'expression de souffrance qui venait de lui crisper le visage. Au diable tous les Fairley de la création, pensa-t-elle avec colère. D'un geste impulsif, elle se pencha et lui prit la main :

« C'est fini, grand-mère, n'y pensons plus ! Tout cela n'a aucune importance, je vous assure. Jim m'est tout à fait indifférent, je n'y pense déjà plus. J'irai à Paris comme vous me l'avez demandé... Grand-mère, je vous en supplie, arrêtez de vous faire du mauvais sang pour rien ! »

Paula s'efforçait de sourire, de convaincre. Elle était surtout furieuse contre elle-même de n'avoir pas su mieux résister, d'avoir dévoilé sans réfléchir ce qu'elle avait si bien dissimulé pendant des mois. Autant qu'à elle-même, elle en voulait à Jim Fairley de la peine qu'elle infligeait à sa grand-mère.

« Jim Fairley n'est pas comme les autres. Il a de grandes qualités... » dit Emma.

Elle s'interrompit, incapable de poursuivre. Elle aurait pourtant voulu dire à Paula qu'elle pouvait recommencer à voir Jim, à l'aimer. Mais les mots se bloquaient dans sa gorge. Le passé avait resurgi trop brutalement. Elle ne pouvait pas l'effacer d'un geste ni d'un mot.

« N'en parlons plus, grand-mère. Vous aviez raison, j'irai à Paris dès que nous serons rentrées à Londres.

— C'est bien, ma petite. »

La brusquerie de sa réponse cachait mal son soulagement de voir clore une conversation insoutenable.

« Nous devrions bientôt atterrir, dit-elle en consultant sa montre. Pour gagner du temps, allons directement au bureau. Charles déposera les bagages à l'appartement. Au fait, as-tu remarqué toi aussi que Gayle n'a pas l'air dans son assiette ? »

Paula fit mine de chercher dans sa mémoire, intensément soulagée de voir le sujet épineux de Jim Fairley si promptement écarté.

« Euh... Non, je n'ai pas trouvé. Mais je lui ai à peine dit quelques mots au téléphone, l'autre jour, quand elle a appelé en arrivant d'Angleterre. Croyez-vous qu'il y aurait eu des problèmes à Londres ? »

Emma Harte fronça les sourcils. Elle était désormais uniquement préoccupée de l'étrange comportement de Gayle Sloane, sa secrétaire particulière, dont elle avait senti l'anxiété et la gêne malgré la distance et la distorsion des voix. Il avait dû, en effet, se produire quelque chose de grave pour provoquer l'émoi de sa collaboratrice, toujours si pondérée. Mais quoi ?

« Il ne manquerait plus que cela, après le cirque que nous venons de voir à *Sitex*, grommela-t-elle. Enfin, nous le saurons toujours assez tôt. »

Le Lear-Jet amorçait son approche. Emma Harte avait renoncé à imaginer des situations dont elle ignorait les données. Son esprit pragmatique se refusait à de telles pertes de temps : elle avait surmonté trop de problèmes réputés insolubles pour gaspiller ses forces à jouer aux devinettes.

Comme dans un livre ouvert, Paula avait suivi la transformation de sa grand-mère. C'en était bien fini des doutes et des attendrissements. Emma Harte était redevenue elle-même.

Au moment où les roues de l'appareil touchèrent le tarmac de la piste, les deux femmes échangèrent un sourire complice. Elles étaient bien de la même trempe.

2

Le siège américain de *Harte Enterprises* occupait quatre étages d'un immeuble de bureaux de Park Avenue. Si la chaîne de grands magasins, fondée par Emma Harte des lustres auparavant et qui portait toujours son nom, constituait le symbole le plus ostentatoire de sa puissance, *Harte Enterprises* en était le cœur et le système nerveux. C'était un holding aux ramifications s'étendant sur le monde entier : filatures, usines de prêt-à-porter, sociétés immobilières, réseaux de distribution, un groupe de presse en Grande-Bretagne, sans compter l'infinité des participations, souvent majoritaires, que la société détenait dans d'importants groupes industriels, tant en Europe qu'en Amérique.

Fondatrice de *Harte Enterprises*, Emma en était restée la seule actionnaire et la toute-puissante dirigeante. Elle avait aussi conservé la haute main sur ses magasins : leurs titres étaient cotés au Stock Exchange de Londres mais Emma avait gardé une majorité de contrôle et la présidence du conseil d'administration. Sous son impulsion, la chaîne qui couvrait le Royaume-Uni avait essaimé à New York et à Paris.

Cet impressionnant ensemble financier ne constituait cependant qu'une fraction de l'immense fortune d'Emma Harte. Elle possédait ainsi plus de la moitié du capital de *Sitex Oil*, compagnie pétrolière basée au Texas et dont le rôle international ne cessait de s'étendre. Elle contrôlait également un vaste empire en Australie, qui comprenait des propriétés foncières et immobilières, des exploitations minières et métallurgiques ainsi que le premier élevage de moutons de la Nouvelle-Galles du Sud. Enfin, basée à Londres et discrètement baptisée *E. H. Limited*, une petite société d'investissement s'occupait efficacement de gérer et faire fructifier ses propriétés personnelles et son portefeuille boursier.

Depuis longtemps déjà, Emma Harte avait pris l'habitude de se rendre à New York plusieurs fois par an. Les intérêts de *Harte Enterprises* aux Etats-Unis s'étaient accrus et diversifiés au cours des dernières décennies au point de requérir la présence active de sa présidente. Emma Harte avait pour règle de conduite de déléguer largement ses pouvoirs à ceux qu'elle chargeait de la gestion de ses entreprises. Mais elle n'avait jamais perdu son bon sens terrien de fille du Yorkshire et, sans pour autant retirer sa confiance à ses subordonnés, elle savait que rien ne valait de temps en temps le coup d'œil du maître pour redonner confiance et soutenir la vigilance. Elle prenait d'ailleurs toujours autant de plaisir à tout voir, tout savoir et tout diriger.

Charles, son chauffeur, arrêta la limousine devant le gratte-ciel de verre et d'acier et vint respectueusement ouvrir la portière. En descendant de voiture, Emma frissonna. Il faisait un froid glacial, comme New York en a le secret en hiver. En dépit du ciel pur et du soleil, un vent pénétrant balayait les rues, portant avec lui l'humidité de l'Atlantique. Toute sa vie, Emma Harte avait été sensible au froid. A certains moments, elle avait l'impression d'avoir les os transformés en blocs de glace et le sang en cristaux sous l'effet du gel. Cet engourdissement l'avait envahie dès l'enfance pour ne plus la quitter, même sous le soleil des tropiques ou dans l'atmosphère suffocante des buildings new-yorkais, toujours surchauffés. Tandis qu'elle se hâtait avec Paula pour traverser le large trottoir, elle fut saisie d'une quinte de toux. Elle avait pris froid au Texas et son rhume était tombé sur les bronches, provoquant au moindre courant d'air cette toux qui l'épuisait et lui mettait les poumons en feu.

Au regard inquiet de sa petite-fille, elle répondit d'un geste de la main. Une fois dans la fournaise du hall d'entrée, elle prit une profonde inspiration et sa toux se calma.

« Tu vois, ce n'est rien », dit-elle en pénétrant dans l'ascenseur.

La cabine les déposa au trentième étage, où elles avaient installé leurs bureaux respectifs. Elles se séparèrent sur le palier : Paula avait prévu une réunion avec les cadres financiers pour un examen des résultats du trimestre. Emma avait hâte de se retrouver seule avec Gayle Sloane, dont la nervosité l'inquiétait autant qu'elle l'intriguait. Elle traversa d'un pas vif son antichambre, salua la réceptionniste au passage, et referma derrière elle la porte de son bureau.

Elle aimait autant le cadre qu'elle s'était créé à New York, d'un modernisme de bon ton mais sans concessions, que l'atmosphère feutrée de son bureau de Londres, meublé de pièces du XVIIIe siècle dignes d'un musée mais qui auraient juré dans ce building futuriste, face au panorama de Manhattan. Elle passa derrière son bureau, immense plaque de verre soutenue par un simple piètement d'acier satiné, et ne put retenir un sourire. Quel qu'ait été le trouble de sa secrétaire, elle n'avait rien perdu de ses bonnes habitudes : l'étincelante surface était vierge de tout désordre. On n'y voyait que les deux téléphones, un cylindre d'argent massif contenant l'assortiment habituel de stylos et de crayons, un bloc-notes posé sous un sous-main de cuir et la lampe extensible dont Emma ne pouvait pas se passer. Sur une tablette en retour, classés dans des chemises indexées, les documents requérant son attention : correspondance, notes de service, télex et messages téléphoniques. En quelques minutes, Emma en prit connaissance, y porta quelques annotations au crayon et pressa enfin le bouton d'un interphone pour convoquer Gayle Sloane.

Dès qu'elle la vit entrer, Emma comprit que ses craintes étaient justifiées. Habituellement calme, posée, d'allure impénétrable, sa secrétaire ne parvenait pas à dissimuler sa nervosité. Au service d'Emma Harte depuis une douzaine d'années, Gayle Sloane était depuis six ou sept ans sa secrétaire particulière. A trente-huit ans, restée célibataire à la suite d'une déception sentimentale, cette grande femme à la beauté paisible et effacée était totalement dévouée à Emma Harte et manifestait, par une efficacité incomparable, l'affection et l'admiration qu'elle lui vouait.

Les deux femmes échangèrent les banalités d'usage et s'assirent face à face. Emma affectait une attitude détendue pour mieux mettre Gayle en confiance. Au bout d'un instant, elle lui dit avec un sourire :

« Dites-moi, Gayle, qu'est-ce qui ne va pas ?

— Rien, madame, rien du tout ! répondit-elle trop vite. Je suis sans doute fatiguée. Le décalage horaire...

— Ttt, ttt ! objecta Emma. Vous êtes à New York depuis plusieurs jours, vous avez eu le temps de vous reposer. Dès notre première conversation téléphonique, j'ai senti que vous n'étiez pas dans votre assiette. Dites-moi franchement ce dont il s'agit. Est-ce un problème personnel ? S'est-il passé quelque chose à Londres ?

— Mais non, bien sûr que non... »

Gayle détourna les yeux pour éviter le regard scrutateur de sa patronne. Ce geste n'échappa pas à Emma qui sentit redoubler ses craintes et sa curiosité.

« Soyez franche, Gayle ! Etes-vous malade ?

— Non, madame, je vous l'assure. Je vais très bien, je n'ai aucun ennui.

— Alors, parlez ! Je vous connais trop bien pour croire à vos dénégations. Pourquoi n'osez-vous rien me dire ? Vous êtes mieux placée que quiconque pour savoir que je ne suis pas un ogre ! S'il est question de vous, je suis inquiète. Mais s'il ne s'agit que des affaires, rien ne peut être assez grave pour justifier que vous vous mettiez dans des états pareils ! »

Gayle releva les yeux. La vieille dame assise en face d'elle irradiait, comme toujours, la force et la sûreté de soi. Gayle était en effet mieux placée que beaucoup pour savoir qu'Emma Harte n'était pas une de ces « faibles femmes » prêtes à plier ou gémir sous les coups de l'adversité. C'était un roc que rien ne paraissait pouvoir ébranler. Et pourtant, pensa sa secrétaire avec un mouvement de panique, je vais lui porter un coup si rude qu'elle n'y résistera pas.

Emma avait suivi sur son visage les pensées de sa collaboratrice. D'abord curieuse, puis déconcertée, elle devenait franchement inquiète. Pour que la calme, la paisible Gayle se conduise ainsi, il devait y avoir une cause d'une exceptionnelle gravité. Elle se leva pour traverser la pièce et, arrivée au bar, versa dans un verre une généreuse rasade de cognac.

« Buvez, dit-elle en tendant le verre. Cela vous remontera, vous paraissez en avoir grand besoin. »

Docilement, Gayle avala d'un trait la moitié du liquide qui lui brûla la gorge et la fit pleurer. Un instant plus tard, légèrement calmée, elle termina son verre et le reposa d'une main mal assurée sur le rebord du bureau.

« Assez d'hésitations, Gayle ! Ce que vous avez à me dire ne peut pas être aussi terrible que vous l'imaginez. Si vous ne savez pas comment faire, commencez par la fin, par le milieu, n'importe où. Mais dites quelque chose ! Plus vite vous vous serez déchargée de ce poids, mieux vous vous sentirez et plus vite je saurai ce qu'il faut faire. Je vous écoute. »

Aiguillonnée par cette injonction et par l'alcool qui la réchauffait, Gayle se mit alors à parler trop vite, en bafouillant. Emma l'interrompit d'un geste :

« Pas si vite, Gayle. Du calme ! Je ne comprends rien à ce que vous dites. Vous parlez d'une porte. Quelle porte ? »

Gayle reprit son souffle, se mordit les lèvres :

« Excusez-moi, madame. Je parlais en effet d'une porte. Celle du petit bureau de classement entre mon bureau et la salle de conférences, à Londres. Samedi, avant de prendre l'avion, je m'étais demandé si le magnétophone avait bien été éteint vendredi soir et si la porte avait bien été fermée à clef. Je suis donc retournée au bureau, j'y suis entrée par mon côté et j'ai traversé le classement pour voir si la porte de communication avec la salle de conférences était fermée. »

Emma hocha la tête. Il s'agissait d'une sorte de couloir dont on avait garni les murs de rangées de classeurs et où elle avait fait ouvrir une communication avec la salle de conférences, ce qui économisait des pas et un temps précieux quand il fallait consulter des documents au cours des séances du conseil. On s'en servait aussi de passage entre les deux ailes mais, pour éviter les indiscrétions, seules quelques personnes de confiance en possédaient la clef et les portes étaient verrouillées en dehors des heures de travail. Gayle avait donc dû surprendre une conversation tenue un samedi, jour de fermeture, dans la salle de conférences.

« En arrivant près de la porte, reprit la secrétaire, j'ai été surprise de la trouver entrebâillée. J'allais la refermer quand j'ai entendu des voix. Je ne savais plus que faire. Si je manœuvrais la serrure, ils m'entendraient et croiraient que je les écoutais. J'ai hésité. Vous savez que ce n'est pas dans mes habitudes d'écouter aux portes... Oh ! madame, combien je regrette d'être arrivée à ce moment-là ! »

Gayle s'interrompit pour avaler sa salive avec effort.

« Continuez ! lui dit Emma avec impatience.

— Ils disaient... Il y en avait un des deux qui disait que... que vous n'étiez plus d'âge à mener les affaires, que vous perdiez la tête...

— Plus fort, Gayle, je n'entends rien ! »

Gayle jeta à Emma un regard suppliant et baissa la tête devant l'attitude inflexible de sa patronne.

« Ils se sont disputés. Ils disaient que ce serait sans doute difficile de prouver légalement votre incapacité mais qu'ils arriveraient probablement à obtenir votre démission pour éviter un scandale public et la chute des actions Harte à la Bourse. Après avoir longuement discuté, l'un a dit qu'il fallait vendre les magasins à un groupe international puis céder les filiales de *Harte Enterprises* une par une, pour en tirer le maximum... »

Gayle releva timidement les yeux vers Emma et la trouva plus impénétrable que jamais. Ses traits n'exprimaient aucun sentiment. Elle avait les lèvres serrées en une ligne presque imperceptible dans un visage figé.

Un rayon de soleil jaillit soudain de derrière un

nuage et inonda la pièce d'une lumière aveuglante, réfléchie sur le verre, l'acier et le marbre des meubles. Emma Harte eut un geste de recul instinctif devant cette subite agression et leva une main pour se protéger les yeux.

« Gayle, fermez les rideaux je vous prie », dit-elle d'une voix à peine audible.

La secrétaire bondit de son siège. Elle pressa un interrupteur et les immenses draperies se mirent en mouvement avec un ronronnement doux pour occulter le mur de verre. Un instant plus tard, la pièce était baignée d'une lumière diffuse et douce. Gayle dévisagea anxieusement sa patronne :

« Madame... Vous sentez-vous bien ? » demanda-t-elle avec timidité.

Emma baissa la main et releva les yeux. Elle avait retrouvé son impassibilité.

« Quelle question ! Bien sûr, voyons... Continuez. J'ai hâte de connaître le fin mot de cette histoire. »

Gayle hésita avant de reprendre son récit :

« Eh bien... Ils se sont disputés à nouveau. L'un disait qu'il était inutile d'engager une bataille avec vous car, à votre âge, vous n'en aviez plus pour longtemps à vivre. L'autre affirmait que vous les enterreriez tous et qu'il fallait se débarrasser de vous à tout prix... Non, madame, ne me demandez pas de continuer, je vous en supplie ! »

Gayle fondit en larmes et se cacha la figure dans les mains. Elle ne vit donc pas l'expression de rage froide et résolue qui étincelait maintenant dans les yeux d'Emma Harte.

Celle-ci marqua une longue pause pour laisser à Gayle le temps de se ressaisir.

« Allez-vous me dire enfin qui sont ces deux... messieurs, dit-elle enfin d'une voix glaciale. Si je puis employer un terme de politesse à l'égard de tels individus. »

Elle savait pourtant quels noms allaient se former sur les lèvres de sa secrétaire. Dès les premières phrases, un instinct l'avait avertie. Mais un fol espoir l'empêchait d'y croire tout à fait. Il fallait qu'elle entende Gayle le lui confirmer pour y croire vraiment, transformer ses soupçons en certitudes plus cruelles que le doute.

Gayle releva la tête, les yeux encore pleins de larmes. Elle fouilla dans une poche de sa jupe, se tamponna le visage avec un mouchoir, renifla à plusieurs reprises, les mains tremblantes, le dos courbé.

« Non, madame, non, je ne peux pas me résoudre à... »

Un regard terrible lui coupa littéralement la respiration. Gayle détourna les yeux et parla dans un souffle :

« C'étaient... M. Ainsley et M. Lowther. »

Le visage d'Emma Harte était impassible. Les yeux toujours baissés, Gayle reprit son récit avec précipitation, comme pour mieux se débarrasser d'un fardeau insupportable.

« Alors, ils ont recommencé à se disputer. M. Lowther disait qu'il fallait mettre leurs sœurs dans la confidence car ils auraient besoin de leur soutien. M. Ainsley a répondu qu'elles étaient déjà acquises à leur cause et qu'il leur en avait parlé, sauf à Mme Amory à qui il ne fallait rien dire car elle courrait tout vous répéter. M. Lowther l'a interrompu en redisant qu'il valait mieux ne rien faire de votre vivant et que ce serait de la folie de se lancer dans un tel projet car, à eux tous, ils n'auraient jamais les moyens de voter contre vous aux assemblées générales. Ensuite, il a dit à M. Ainsley que c'était lui, de toute façon, qui prendrait le contrôle de la chaîne des grands magasins Harte car vous lui laisseriez certainement vos parts et qu'il se refuserait absolument à revendre quoi que ce soit. M. Ainsley a alors piqué une colère terrible et il ne s'est calmé que quand M. Lowther lui a promis qu'il donnerait son accord pour la vente des filiales de *Harte Enterprises*, ce qui permettrait à M. Ainsley de toucher la part qui lui reviendrait. Ils ont ensuite parlé de votre testament et M. Ainsley s'est mis de nouveau en colère quand il a été question de Mlle Paula, qu'il soupçonne de vous avoir circonvenue pour vous soutirer de l'argent. Il a tapé du poing sur la table en disant qu'il était plus que jamais urgent de prendre des mesures pour sauvegarder leurs intérêts et qu'il irait jusqu'à attaquer votre testament après votre mort si vous ne les favorisiez pas comme ils en avaient le droit... »

Hors d'haleine, Gayle s'arrêta aussi soudainement qu'elle avait commencé. Elle ne pleurait plus, ne tremblait plus. Mais elle avait la gorge serrée, l'estomac noué par la nausée et elle se sentait vidée de ses forces.

Emma Harte était pétrifiée et la douleur la rendit longtemps incapable de réagir ou de penser de façon cohérente. Le soleil qui, un instant plus tôt, baignait la pièce de sa lumière tamisée par les rideaux avait disparu derrière un nuage. Il faisait soudain sombre, hostile et, malgré le chauffage, Emma frissonna. Le froid, son vieil ennemi, revenait l'assaillir. Les paroles de Gayle Sloane résonnaient dans sa tête comme des coups de tonnerre : ses fils, ses deux fils, complotaient contre leur mère pour lui arracher sa fortune ! Kit et Robin, les deux demi-frères qui ne s'étaient jamais vraiment aimés, s'unissaient maintenant pour échafauder leur sordide combinaison et la trahir ! Ainsi, ses pires soupçons, ceux qu'elle n'avait jamais osé formuler, se vérifiaient maintenant. *Son* Kit, *son* Robin...

Les protestations de son instinct maternel ne pouvaient résister à l'évidence. Emma eut beau soulever des objections, s'efforcer de croire à une méprise, une voix venue du tréfonds d'elle-même lui affirmait qu'elle ne se trompait pas. Depuis des années, elle se préparait inconsciemment à ce coup de poignard dans le dos. Ce qu'elle venait d'entendre était malheureusement vrai. Elle n'en était même pas surprise.

Alors, d'un seul coup, la détresse qui embrumait son esprit fut balayée par une irrésistible vague de rage, une rage froide, féroce, qui lui redonna toute sa lucidité et la fit se lever d'un bond. La voix de Gayle lui parvint assourdie, lointaine. Elle dut faire un effort pour redescendre sur terre et prêter l'oreille :

« Madame ! Madame ! Vous n'êtes pas malade ? »

Elle s'appuya sur son bureau et se pencha vers sa secrétaire, chassant d'un coup d'œil fulgurant ses questions inutiles et sa pitié déplacée.

« Etes-vous parfaitement sûre de ce que vous avez entendu, Gayle ? demanda-t-elle d'une voix coupante. M'avez-vous tout dit ?
— Oui, madame, je suis sûre, hélas ! de l'exactitude de ce que je vous ai dit. Mais ce n'est pas tout... »

Gayle se pencha, ouvrit son sac et en sortit une bobine de magnétophone qu'elle posa sur le bureau :

« Voici l'enregistrement complet de leur conversation. »

Une expression de stupeur parut sur le visage d'Emma.

« Tout à l'heure, vous vous en souvenez peut-être, je vous ai dit être précisément retournée au bureau samedi pour vérifier si la machine était bien éteinte. Il y avait eu réunion du comité de direction vendredi et...
— Peu importe ! dit Emma. Au fait, je vous en prie !
— Ils avaient effectivement oublié d'éteindre le magnétophone, reprit Gayle. Pendant que j'écoutais dans l'ombre, derrière la porte, j'ai remarqué le voyant rouge sur l'étagère. Alors, je me suis dit qu'il valait peut-être mieux... »

Emma Harte n'écoutait déjà plus. Elle devait se retenir de toutes ses forces pour ne pas éclater de rire, mais d'un rire sans joie, plein de l'amertume et du mépris que donne une victoire trop facile sur des adversaires trop médiocres. Les imbéciles ! Les pauvres imbéciles assez bornés, assez bouffis de vanité pour aller tramer leur misérable complot dans sa propre salle de conférences ! Si c'était là leur première erreur, ce serait la dernière car elle leur serait fatale ! Kit et Robin étaient administrateurs de *Harte Enterprises* mais ne remplissaient aucune fonction à la direction de la chaîne de magasins. Ils ne pouvaient donc pas savoir que leur mère avait récemment fait installer un système ultra-moderne d'enregistrement pour épargner à Gayle la fastidieuse sténographie des délibérations des séances. Comme celles-ci étaient parfois longues, l'appareil se mettait en marche à la voix. Et si les micros étaient dissimulés sous la grande table, ce n'était pas par ruse ni pour espionner les collaborateurs, tous au courant, mais uniquement dans un souci esthétique, pour ne pas déparer d'objets barbares le superbe décor du XVIIIe siècle.

La lassitude qui l'avait écrasée tout à l'heure lui pesa de nouveau sur les épaules. Elle jeta un regard presque apeuré sur la bobine qui reposait devant elle, comme un serpent venimeux qui se rassemble pour mordre. Ses victimes ne pourraient pas se défendre, elles s'étaient condamnées d'elles-mêmes. Par leur bêtise, leur sécheresse de cœur, leur rapacité. Et c'étaient ses enfants...

Elle se leva, traversa la pièce, repoussa d'une main le rideau et s'appuya le front sur la vitre froide. Très loin au-dessous d'elle, le remue-ménage de la circulation restait silencieux, irréel, comme un film muet. La pièce où elle se trouvait avait disparu. Elle était comme suspendue dans un monde sans substance où plus rien n'avait de valeur. Kit et Robin. Robin et Kit...

Robin. Elle l'avait adoré jusqu'au jour, relativement récent, où un groupe américain avait fait une offre d'achat pour la chaîne de magasins. Emma l'avait repoussée sans même la considérer. C'est alors que Robin s'était emporté et lui avait fait une scène telle qu'elle avait cru voir devant elle un étranger. De quel droit, avait-elle pensé, ose-t-il se mêler de mes affaires, lui qui ne s'y était jusqu'alors intéressé que pour en recueillir les confortables revenus ? Ensuite, Emma avait réfléchi. Ce ne pouvait être, en effet, que son très cher Robin pour animer l'ignoble complot contre sa mère. Robin, toujours beau, élégant, séduisant, depuis longtemps le brillant parlementaire aux discours provocants. Robin, avec sa triste épouse délaissée, son cortège de maîtresses tapageuses et d'« amis » aux mœurs équivoques. Robin, avec ses continuels besoins d'argent

31

pour financer une campagne électorale, étouffer un scandale ou jeter de la poudre aux yeux...

Kit, son aîné, n'aurait jamais eu l'imagination ni surtout l'audace de se lancer seul dans une pareille aventure. Mais il savait se montrer persévérant jusqu'à l'entêtement, patient jusqu'à l'inertie. Il était homme à attendre des années ce qu'il convoitait. Il n'avait jamais fait mystère de son désir d'avoir les magasins à lui seul. Mais il n'avait pas le sens des affaires, pas même du commerce. Sagement, sa mère l'avait aiguillé vers l'une des filiales de *Harte Enterprises* en lui confiant la direction des filatures du Yorkshire. Son pesant bon sens suffisait à assurer la gestion quotidienne sans compromettre l'avenir. Car Kit n'avait jamais été qu'un suiveur, un second prêt à obéir, à se laisser manœuvrer. Et il se laisse embarquer par son jeune frère dans cette ignoble équipée, se dit Emma avec une moue de mépris.

Son amertume s'accentua à la pensée de ses filles. Elles étaient donc complices de leurs frères ! Edwina, sa première née, Edwina pour qui Emma avait travaillé comme une esclave alors qu'elle était à peine sortie elle-même de l'enfance. Edwina, qu'elle avait aimée avec passion, que les circonstances avaient trop longtemps éloignée d'elle et que, pour cette raison, elle avait aimée plus que les autres. Edwina n'avait jamais répondu à cet amour. Elle avait toujours été froide, distante, s'éloignant à mesure qu'elle grandissait jusqu'à ce que cette indifférence se mue en hostilité et mène à une série de ruptures et de réconciliations précaires. Oui, Edwina avait dû devenir l'âme damnée de Robin, car elle croyait toujours avoir une revanche à prendre sur sa mère.

Mais Elizabeth ? Sœur jumelle de Robin, elle était pourtant d'une autre trempe. Que faisait-elle avec les autres, la belle, l'irrésistible Elizabeth aux caprices irraisonnés ? Elle avait toujours vécu dans un tourbillon de maris décoratifs, de vêtements luxueux, de bijoux de prix, de voyages coûteux. Elle n'avait jamais assez d'argent pour rassasier son appétit de faste.

Comme son frère Robin, il lui en fallait toujours davantage. Ne s'était-elle donc avilie que pour cela ?

Restait Daisy, la seule dont la fidélité ne faisait aucun doute. Daisy aimait sa mère qui le lui rendait au centuple. Daisy n'avait jamais douté du jugement d'Emma, jamais remis en cause ses décisions qu'elle savait fondées sur la raison et l'équité. Différente des autres, tant par son physique que dans son caractère, Daisy avait manifesté dès son plus jeune âge les plus heureuses dispositions. Devant son honnêteté et sa douceur, sans défense évidente face à un monde hostile, Emma avait souvent été inquiète. Mais Daisy dissimulait une grande force de caractère sous son apparente vulnérabilité. Comme sa mère, elle était farouchement indépendante et capable de se montrer inflexible. Ses qualités lui servaient d'armure à l'abri de laquelle elle avait rempli toutes ses promesses, comblé tous les espoirs que sa mère avait mis en elle. Emma en était fière.

« Daisy ? Une colombe dans un nid de vipères... » Cette image qui refaisait brutalement surface fit grimacer Emma. Henry Rossiter, son banquier et ami de longue date, s'était un jour permis de porter ce jugement sur la famille d'Emma. Aujourd'hui, plus que jamais, l'image se vérifiait. Daisy n'était plus l'innocente colombe de l'époque mais les autres n'avaient pas changé. Elles grouillaient, ces vipères. Avait-il fallu à Emma Harte aussi longtemps pour s'en rendre compte ? S'apercevait-elle seulement aujourd'hui qu'elle avait donné le jour à des serpents ?

Elle se détourna de la fenêtre et retourna s'asseoir à son bureau. Le ruban magnétique, cet autre serpent, semblait la regarder ironiquement, lové dans sa bobine. Elle eut une hésitation imperceptible, tendit la main et le saisit pour le glisser dans son porte-documents dont le fermoir fit entendre un claquement sec.

Gayle Sloane avait respecté ce long silence sans oser intervenir. Elle observait maintenant, bouleversée, la physionomie de sa patronne. Les traits tirés, les yeux vides de toute expression, Emma était d'une blancheur cadavérique sous son léger maquillage. Elle parut tout à coup si vieille et si fragile que Gayle eut envie de la prendre dans ses bras et de la consoler. Elle sut s'en abstenir : Emma était trop fière pour admettre sa faiblesse, même passagère. Cette nouvelle épreuve, elle la surmonterait seule. Comme toujours.

« Puis-je faire quelque chose pour vous, madame ? » demanda Gayle timidement.

Emma leva les yeux et grimaça un sourire :

« Volontiers, Gayle. Soyez assez gentille pour me préparer du thé, bien fort. En attendant, laissez-moi seule quelques instants. Rassurez-vous, ajouta-t-elle devant l'expression de sa secrétaire, j'irai tout à fait bien dans une minute. »

Quand Gayle eut refermé la porte derrière elle, Emma s'affaissa dans son fauteuil et se détendit pour la première fois. Toute cette succession d'événements était plus qu'elle n'en pouvait supporter à son âge. D'abord, les pugilats de *Sitex*, où Emma avait dû peser de tout son poids pour arbitrer les conflits. Et maintenant, cette abomination... Sans oublier Paula et son attachement pour Jim Fairley. Le passé, toujours, revenait la hanter. N'y a-t-il pas moyen d'échapper à son passé ? se demanda-t-elle avec lassitude.

Peu à peu, la fermeté reparut dans son regard, et les couleurs sur ses joues. Une idée se formait dans sa tête et prenait corps. Elle savait, désormais, ce qui lui restait à faire.

Gayle revint à ce moment-là, un plateau à la main. Elle vit d'un coup d'œil la métamorphose d'Emma.

« Vous le constatez, Gayle, je me sens beaucoup mieux, dit-elle avec un sourire. Nous repartons pour Londres ce soir même. Faites le nécessaire pour réserver trois places dans le premier vol disponible dans la soirée.

— Oui, madame... »

La secrétaire allait partir quand Emma la retint :

« Au fait, Gayle, inutile de donner à Paula la véritable raison de notre retour précipité. Je lui dirai simplement que je dois m'occuper d'urgence d'un problème imprévu. Mais pas un mot sur cette affaire. Je puis compter sur vous, n'est-ce pas ?

— Vous pouvez compter sur moi, madame.

— C'est bien. Et puis... Merci, Gayle. Vous avez fait exactement ce qu'il fallait. Je vous en suis profondément reconnaissante. »

Gayle rougit, voulut s'expliquer. Emma lui coupa la parole d'un sourire :

« Allons, ne perdons pas notre temps. Occupez-vous tout de suite de nous trouver des places d'avion et n'oubliez pas de prévenir Charles. Il n'aura qu'à remettre les bagages dans le coffre. »

De nouveau seule, Emma but à petites gorgées son thé brûlant. La détermination qu'elle venait de retrouver s'affermissait, dirigeait ses pensées vers d'autres sujets. Le temps des regrets superflus ou des remords débilitants était passé. Elle ne devait pas non plus se laisser aller à des rancunes destructrices, des haines paralysantes. Il fallait avant tout penser à sa famille, à ses affaires. A ses petits-enfants et à cet empire qu'elle avait créé seule, de ses mains. Il fallait le préserver, sauvegarder l'avenir.

Y parviendrait-elle seule ? Son hésitation ne dura guère. Comme toujours, elle avait trouvé en elle la force de faire face, force dont elle n'aurait pas besoin d'abuser : ses fils s'étaient révélés plus bêtes qu'elle n'aurait cru. Ils avaient surtout commis une erreur impardonnable en la sous-estimant. Ils n'étaient pas de taille à lutter avec elle, pas plus qu'ils n'avaient l'envergure de prendre les commandes de ses entreprises. En les en écartant, elle avait eu raison et cette nouvelle preuve de leur aveuglement justifiait l'urgence de les mettre définitivement hors d'état de nuire. Elle avait le devoir de sauver l'héritage de ses petits-enfants — leurs propres enfants ! — qu'ils s'apprêtaient à spolier sans le moindre scrupule.

Emma avait toujours été joueuse dans l'âme et la chance lui avait toujours été fidèle. Elle comptait cependant bien davantage sur la sûreté de son instinct. Or, cette fois encore, la chance la favorisait, son intuition prenait le relais. La victoire lui était acquise.

Elle eut un dernier doute, un imperceptible mouvement d'inquiétude : la chance tiendrait-elle, son instinct était-il aussi infaillible ?

Emergeant de derrière un nuage, le soleil parut revenir pour lui donner la réponse.

3

Il fallut plus de huit jours après son retour à Londres pour qu'Emma Harte admette qu'elle était malade. La bronchite dont elle avait senti les premières atteintes à New York s'était aggravée de jour en jour. Les quintes de toux se multipliaient, chaque fois plus douloureuses. Elle avait la poitrine constamment serrée dans un étau. Pourtant, tout au long de cette semaine, elle avait obstinément refusé de s'incliner devant ces symptômes, en dépit des objurgations de sa fille Daisy et de Gayle Sloane. Paula était à Paris et ne pouvait donc joindre sa voix, la seule à laquelle sa grand-mère se serait rendue, aux protestations et aux conseils de prudence. Tous les matins, Emma quittait à sept heures trente son hôtel particulier de Belgrave Square pour n'y rentrer qu'à huit heures du soir ce qui, compte tenu de ses horaires habituels, constituait, estimait-elle, une concession suffisante à l'inquiétude de ses proches. Elle était trop fière de sa robuste santé pour s'avouer vaincue par la maladie. Pour compenser, d'ailleurs, ce qu'elle appelait sa « paresse », elle ne revenait chez elle que chargée de dossiers sur lesquels elle se penchait parfois jusque tard dans la nuit.

Mais Emma ne se mortifiait pas ainsi par vanité gratuite. Mieux que personne, elle ressentait le caractère alarmant de la toux persistante qui, de plus en plus souvent, la laissait haletante, les poumons en feu, la gorge à vif et dans un état de faiblesse croissant. Elle ne tenait que par un effort constant de sa volonté. Car ses longues veilles étaient moins consacrées à ses affaires, dont elle s'occupait pendant la journée avec l'aisance précise devenue chez elle un réflexe, qu'à une pile imposante de documents juridiques. Dès son retour, elle en avait fait préparer les projets par ses hommes de loi et elle ne voulait pas se permettre la moindre faiblesse avant d'en avoir entièrement terminé l'étude et la révision. Par moments, cependant, le découragement la submergeait : aurait-elle le temps ? Mais ces accès de panique ne duraient pas et elle se remettait au travail avec acharnement. Mot par mot, ligne par ligne, elle relisait tout, couvrait les marges de notes et d'observations, réfléchissait aux moindres conséquences d'un paragraphe d'allure insignifiante. Car ces documents, elle les voulait irrévocables, inattaquables, capables de créer une situation irréversible.

Ainsi, toute la semaine, elle avait conféré avec ses juristes, mené ses affaires comme à l'accoutumée. La veille, elle avait reçu Henry Rossiter, son banquier et conseiller financier, pour lui donner des instructions précises afin de liquider une grande partie de ses avoirs privés. Il lui fallait, avait-elle répondu aux questions stupéfaites de son vieil ami, disposer rapidement d'une somme considérable, près de huit millions de livres sterling.

« Mais enfin, Emma, avait-il finalement demandé, que voulez-vous faire d'une somme pareille ? Vos affaires ne... »

Emma l'avait interrompu d'un sourire qui ne souffrait pas la discussion :

« Disons qu'il s'agit d'un projet qui me tient particulièrement au cœur, mon cher Henry. Vous en serez informé en temps voulu. Ai-je jamais gaspillé mon argent ? »

Déconcerté par ce mystère, le banquier s'était incliné. Pour qu'une Emma Harte se débarrassât ainsi d'une bonne partie de ses propriétés foncières, de ses bijoux et même de ses œuvres d'art, il devait en effet y avoir d'excellentes raisons. Comment comptait-elle réinvestir cet énorme capital? Il se promit d'être vigilant pour, le cas échéant, en tirer un enseignement profitable. L'amitié n'exclut pas le goût de la spéculation...

Le lundi suivant, Emma Harte fut incapable de quitter son lit. Ses douleurs pulmonaires étaient devenues si intolérables et sa respiration si irrégulière qu'il fallut de toute urgence convoquer son médecin. La veille et l'avant-veille, elle avait fait procéder à la rédaction définitive des documents par ses hommes de loi et y avait apposé sa signature. Il ne restait plus qu'à les enregistrer, ce qui devait être exécuté le jour même. Emma pouvait donc enfin se permettre d'être malade. Revenue de Paris le samedi soir, Paula veillait avec autorité sur la santé de sa grand-mère.

Dans une semi-conscience qui n'était pas déplaisante, Emma vit Paula conférer avec le médecin à l'autre bout de sa chambre. Elle n'eut pas besoin de saisir des bribes de leur conversation pour comprendre le diagnostic : elle avait une pneumonie. Moins d'une heure plus tard, une ambulance la transporta dans une clinique, non sans qu'Emma eût arraché à Paula, malgré ses protestations, la promesse de faire venir l'après-midi même Henry Rossiter et l'un des associés du cabinet d'avocats chargé de ses affaires. Quand les deux hommes furent introduits dans sa chambre, ils ne purent dissimuler leur désarroi à la vue d'Emma, livide, sous une tente à oxygène et environnée d'appareils à l'allure barbare. Elle se retint de rire de leur mine déconfite. Est-ce mon sort qui les inquiète, se dit-elle, ou la crainte de perdre leur meilleure cliente?

Elle leur rendit avec effort leur salut, les fit venir près d'elle l'un après l'autre et s'assura que ses instructions avaient été suivies à la lettre. Ils la quittèrent après lui avoir fait subir un déluge de paroles rassurantes et de vœux de rétablissement qui la mirent en colère. Me croient-ils déjà retombée en enfance? se dit-elle en leur jetant des regards courroucés. Une violente quinte de toux l'empêcha de parler et l'infirmière en chef dut user de toute son autorité pour apaiser son irascible patiente.

Sous l'effet conjugué des calmants et de la fièvre, Emma tomba très vite dans une lourde torpeur. Elle se sentit d'abord flotter dans un état d'euphorie où elle fut tentée de s'abandonner. Sa lucidité l'en arracha. Elle se voyait à nouveau seule, face à la mort, comme elle avait été seule devant la vie et ses décisions importantes. Mais elle n'allait pas se résigner à la mort. Elle ne devait pas plier devant cette ridicule maladie qui croyait triompher de son vieux corps fatigué. Elle ne pouvait pas se permettre d'abandonner, de mourir maintenant. Sa volonté : elle en connaissait le pouvoir, elle la sauverait cette fois encore. Il fallait vivre. Il fallait survivre. Survivre! Nul au monde mieux qu'Emma Harte ne connaissait la signification de ce mot.

La lassitude la reprit pourtant. Très loin, très bas, elle entendit des voix inquiètes ou grondeuses lui reprocher son excitation. Elle distingua vaguement des silhouettes s'agitant devant elle. Elle sentit qu'on lui injectait une drogue. La tente à oxygène interposait toujours son écran flou entre la lumière et ses yeux las. Emma tenta de rouvrir ses paupières lourdes, de repousser le sommeil. En vain...

Elle s'enfonça dans un tunnel où elle se sentait rajeunir. Gommées par quelque magie, les années disparaissaient. Emma était de nouveau une toute jeune fille. Seize ans, à peine. Heureuse, légère, elle courait dans la lande de son cher Yorkshire, au-dessus du village de Fairley. Les bruyères et les ajoncs lui griffaient les mollets. Le vent gonflait sa longue jupe. Comme des rubans, ses cheveux flottaient derrière elle. Le ciel était d'un bleu profond, strié çà et là par le vol des oiseaux qui jouaient dans le soleil. Sur l'amas des rochers escarpés de Ramsden Crags, une silhouette se détachait. Edwin. Edwin Fairley...

En la voyant, il lui fit un grand signe du bras et reprit son escalade vers la corniche, là-haut, où ils s'asseyaient toujours à l'abri du vent pour dominer le monde étalé à leurs pieds. Elle le voyait qui grimpait, elle devinait l'effort de ses muscles qui le hissaient, accroché aux aspérités. Mais Edwin ne se retournait pas, ne l'attendait pas. Un instant, la panique la saisit à l'idée de le voir disparaître :

« Edwin ! Edwin, attends-moi ! »

Le vent emporta au loin son appel et Edwin ne l'entendit pas. Hors d'haleine, elle atteignit enfin Ramsden Crags, épuisée par l'effort qui lui rosissait les joues.

« J'ai couru si vite, j'ai cru mourir ! » lui cria-t-elle.

Edwin lui tendit la main en souriant pour l'aider à grimper et le rejoindre sur la corniche.

« Non, Emma, tu ne mourras jamais. Toi et moi, nous vivrons éternellement, ici, au Sommet du Monde !... »

Edwin Fairley. *Son* Edwin. Maintenant, il était mort. Les Fairley étaient morts, eux aussi. Tous, sauf un : James Arthur Fairley, le dernier de la lignée. « Pourquoi faut-il que Jim et Paula souffrent à notre place et expient les péchés des générations disparues ? » s'entendit-elle murmurer.

Elle vit alors un cortège de visages se dessiner sur le bleu du ciel. Visages amis, ennemis. Mais tous morts. Tous des fantômes. Inoffensifs, sans pouvoir sur les vivants. Sur l'avenir.

La vie d'Emma avait commencé à l'ombre des Fairley. Elle s'était déroulée en quelque sorte à cause d'eux. Contre eux. Et maintenant qu'elle touchait à sa fin, un Fairley était présent. Le destin en avait voulu ainsi.

L'ocre et le gris des rochers se détachaient sur le bleu du ciel. Les visages avaient disparu, s'étaient fondus en de légers nuages qui montaient à l'horizon. Emma se sentit plonger dans le sommeil comme dans un gouffre, sans rien à quoi se raccrocher. Elle eut une dernière vision de son rêve : il se morcelait en une infinité de menus fragments, comme les pièces d'un gigantesque puzzle attendant d'être reconstitué. Par qui ? Pour représenter quoi ?

Bientôt, elle ne vit plus rien.

1904

*Il est long et rude, le chemin
Qui, de l'enfer, monte vers la lumière.*

John Milton, *Le Paradis perdu*

4

« Maman... Maman... Dormez-vous ? »

Du pas de la porte, Emma appela à mi-voix mais son chuchotement resta sans réponse. Elle avança la tête, hésitante, l'oreille tendue. La chambre était trop calme et la fillette, inquiète, ramena sur ses épaules le léger châle qui ne la protégeait guère contre le froid de l'aube. Elle frissonna sous sa mince chemise de nuit. Dans la pénombre, la pâleur de son visage dessinait une tache irréelle.

« Maman... Maman... »

Elle fit quelques pas en tâtonnant, la main en avant pour éviter les meubles dont elle ne distinguait pas les contours dans l'obscurité. L'atmosphère lourde qui régnait dans la pièce lui monta à la gorge et elle retint malgré elle sa respiration. Cela sentait le renfermé, le moisi, les draps souillés et la sueur fébrile. L'odeur de la misère et de la maladie. Emma ne la connaissait que trop bien...

Pas à pas, elle se rapprocha du lit de fer et se pencha au chevet. Son cœur battait la chamade tandis qu'elle s'efforçait de voir la forme étendue sous ses yeux. Une voix se mit à crier à ses oreilles : sa mère se mourait. Peut-être était-elle déjà morte ? Son petit corps malingre fut saisi d'un irrépressible tremblement. Elle se pencha plus avant, enfouit son visage dans la poitrine de sa mère comme pour transfuser l'énergie et la vie à ce corps inerte. Les yeux clos, les traits crispés en une grimace douloureuse, elle balbutia une fervente prière où elle mit toutes ses forces. Je Vous en supplie, mon Dieu, ne laissez pas maman mourir ! Je ferai tout ce que Vous voudrez, toute ma vie. Mais faites que maman ne meure pas, mon Dieu !

Emma croyait, du plus profond d'elle-même, que Dieu était bon et juste. Combien de fois sa mère le lui avait-elle dit : Dieu est toute bonté, toute justice. Il comprend, il pardonne. Emma ne croyait pas en ce Dieu terrible et redoutable dont le pasteur méthodiste brandissait la foudre dans ses sermons du dimanche. Le Dieu d'Emma n'était pas le Dieu de la vengeance et du châtiment qu'il fallait craindre sans l'aimer. Sa mère lui avait tant de fois répété qu'il fallait avoir une confiance aveugle en l'infinie bonté de Dieu... Elle savait tout, sa mère. Son Dieu ne pouvait pas ne pas exaucer sa prière... Mon Dieu, faites qu'elle ne meure pas !

Emma rouvrit les yeux, caressa avec douceur le front moite et brûlant de fièvre.

« Maman ! Vous m'entendez ? Vous allez bien ? »

Il n'y eut toujours pas de réponse au chuchotement apeuré d'Emma. Elle se releva à demi, alluma la chandelle.

Dans la lumière tremblotante, elle put enfin voir clairement le visage de la femme assoupie. Sa pâleur maladive, comme cendrée, luisait sous une pellicule de sueur. L'opulente chevelure châtain, qui avait si longtemps fait sa fierté, tombait en mèches éparses et poisseuses sur l'oreiller froissé. La souffrance n'avait pas encore totalement oblitéré les derniers vestiges de sa beauté. Mais Elizabeth Harte avait la physionomie ravagée par des années de misère, de lutte pour la vie, de labeur inhumain et, pour finir, par la terrible maladie. Le mal qui la rongeait en avait fait une vieille femme promise au tombeau. Elle n'avait pas même trente-quatre ans.

Désespérée, Emma se redressa et regarda machinalement autour d'elle. La chambre de la malade ne possédait rien du confort, pour ne pas parler du luxe, qui peut rendre la vie supportable. Sous la pente du toit, le lit occupait la plus grande partie de l'espace. Une table boiteuse en imitation de bambou était poussée contre la lucarne. On y avait posé une grosse Bible noire à la reliure fatiguée, une cruche de grès et les médicaments prescrits par le docteur Malcolm. Près de la porte, une commode en bois mal équarri. De l'autre côté, une table de toilette au marbre fissuré. La chaumière était bâtie à flanc de coteau, à la lisière de la lande, et cette situation la rendait terriblement humide et malsaine en toutes saisons, surtout pendant les rudes hivers nordiques où les tempêtes de pluie et de neige balayaient la lande et restaient prises au piège des marécages argileux. Pourtant, en dépit de l'humidité qui pourrissait tout, du dénuement et de la pauvreté trop visibles, la pièce était d'une propreté rigoureuse. Des rideaux de coton fraîchement amidonnés pendaient à la fenêtre. Les meubles luisaient de cire. Il n'y avait pas un grain de poussière sur le plancher, dont les grossiers madriers étaient recouverts d'un tapis de patchwork aux couleurs vives et gaies. Seul, le lit mal tenu témoignait du désarroi de la maisonnée. Car Emma ne pouvait en changer les draps qu'une fois par semaine, quand elle venait du château, où elle était domestique, passer son jour de congé dans sa famille.

Elizabeth remua faiblement :

« C'est toi, Emma ? » dit-elle d'une voix à peine audible.

La jeune fille tomba à genoux et saisit la main de sa mère qu'elle serra dans les siennes. Elizabeth esquissa un sourire.

« Quelle heure est-il, ma chérie ? reprit-elle.

— Tout juste quatre heures, maman. Je ne voulais pas vous réveiller, mais il fallait que je sache si tout allait bien avant de repartir pour le château.

— Tout va bien, ma petite, répondit Elizabeth avec un soupir de lassitude. Ne t'inquiète donc pas tant. Je me lèverai tout à l'heure et... »

Elle fut interrompue par une violente quinte de toux. De ses mains frêles, elle serra sa poitrine comme pour contenir les tremblements convulsifs qui la secouaient. Emma fut sur pied d'un bond. Elle versa une cuillerée de potion dans un verre, ajouta un peu d'eau de la cruche et revint vers sa mère, qu'elle aida à se soulever.

« Tenez, maman, buvez, dit-elle d'un ton faussement enjoué. Vous savez que les remèdes du docteur vous font du bien. »

Elizabeth parvint à absorber quelques gorgées. Sa toux se calma peu à peu et elle put avaler le reste d'un trait. Epuisée par l'effort, hors d'haleine, elle se laissa retomber sur l'oreiller et parla d'une voix hachée :

« Tu ferais mieux de descendre voir ce que font ton père et les garçons, mon enfant. Je vais me reposer, maintenant. Avant de partir, tu me monteras du thé, veux-tu ? »

La potion faisait son effet. Les yeux d'Elizabeth perdaient leur éclat fébrile et elle semblait plus calme, plus consciente qu'à son réveil. Emma se pencha pour déposer un baiser sur la joue parcheminée de sa mère, remonta les couvertures et rajusta le châle d'un geste protecteur.

« Bien sûr, maman. A tout à l'heure. »

Elle referma silencieusement la porte derrière elle et se mit à dévaler l'escalier de pierre. Elle n'était pas rendue au milieu qu'elle s'arrêta net : des éclats de voix coléreux montaient vers elle. Emma s'assit sur une marche, tremblante à l'idée de la scène qu'il allait falloir affronter, inquiète surtout parce que cette nouvelle querelle entre son père et son frère Winston risquait de déranger le repos de sa mère.

Découragée, elle appuya son visage dans ses mains rugueuses. Comment pourrait-elle les empêcher de se battre ? Si sa mère les entendait, elle se lèverait, se traînerait pour venir s'interposer et leur faire faire la paix, même s'il fallait qu'elle y consume ses dernières forces. Elizabeth Harte avait toujours tenu son rôle apaisant entre son fils aîné et son mari. Ces dernières semaines, trop épuisée pour quitter son lit, elle avait quand même tenté d'intervenir en criant de sa voix trop faible, ce qui avait provoqué de violents accès de toux et sûrement contribué à l'aggravation de son état. Allaient-ils encore recommencer, ces deux-là ?

« Brutes ! » s'écria Emma.

Deux hommes, grands et forts, s'injuriaient comme des crocheteurs, trop bêtes et trop égoïstes pour penser au mal qu'ils faisaient à cette pauvre maman ! Cette pensée galvanisa Emma. Elle se releva d'un bond, son désarroi balayé par une vague de colère, et finit de descendre l'escalier quatre à quatre. Elle ouvrit la porte de la salle commune, la repoussa brutalement et se tint dans l'embrasure, raide comme la justice, ses yeux verts lançant des éclairs.

Contrairement à la triste chambre sous le toit, la pièce était chaleureuse et accueillante. Un grand feu brûlait joyeusement dans la cheminée en faisant ronronner une marmite pendue à la crémaillère. Aux murs, un papier à grandes fleurs passées égayait le décor. Des casseroles et des ustensiles de cuivre luisaient çà et là. Deux grandes chaises galloises de chêne ciré semblaient inviter à s'asseoir près de l'âtre tandis qu'un grand buffet rustique, contre le mur opposé, déployait dans son vaisselier un assortiment de plats et d'assiettes en faïence. Au milieu, une longue table de chêne entourée de chaises paillées. Les deux petites fenêtres étaient ornées de rideaux blancs et la lampe à pétrole, posée sur la cheminée, se reflétait sur le sol de brique verni.

Emma aimait cette pièce, où elle se sentait à l'abri du monde extérieur et des dangers, et son souvenir la réconfortait dans sa solitude de Fairley Hall. Mais ce havre de bonheur paisible était bouleversé, son atmosphère assombrie, enlaidie par les paroles de colère que se jetaient les deux hommes : son père et son frère s'affrontaient comme deux taureaux furieux aveuglés par leur hostilité, inconscients de ce qui les entourait.

John Harte, qui méritait bien son sobriquet de « Grand Jack », était un colosse de six pieds deux pouces sans ses bottes. En 1900, il avait fait la guerre des Boers avec le grade de sergent dans le régiment des *Seaforth Highlanders* d'où il était revenu avec la flatteuse réputation de pouvoir assommer un homme d'un seul coup de poing. Il avait le teint brique, hâlé, un visage d'une beauté rude surmonté d'une superbe crinière ondulée d'un noir de charbon. C'était un homme splendide, un athlète taillé en force.

Il dominait de plus d'une tête son fils Winston qu'il menaçait de son formidable poing levé. Il était pâle de rage et sa voix faisait trembler les vitres :

« Plus question de la marine, tu m'entends ? Tu n'as pas l'âge de t'engager et tu n'auras jamais ma permission ! Un mot de plus, et je te tanne le dos à coups de ceinture ! Il n'y a pas de limite d'âge pour recevoir une bonne correction, vaurien ! »

Les dents serrées, Winston soutenait le regard courroucé de son père.

« Je m'engagerai si je veux, et vous ne pourrez pas m'en empêcher ! Je m'échapperai quand je voudrai de ce trou de misère et de l'esclavage où vous me faites vivre !

— Tu oses répondre à ton père ? Tu vas voir... »

Emporté par la rage, Winston fit un pas en avant, le bras levé comme pour frapper, mais recula promptement. Sans être aussi puissamment bâti que son père, car il avait hérité la délicatesse de sa mère, Winston était fort et musclé pour ses quinze ans. Il avait cependant conscience de ne pas faire le poids devant cet hercule et mit prudemment la grande table entre eux en guise d'écran protecteur.

John Harte tremblait de rage :

« Tu crois peut-être que je n'ai rien vu ! s'écria-t-il. Lever la main sur ton père... Voyou ! Il est grand temps que tu reçoives une bonne leçon ! »

Tout en parlant, John Harte avait défait sa ceinture, dont il assujettissait solidement la boucle dans son poing serré. Winston ne le quittait pas des yeux et se ramassait, prêt à bondir.

« Vous n'oserez pas ! cria-t-il d'un ton de défi. Si vous me battez, maman ne vous le pardonnera jamais ! »

Le Grand Jack ne l'entendit pas. Il contourna la table avec agilité et fit siffler sa lanière de cuir en se ruant sur Winston. Il était sur le point de le cingler au visage quand Emma intervint. Elle avait traversé la pièce en trois bonds silencieux pour se jeter devant son père, dont elle agrippa les poignets. Les traits durcis, les yeux brillants de colère, elle se suspendit au bras levé pour le forcer à s'abaisser.

Emma était la seule à oser défier son père et à pouvoir calmer ses trop fréquents accès de rage. Elle usait volontiers de ce pouvoir.

« Vous n'avez pas honte de crier à cette heure-ci, avec maman malade là-haut ! dit-elle d'une voix à la véhémence contenue. Allez vous asseoir, tous les deux, et buvez tranquillement votre thé. Sinon, c'est moi qui m'en irai d'ici ! »

Elle fit une brève pause et regarda son père dans les yeux, l'air presque cajoleur :

« Allons, papa, ne soyez pas si têtu. Winston ne va pas s'enfuir pour s'engager dans la marine, vous le savez bien. Il parle comme ça pour se rendre intéressant...

— Non mais... De quoi te mêles-tu ? cria Winston, sans quitter l'encoignure où il avait cherché refuge. Tu crois toujours tout savoir mieux que personne ! Pour une fois, tu te trompes. Je tiendrai parole, tu verras ! »

Il n'avait pas fini de parler qu'Emma bondissait pour se planter en face de lui, les poings serrés :

« Ça suffit, Winston ! Tu veux faire descendre notre mère, malade comme elle est ? Arrête de dire n'importe quoi. Papa a raison, tu es trop jeune pour t'engager dans la marine. Oserais-tu t'enfuir comme un voleur, pour faire mourir maman de chagrin ? Tais-toi, qu'on ne t'entende plus !

— Pour qui te prends-tu ici, mademoiselle J'ordonne ? Petite peste, va ! Un bout de fille de rien du tout qui vient fourrer son nez dans... »

Sa réplique s'étrangla dans sa gorge et Winston recula malgré lui sous le regard de sa sœur. Quand elle le vit maté, elle le toisa dédaigneusement et tourna le dos en haussant les épaules.

Winston resta planté au même endroit, médusé, se refusant à admettre qu'il avait eu peur de sa jeune sœur. Il ne s'agissait pas de la crainte physique qu'il éprouvait devant la force brutale de son père. C'était un sentiment plus subtil, que le jeune garçon, au caractère tout d'une pièce, était incapable de comprendre et de définir. Mortifié de s'être ainsi laissé subjuguer par « un bout de fille de rien du tout », il lança une dernière provocation qu'Emma ne daigna même pas relever.

Pendant ce temps, John Harte avait à peine remarqué la dispute de ses enfants. Il mettait à profit l'armistice imposé par Emma pour apaiser sa rage et reprendre ses esprits. Quand les derniers mots de Winston parvinrent à son oreille, il tourna lentement vers lui son mufle léonin et l'écrasa d'un regard chargé d'autorité tranquille :

« En voilà assez, Winston ! dit-il d'une voix posée. Ne cherche pas noise à ta sœur ou tu auras affaire à moi. Tu en as déjà assez fait pour aujourd'hui et je ne l'oublierai pas de sitôt, mon garçon, tu peux me croire ! »

Winston ouvrit la bouche pour répondre, comprit à la mine de son père qu'il valait mieux ne pas insister et se coula souplement vers l'autre bout de la salle pour consoler Frank, son petit frère, qui avait assisté en tremblant à la querelle. Emma le suivit des yeux, toujours froide d'apparence mais bouillant intérieurement devant le manque de jugement dont son frère aîné venait, une fois de plus, de faire preuve. Apprendrait-il jamais à se dominer, à juger l'humeur de leur père, à savoir ne pas aller trop loin ? Un bref instant, elle souhaita qu'il tienne parole, comme il l'en avait menacée, et disparaisse une bonne fois pour toutes. Il y aurait peut-être enfin la paix dans la famille ! Mais cette pensée sacrilège lui causa immédiatement un vif remords. Emma ne pouvait pas se passer de la compagnie de son frère. Malgré leurs fréquentes disputes, Winston et elle étaient inséparables. Qu'elle ait pu souhaiter, même fugitivement, le départ de son seul ami la stupéfiait et lui laissait une impression de malaise.

Elle se tourna vers son père et le prit par le bras en s'efforçant de dissimuler son trouble :

« Venez, papa, mettons-nous à table. »

John Harte se laissa docilement emmener jusqu'à sa chaise. Tout en s'installant, il posa les yeux sur le visage grave de sa fille et se sentit ému. Nul au monde ne le touchait comme Emma. Elle était la seule qui osât lui tenir tête et devant qui il pliait de bonne grâce, tant il était conscient de la disproportion de leurs forces. Pourtant, se dit-il en l'observant avec une lucidité nouvelle, elle a une volonté que je n'ai pas et qu'elle est seule à posséder. Une volonté presque effrayante chez un si jeune être.

Illuminé par une soudaine intuition, John Harte observa Emma avec attention et, pour la première fois, comprit sa propre fille. Ce qu'il y vit le remplit de sentiments contradictoires, où la crainte se mêlait à la fierté. S'il était fier de trouver en Emma une force de caractère aussi inflexible, il en redoutait les conséquences pour elle-même. Un jour, se dit-il, son tempérament l'entraînera dans de graves ennuis. Elle était douée d'une farouche indépendance d'esprit et le monde où ils étaient nés, elle et lui, n'était pas tendre pour les esprits libres. Leur classe, celle des travailleurs, était irrémédiablement destinée à rester soumise à celle des patrons et des possédants. Volontaire, indépendante, Emma ne serait nulle part à sa place. Tôt ou tard, on la briserait et elle serait forcée de se soumettre.

Pour la première fois depuis des années, il la voyait comme s'il la découvrait. Malingre, sous-alimentée, le cou trop frêle, les épaules décharnées qui pointaient sous le mauvais châle. Mais aussi la peau d'une finesse presque transparente, dont la pureté évoquait la neige. L'éclat d'émeraude de ses yeux pleins de feu. La masse opulente de la chevelure châtain aux reflets roux qui couronnait un front élevé dénotant l'intelligence. Dans ce corps encore enfantin et mal développé, on devinait la promesse d'une grande beauté. Pourrait-elle jamais s'épanouir ? John Harte sentit son cœur se serrer et la colère le reprendre à la pensée de la vie de servitude qui attendait Emma, à celle qu'elle menait déjà.

« Papa ! Papa ! Vous avez l'air tout drôle. Vous ne vous sentez pas bien ? »

La voix d'Emma l'arracha à ses réflexions.

« Ça va, bougonna-t-il. As-tu été voir ta mère ? Comment va-t-elle, ce matin ?

— En se réveillant, elle n'était guère vaillante. Mais elle reposait quand je suis descendue. J'irai lui porter du thé avant de partir. »

Le ton froid qu'elle avait pris, comme pour lui reprocher la scène de tout à l'heure, n'échappa pas à John Harte. Il se pencha vers l'âtre pour enfiler ses bottes qu'il y avait mises à chauffer. L'heure tournait vite, il faudrait bientôt partir pour la briqueterie Fairley où Winston et lui travaillaient. L'usine était sur la route de Pudsey, à une bonne heure de marche, et on embauchait à six heures.

Emma s'affairait pour dissiper le malaise et recréer l'activité laborieuse d'un matin normal. Prompte à la colère, elle n'était pas rancunière et son irritation envers son père et son frère était déjà presque oubliée. Elle jeta un coup d'œil vers Frank et constata avec plaisir que, pour se rendre utile, il tartinait avec application les sandwiches que les deux garçons et leur père allaient emporter dans leurs musettes. Emma alla le rejoindre pour l'aider et poussa un cri offusqué :

« Frank ! Tu mets assez de saindoux pour une armée ! Nous ne sommes pas millionnaires, voyons ! Donne-moi ça. »

Elle arracha le couteau des mains du garçonnet ahuri et se mit à racler les tartines en remettant scrupuleusement le surplus de saindoux dans la jarre. Ensuite, d'un geste définitif, elle empila les tartines et les coupa en deux.

Le jeune Frank s'était écarté et regardait sa sœur avec effroi. A douze ans, frêle et délicat, il avait l'air encore plus jeune. Ses fins cheveux blonds, sa peau douce et ses traits enfantins lui valaient de se faire traiter de fillette et de poule mouillée par ses compagnons de travail, à la filature Fairley où il était grouillot chargé de la récupération des bobines. Grâce aux leçons de son grand frère, il avait appris à se servir de ses poings quand on le provoquait. Mais sa nature le poussait à éviter les bagarres et mépriser les railleries. Sensible et délicat, il préférait ne pas s'abaisser au niveau de brutes pour qui il n'éprouvait que du dédain.

Devant l'assaut imprévu de sa grande sœur, il se tourna vers Winston, son défenseur habituel, qui finissait sa toilette à l'évier :

« Winston ! Je ne voulais pas mal faire, dit-il en reniflant. Qu'est-ce qui lui prend ? »

Winston avait observé la scène du coin de l'œil, surpris puis amusé en comprenant qu'Emma ne cherchait, par ce biais, qu'à réaffirmer son autorité sur les hommes de la famille. Frank n'aurait pas dû la prendre au sérieux. Il posa sa serviette et vint près de son jeune frère qu'il serra contre lui :

« On aura tout vu ! s'écria-t-il d'un ton moqueur. Je n'aurais jamais cru qu'Emma deviendrait radine. Le *Squire* Fairley déteint sur toi, ma parole ! »

Emma se tourna vers lui, rouge de colère et de confusion.

« Ce n'est pas vrai ! répliqua-t-elle en brandissant le couteau. Je ne suis pas grippe-sou comme les Fairley... »

La raillerie de Winston avait touché juste : Emma ne détestait rien tant que la mesquinerie et l'avarice. Mais elle avait, croyait-elle, un juste sens de l'économie.

« D'ailleurs, reprit-elle pour se justifier, Frank en avait vraiment mis trop épais. Vous auriez été malades avec tout ce saindoux. Et puis, au lieu de dire des bêtises, vous feriez mieux de vous dépêcher, il est déjà cinq heures moins le quart... »

Elle vit son père et ses deux frères qui la regardaient en souriant, prêts à rire de son embarras, et cela la calma.

« Il faut que je m'habille. Frank, tu vas monter le thé à maman. Winston, lave la vaisselle du petit déjeuner. Mon Dieu, il y a encore tant de choses à faire... »

En distribuant ainsi les tâches avec un regain d'autorité, Emma riait sous cape. La paix était revenue, c'était l'essentiel.

John Harte s'était assis près du feu où il empilait les bûches, glissait dans les interstices de précieux morceaux de charbon et, pour finir, allait couvrir le tout d'une couche de poussier pour que le feu couve jusqu'à l'arrivée de sa sœur Lily, qui venait tous les matins prendre soin d'Elizabeth. En se retournant pour poser le garde-feu, il regarda un instant Winston, qui finissait de laver la vaisselle, et regretta son accès de colère du matin. Il n'y avait pas de haine entre le père et le fils, mais une irritabilité qui se manifestait de plus en plus fréquemment. John n'en voulait d'ailleurs pas à Winston d'essayer d'échapper à Fairley, à la misère et à la vie d'esclavage qu'il y menait et supportait de plus en plus mal. Mais il ne pouvait pas encore le lui permettre. Le Grand Jack n'avait pas eu besoin du diagnostic du docteur Malcolm pour comprendre qu'Elizabeth était condamnée. Le départ de Winston en ce moment l'achèverait car son aîné était aussi son préféré. Pouvait-il annoncer brutalement au jeune homme que sa mère allait mourir ? John Harte n'avait pas ce courage et se contentait donc d'imposer son autorité, tout en sachant que cela ne faisait qu'exacerber la soif d'indépendance de son fils.

« Pourquoi aussi faut-il qu'il choisisse toujours le plus mauvais moment pour en parler ? » grommela-t-il en tisonnant le foyer.

Appuyé au garde-feu, le visage brûlé par les braises, John Harte se laissa un moment aller au désespoir. Il pensait à Elizabeth, sa femme, la douce Elizabeth malmenée par la vie sans qu'il puisse rien faire pour adoucir ses épreuves. Ses enfants, si jeunes encore, qui allaient se retrouver sans mère...

Une légère pression sur son bras lui fit lever la tête. Emma le regardait avec une surprise inquiète. John avala avec peine sa salive et se redressa de toute sa taille en affectant de se gratter la gorge.

« Il est tard, papa. Vous devriez monter voir maman avant de partir...

— Mais oui, mais oui, j'y vais... Laisse-moi au moins le temps de me laver les mains. »

Il s'approcha de l'évier, où Winston finissait d'essuyer les casseroles en sifflotant nerveusement entre ses dents. Son père lui fit un sourire contraint :

« Monte donc voir ta mère, mon garçon. Tu sais qu'elle se fait du mauvais sang si on n'y va pas tous les matins... »

Winston hocha la tête sans répondre et rangea les ustensiles avant de se diriger vers l'escalier. Quand il se fut débarrassé de la poussière de charbon qui lui noircissait les mains, John vit qu'Emma était toujours en chemise de nuit et finissait de préparer les musettes.

« Emma ! lui cria-t-il. Tu vas attraper la mort dans cette tenue ! Va t'habiller, ma fille, tout est rangé.

— Mais oui, papa ! »

Elle tourna vers son père un sourire qui éclairait son visage habituellement si sérieux. John fut bouleversé en voyant l'affection qui irradiait ses yeux verts, plus brillants que jamais. Un instant plus tard, Emma referma la dernière musette et traversa la salle en courant pour venir se pendre au cou de son père.

« Je vais me préparer maintenant, papa. A samedi prochain. D'ici là, vous serez tous bien sages, c'est promis ? »

Il la serra très fort contre lui, d'un geste protecteur.

« C'est promis, ma chérie. Et toi, sois bien prudente en allant au château. »

Emma se dégagea souplement et courut vers sa chambre. Son père la suivit des yeux, tout ému. Ils se lancèrent un dernier baiser du bout des doigts.

Resté seul, John Harte alla pensivement fouiller dans les poches de son gros manteau, pendu à une patère derrière la porte, et en sortit deux petites lanières de cuir avec lesquelles il serrait les jambes de son pantalon de velours pour empêcher la poussière des briques de remonter à l'intérieur. Le pied sur une chaise, il se mit distraitement à installer la première. Allait-il prévenir Elizabeth de son changement d'emploi ? L'avant-veille, il avait donné son préavis à la briqueterie. Cela n'avait pas été sans hésitation, car l'embauche était rare et les chômeurs nombreux au village. Le travail était dur, épuisant pour tout autre que le Grand Jack. Mais il aimait être au grand air, et pelleter de la glaise humide dix heures par jour ne lui faisait pas peur. Ce qui lui devenait insupportable, c'était la paie, si scandaleusement maigre qu'il avait été le dire au contremaître le vendredi soir, après le travail :

« Dix-huit shillings et dix pence, ce n'est pas lourd pour une semaine de travail, Stan ! J'ai une femme malade et trois gosses à faire vivre. Tu avoueras que Fairley paie des salaires de misère ! »

Gêné, le contremaître avait détourné les yeux :

« Il y a du vrai dans ce que tu dis, John. Mais que veux-tu que j'y fasse ? Il y a des contremaîtres qui ne se font pas plus de vingt shillings et ils travaillent autant que les ouvriers. Moi-même, avec mon ancienneté, je ne gagne pas tellement plus... C'est comme ça, tu le sais bien. Si tu veux chercher mieux ailleurs, personne ne t'en empêche. »

Excédé, John Harte avait donné ses huits jours et le samedi matin, malgré sa répugnance, s'était présenté à la filature. Heureusement, il était tombé sur Eddie, le chef d'atelier, un ami d'enfance. Eddie l'avait engagé à vingt shillings la semaine, ce qui n'était pas beaucoup mieux mais constituait néanmoins un léger progrès. John Harte faisait donc sa dernière semaine de travail à la briqueterie. Fallait-il mettre Elizabeth au courant ?

Non, se dit-il en bouclant la deuxième lanière. Elle savait que John n'aimait pas les conditions de travail à la filature et s'en inquiéterait sans doute. Il ne le lui dirait que quand son changement d'emploi serait un fait accompli, à la fin de la semaine prochaine par exemple. La filature avait au moins un avantage décisif sur la briqueterie : elle était située dans la vallée de l'Aire, au bas du village, à dix minutes de la chaumière. Si Elizabeth avait besoin de lui, John Harte pourrait tout de suite venir et cette pensée lui remonta le moral.

Cinq heures sonnèrent au clocher du village. John Harte se redressa en hâte. Avec une aisance qui surprend toujours chez des hommes de sa taille, il traversa la salle en quelques enjambées et gravit le raide escalier de pierre par deux marches à la fois en faisant sonner les semelles cloutées de ses bottes.

Emma était habillée et avait déjà rejoint Winston et Frank au chevet de la malade. D'un coup d'œil, leur père enveloppa leur petit groupe. Tout différents qu'ils étaient les uns des autres, ils avaient en commun une dignité, un raffinement plus frappant encore dans leurs pauvres vêtements auxquels ils parvenaient à donner un air d'élégance. En voyant entrer leur père, ils s'écartèrent légèrement pour lui faire place. John les rejoignit d'un pas énergique, un sourire chaleureux aux lèvres. Dans la semi-obscurité, il lui était facile de faire illusion à Elizabeth...

Elle était à demi assise, appuyée aux oreillers. Son visage décharné s'éclaira en voyant approcher son mari. L'éclat fébrile, qui avait tant fait peur à Emma au réveil, avait disparu de son regard. Elizabeth paraissait calme et reposée. Emma lui avait fait une toilette sommaire et brossé les cheveux, qui retombaient en cascades soyeuses sur un châle bleu dont la couleur avivait celle de ses yeux. Dans la faible lumière dansante de la chandelle, la blancheur maladive de son teint rappela à John les statuettes en ivoire qu'il avait vues en Afrique.

Elizabeth lui tendit les bras avec élan et John la serra contre lui, comme s'il pouvait lui donner un peu de la chaleur et de la vie dont il débordait.

« Ma foi, tu as l'air toute gaillarde ce matin, mon Elizabeth ! » dit-il en l'embrassant.

La voix du Grand Jack était si douce qu'il aurait eu lui-même du mal à la reconnaître. Le sourire s'élargit sur les lèvres de la malade, dont l'expression de joyeuse bravoure serrait le cœur.

« Oh ! mais je me sens presque guérie. Tu me verras debout quand tu rentreras à la maison ce soir. Je te préparerai un bon ragoût de mouton, avec des croquettes et du pain tout frais, tu verras. »

Sans répondre, John reposa tendrement Elizabeth contre ses oreillers et la contempla en hochant la tête. Ce n'était plus la mourante exsangue et pitoyable qu'il voyait mais le ravissant visage de la jeune fille pleine de vie et de rires qu'il avait toujours connue. Elle lui rendait son regard avec tant de confiance et d'adoration que le Grand Jack sentit sa gorge se nouer et les larmes lui monter aux yeux. Elle était perdue, son Elizabeth. Et lui, sa grosse bête de mari, ne pouvait rien faire pour la sauver. Rien...

Une envie irraisonnée le saisit soudain, qui lui venait de plus en plus souvent ces derniers temps. Celle de prendre Elizabeth dans ses bras, de l'arracher à cette sinistre soupente, à cette humidité mortelle, et de courir là-haut, tout là-haut, au sommet des collines de la lande. Elle aimait tant ce lieu, Elizabeth. L'air y était pur, vivifiant. Le ciel se reflétait dans le bleu de ses yeux. Le vent du large chasserait la maladie, la guérirait par miracle. Elle redeviendrait la belle, la joyeuse Elizabeth...

Mais les chatoiements de la bruyère et les brumes vaporeuses des longues journées d'été avaient été balayées par les tempêtes de l'hiver. A la belle saison, il n'aurait sûrement pas hésité à l'emmener faire ce pèlerinage au Sommet du Monde, comme elle appelait l'endroit, à l'étendre sur un moelleux lit de mousse au milieu des fougères et des buissons de myrtilles nouvelles. Ensemble, ils resteraient ainsi, côte à côte, la main dans la main, à contempler les rocs de Ramsden Crags surchauffés de soleil. Ils seraient seuls là-haut, seuls avec les linottes et les alouettes qui jouaient en chantant dans la lumière dorée. Elizabeth aussi chanterait, rirait. Et lui, John, aurait le cœur en fête.

Mais pas ce matin. Ce rêve était impossible. Le gel de février noircissait la terre. La lande n'était qu'un vaste désert désolé, hostile sous le ciel gris et lourd, chargé de pluie et de froid.

« John chéri, tu as entendu ce que je t'ai dit? reprit Elizabeth. Ce soir, je vais me lever et nous allons recommencer à dîner tous ensemble devant le feu, comme nous faisions avant que je tombe malade. »

Sa voix vibrait d'une exaltation provoquée par la présence de John. Celui-ci dut s'éclaircir la gorge avant de pouvoir répondre :

« Non, mon Elizabeth, il n'est pas question de te lever. Le docteur a dit que tu dois te reposer et il faut obéir au docteur si tu veux guérir. Lily va arriver tout à l'heure pour s'occuper de toi et c'est elle qui préparera le souper. Allons, promets-moi de ne pas faire d'imprudence. Promets !

— Mon Dieu, John, que de tracas tu te fais! Je te promets, si vraiment cela peut te rendre heureux. Je resterai au lit. Tu es content? »

John lui fit un sourire et se pencha pour murmurer quelques mots :

« Je t'aime, mon Elizabeth. Je t'aime, tu sais. »

Elle plongea son regard dans le sien, y vit l'expression de cet amour inchangé depuis le premier jour et qui lui réchauffait le cœur.

« Je t'aime aussi. Je t'aimerai jusqu'à mon dernier souffle et même longtemps après... »

Il lui donna un baiser et se redressa avec brusquerie, pour ne pas céder au désespoir. Sans plus oser la regarder, il traversa la chambre en trois grandes enjambées presque titubantes et s'arrêta sur le seuil pour jeter, sans se retourner :

« Allons, Winston, dépêchons! Embrasse ta maman et viens, nous allons être en retard. »

Winston et Frank embrassèrent leur mère et s'éloignèrent silencieusement. Sur la première marche de l'escalier, Winston se retourna pour faire à Emma un sourire et un signe de la main :

« A samedi, Emma !

— A samedi, Winston ! répondit-elle affectueusement. Et toi, Frank, dépêche-toi de te préparer. Je descends tout de suite et nous pourrons partir ensemble. »

Quand le pas des deux garçons se fut éteint dans l'escalier, Emma s'assit un instant au pied du lit.

« Vous ne voulez plus rien avant que je parte, maman ? Bien vrai ? »

Elizabeth secoua la tête, la mine soudain lasse.

« Non, ma chérie. Le thé m'a fait du bien et je n'ai pas faim pour le moment. J'attendrai tante Lily. »

Elle n'a pas faim pour le moment... Elle n'a plus jamais faim ! se dit Emma avec un mouvement d'impatience. Comment guérira-t-elle si elle ne mange rien ? Elle prit un air faussement joyeux en se relevant.

« Alors, dormez et reposez-vous en attendant tante Lily. Et vous mangerez bien tout ce qu'elle vous donnera, n'est-ce pas ? Il faut reprendre des forces, maintenant.

— C'est promis, répondit Elizabeth avec un pauvre sourire. Tu es une bonne fille, Emma. Je ne sais pas ce que je ferais sans toi... Allons, va maintenant. Il ne faut pas arriver en retard au château, surtout quand on te permet de revenir au milieu de la semaine pour me voir. Eteins la chandelle en partant, je vais dormir un peu.

— Oui, maman. »

Emma ne put en dire plus tant elle avait la gorge serrée. Elle se pencha pour donner un baiser à sa mère, tira les draps et retapa les oreillers avec son soin coutumier. Au dernier moment, elle fut retenue par une ultime hésitation.

« Samedi, quand je reviendrai... J'essaierai de trouver un brin de bruyère pour vous l'apporter. Je suis sûre que la gelée en a épargné, sous les rochers... »

Et elle souffla la chandelle avant que sa mère puisse voir les larmes qui lui jaillissaient des yeux.

5

Après le départ de John et de Winston pour la briqueterie, Frank se retrouva seul dans la salle commune. Le père avait éteint la lampe à pétrole, comme il le faisait tous les matins en partant, et la pièce n'était plus éclairée que par une chandelle qui fumait sur la table et les reflets du feu qui couvait dans la cheminée. A l'exception du craquement d'une bûche, de loin en loin, la pièce était silencieuse.

Le jeune garçon était assis sur l'une des deux grandes chaises à haut dossier disposées de chaque côté de l'âtre. Trop grand pour lui, le siège l'écrasait de sa masse et le faisait paraître encore plus menu. Il se dégageait pourtant de lui une impression surprenante de force et de détermination.

D'aspect, on aurait pu le croire malheureux. Son corps frêle flottait dans sa blouse grise et le pantalon trop large hérité de son grand frère. Serrées dans des chaussettes de laine grise soigneusement reprisées, ses petites jambes avaient l'air trop fluettes pour supporter les gros brodequins cloutés dont il était chaussé. Mais ce n'était qu'une apparence, car si Frank Harte avait l'air perdu ou déplacé dans ce monde, où il était étranger, c'est parce qu'il se réfugiait dans un autre monde. Un monde intérieur rempli d'images magiques, de rêves exaltants, d'espoirs et de projets qui lui permettaient de traverser victorieusement les vicissitudes de la vie quotidienne. Ce monde parfait, il se l'était bâti peu à peu et il le protégeait des réalités de la pauvreté et du travail.

Car Frank Harte était heureux de son sort tant qu'il pouvait chercher refuge dans son univers imaginaire. Il n'avait été triste qu'une seule fois, l'été précédent, quand il avait été forcé de quitter l'école. Il avait alors dû faire appel à tout son courage pour se résigner à faire comme les autres garçons de son âge et aller travailler à la filature, où il charriait à longueur de journée des brouettées de bobines vides. Son père lui avait dit que la famille avait besoin des quelques shillings qu'il allait gagner toutes les semaines. C'est pourquoi Frank, comme tous les autres, avait cessé ses études à douze ans.

Il y avait pourtant été excellent élève et le maître s'émerveillait de la sûreté de sa mémoire et de l'acuité de son intelligence. C'était un crime, avait-il dit au père, de gâcher des dons si prometteurs et d'envoyer Frank à l'usine au lieu de le pousser dans ses études.

Si Frank avait dû quitter l'école, il n'en continuait pas moins de s'instruire tout seul, de son mieux. Il avait lu et relu cent fois les rares vieux livres que possédait sa mère, il dévorait avidement tout ce qui lui tombait sous la main. Car pour Frank, les mots n'avaient jamais rien perdu de leur pouvoir magique. Sa passion pour la lecture touchait à la vénération et il prolongeait son plaisir en formant et reformant dans sa tête les phrases qu'il venait de voir; il écrivait inlassablement et corrigeait sans trêve de malhabiles essais de prose sur les bouts de papier qu'Emma lui rapportait chaque semaine du château, où elle les pêchait dans les corbeilles de la bibliothèque. Pour lui, les idées étaient aussi réelles, aussi évidentes que les faits et les choses, car il ignorait encore la signification du mot abstraction. Ces idées, dont il faisait quotidiennement la découverte émerveillée, elles l'intriguaient, le défiaient au point qu'il n'avait de cesse qu'il les ait comprises et domestiquées.

Ce matin-là, assis devant le feu, un bol de thé serré entre les mains, il contemplait les braises d'un air à la fois absent et ravi. Dans les courtes flammèches, il voyait se former des mondes infinis aux horizons sans cesse renouvelés. Une pensée poétique naissait parfois dans son esprit, passait trop vite pour être clairement exprimée ou était trop fragile pour être saisie au vol. Mais elle provoquait sur son visage expressif un éclair de joie qui allumait son regard et formait un sourire sur ses lèvres.

Le grincement de la porte le fit sursauter et il tourna vivement la tête. Emma entrait, la mine soucieuse. Ramené à la réalité, Frank avala son thé à petites gorgées tout en suivant sa sœur des yeux. Elle s'était arrêtée à la fenêtre et regardait au-dehors, sous le rideau soulevé. Un instant plus tard, elle lui adressa la parole sans se retourner, comme perdue elle aussi dans un rêve.

« Il fait encore noir mais nous n'avons pas besoin de partir tout de suite. Attendons qu'il fasse jour. Je courrai pour arriver à l'heure, cela me réchauffera. »

Frank posa son bol vide au bord de l'âtre et parla timidement, encore vaguement impressionné par Emma :

« Papa a rempli la théière d'eau chaude. En partant, il m'a dit de te préparer un sandwich. C'est sur la desserte... »

Emma se retourna pour jeter un coup d'œil sur le sandwich. Frank se méprit sur son expression et se hâta d'ajouter :

« Je ne l'ai pas tartiné trop épais, je te le jure! J'ai bien raclé le saindoux, comme toi. »

Emma ne put retenir un sourire. Elle alla prendre le sandwich, se versa un bol de thé et vint s'installer près de la cheminée, en face de Frank, où elle se mit à mastiquer distraitement, les yeux dans le vague, l'esprit encore préoccupé par la santé de sa mère.

Son petit frère la dévisageait avec une curiosité mêlée de crainte car, s'il adorait Emma, il en avait toujours un peu peur. Il essayait de bien faire mais tant d'efforts pour lui plaire dégénéraient, tôt ou tard, en une grosse bourde ou quelque maladresse qui provoquait la colère d'Emma. Ce matin, pourtant, l'algarade du saindoux était oubliée, car les accès d'Emma ne duraient jamais bien longtemps. Aussi, les yeux pleins d'admiration,

Frank finit-il par oser se pencher vers elle et la distraire de ses réflexions :

« Je suis bien content que tu les aies empêché de se battre, tout à l'heure. Ils me font peur quand ils crient comme ça. »

Emma releva les yeux et posa son bol par terre.

« Je sais, Frankie. Mais il ne faut pas avoir peur. Ils parlent toujours pour ne rien dire. Ce n'est pas grave... »

Le garçonnet se raidit, ses doux yeux noisette lançant soudain des éclairs :

« Il ne faut pas m'appeler Frankie ! Tu sais bien que maman n'aime pas qu'on m'appelle comme ça ! Les surnoms, c'est bon pour les bébés et je suis un grand garçon maintenant. C'est elle qui le dit ! »

Emma regarda son petit frère avec un sourire amusé et surpris. Lui, si doux d'habitude, avait l'air sérieusement outragé et s'était redressé sur sa chaise pour affecter une attitude pleine de dignité. Elle reprit son sérieux et hocha la tête gravement :

« Tu as raison, Frank, tu es un grand garçon ! Allons, dépêchons, ajouta-t-elle avec un sourire affectueux, il est temps, maintenant, de nous en aller. »

Elle se leva et, avec des gestes décidés, ramassa les bols vides qu'elle alla laver et essuyer à l'évier. Elle prit ensuite ses bottines, que son père avait mises à chauffer dans l'âtre, et se rassit pour les lacer. Frank n'avait pas bougé de son siège et Emma lui jeta un regard impatient. Le voilà encore parti à rêver, se dit-elle avec une certaine irritation. Comme si cela pouvait le mener à quelque chose ! Emma ne s'accordait que rarement le luxe de se laisser aller à ses fantaisies. Ses rêves à elle, quand elle en avait, étaient solides, terre à terre, pratiques. De bons vêtements chauds pour toute la famille. Une pleine cave de bonne houille bien noire. Un garde-manger bien rempli de beaux jambons fumés, de roues de chester. Des étagères croulant sous des rangées de bocaux de conserves et de confitures, comme à l'office du château. Plus, quand la fantaisie se débridait, quelques guinées d'or tintant au fond de sa bourse, assez pour acheter l'indispensable, des bottes neuves pour papa, quelques colifichets pour maman...

Elle poussa un soupir de regret. Pendant ce temps, Frank ne rêvait que de monceaux de livres, de visites de Londres, de belles voitures, de pièces de théâtre, tous ces songes creux glanés dans les gazettes illustrées qu'elle lui rapportait du château ! Quant à Winston, c'était pire encore : il n'ambitionnait que de s'engager dans la marine et de sillonner le monde, d'avoir une vie d'aventures et d'exotisme. Au fond, Winston et Frank étaient irresponsables, comme des hommes. Ils ne pensaient qu'au plaisir, à la gloire. Tandis qu'elle, Emma, ne songeait — quand elle s'en accordait le temps — qu'aux moyens de mieux vivre, ou plutôt de survivre, et d'assurer le bien-être des siens...

Elle finit de lacer ses bottines, se releva et alla enfiler son manteau à gestes rageurs.

« Frank, qu'est-ce que tu attends ? cria-t-elle. Tu ne vas pas passer ta journée à bayer aux corneilles ! Il est six heures moins vingt, je vais être en retard si je ne me presse pas ! »

Frank vint la rejoindre en traînant les pieds. Emma lui boutonna son manteau et lui noua son écharpe autour des oreilles malgré ses protestations.

« Comme ça, au moins, tu n'auras pas froid ! Cesse de te soucier de l'opinion des autres. Si cela ne leur plaît pas, tant pis pour eux. Et maintenant, en route ! »

Elle lui tendit sa musette, souffla la chandelle et vérifia d'un dernier coup d'œil si tout était en ordre. Satisfaite de son inspection, elle prit la main de son frère et le tira derrière elle.

Le jour n'était pas encore levé et l'aube les cueillit avec une gifle glaciale. Le visage mordu par l'air humide et froid, les deux enfants se mirent à courir le long du chemin. La terre gelée sonnait sous leurs pas et les haies de lilas et de sureau noircies par l'hiver avaient l'allure de squelettes carbonisés. Le seul bruit qu'ils entendaient était celui du vent qui sifflait férocement dans les branchages dénudés. La chaumière des Harte était bâtie au bout d'une impasse, dans le haut du village de Fairley. Au-delà et plus haut commençait l'immensité moutonnante de la lande. L'endroit était isolé, inhospitalier et rebutant, même par les beaux jours. Çà et là, une pâle lueur indiquait la présence d'une chaumière.

Ils s'arrêtèrent un instant au bout de l'impasse et Frank leva vers sa sœur son petit visage rougi par le froid :

« Faut-il que je m'arrête chez tante Lily ?
— Oui, bien sûr. Dis-lui d'aller voir maman de bonne heure, ce matin. Et ne reste pas trop longtemps à bavarder avec elle. Tu sais que le gardien ferme les grilles de l'usine à six heures et qu'ils te feraient sauter ta paie si tu étais en retard. Allons, et sois bien sage ! »

Elle se pencha pour l'embrasser et lui rabattit la visière de sa casquette, pour mieux le protéger contre le froid. Frank hésitait encore à s'éloigner :

« Tu attends ici une minute jusqu'à ce que j'arrive chez tante Lily, dis ? »

Il avait dû faire un gros effort pour avoir l'air brave. En fait, il mourait de peur d'être seul dans le noir. Emma hocha la tête :

« Bien sûr. Vas-y, j'attends. »

Frank partit en courant dans la brume, dérapant parfois sur les pavés givrés. Emma le suivit des yeux jusqu'à ce que sa silhouette menue se fonde pour n'être plus qu'une ombre indistincte. Elle attendit tant que dura le bruit des brodequins dans la ruelle. Enfin, au fracas qu'il fit en heurtant la porte de tante Lily, elle comprit que Frank était arrivé à destination.

Rassurée, elle remonta la pente en direction de la lande et de Fairley Hall. Son manteau trop mince et trop petit la protégeait mal du froid, mais Emma avançait bravement, d'un pas égal et rapide. Bientôt, elle dépassa les dernières maisons du village et se retrouva seule dans l'immensité de la lande déserte. Au-dessus d'elle, gris et menaçant, le ciel commençait à s'éclaircir.

Le jour allait se lever, apportant une nouvelle journée sans espoir de changement dans la vie d'Emma Harte.

6

Les chaînes de collines dominant le village de Fairley et la vallée de l'Aire, qui serpente à ses pieds, ont un aspect sombre et inhospitalier même par le temps le plus clément. Quand l'hiver s'installe dans sa rigueur, le paysage prend alors une allure sinistre. Noyée dans une grisaille uniforme, la lande désertique se confond avec les nuages couleur de cendre. Le plateau parsemé de replis et de monticules semble dénué de vie et perd couleur et relief. La pluie et la neige se succèdent sans merci comme pour noyer la terre et aggraver son aridité. Venus de la mer du Nord, les vents se ruent à l'assaut pour parachever cette œuvre de désolation. Les cours d'eau sont paralysés par le gel. Partout plane le silence.

Ces landes incultes se déroulent à perte de vue en direction de Shipley et, au-delà, jusqu'à l'active cité industrielle de Leeds. Leur oppressante monotonie n'est agrémentée, çà et là, que de quelques roches escarpées aux contours bizarres, d'arbres noircis et tordus par les éléments, de ronciers rachitiques ou de rares chaumières abandonnées, dont les ruines accentuent la tristesse qui se dégage de ces solitudes. Des brumes éternelles engluent le paysage sans en atténuer la rudesse. Elles ne font qu'estomper le relief des trop rares accidents de terrain, de sorte que la terre et le ciel finissent par se fondre en un magma gris et cotonneux où plus rien ne bouge, où la vie même semble interdite. Rien ou presque, dans ces parages, ne dénote la présence de l'homme. Moins encore ne l'invite à s'aventurer sur une terre si inhospitalière. Rares sont ceux assez hardis pour oser, l'hiver venu, se hasarder dans une telle immensité où seules semblent régner la mort et la désolation.

C'est pourtant au cœur de ce désert que s'enfonçait Emma Harte en ce matin glacial de février 1904. Le sentier étroit et tortueux qu'elle empruntait à travers les collines constituait le chemin le plus direct vers Fairley Hall et Emma, depuis son plus jeune âge, avait appris à braver la lande en toute saison et à toute heure.

En arrivant au muret de pierre sèche qui marquait la limite du dernier champ cultivé avant la lande, Emma était hors d'haleine et claquait des dents. Elle stoppa brièvement, appuyée à un échalier, et jeta un coup d'œil sur la pente qu'elle venait de gravir. Au-dessous d'elle, dans la vallée, la brume se déchirait par endroits et révélait au loin les lumières du village qui se réveillait. A quelque distance de là, le long de la rivière, une masse plus sombre était entourée d'un halo rougeâtre : la filature Fairley se préparait à une nouvelle journée de travail. Dans quelques minutes, on entendrait le premier appel de la sirène signalant l'ouverture des grilles. Les hommes, les femmes et les enfants de Fairley se précipiteraient sur les horloges pointeuses qui attestaient leur arrivée quotidienne dans ce bagne où, pour un salaire de famine, ils allaient produire les fins lainages et les tweeds moelleux qui portaient aux quatre coins du monde la flatteuse renommée des tissages Fairley.

Emma pensa à son petit frère, en train de courir lui aussi vers la filature. Frank, si frêle, si mal préparé à subir les interminables journées de ce travail dur et fastidieux : ramasser les bobines vides près des métiers, les trier, les empiler, les rapporter... Dans ses instants libres, il fallait encore qu'il décharge les bennes de laine brute, qu'il balaie les ateliers, qu'il nettoie les métiers, les machines... Chaque fois qu'elle pensait à Frank, Emma avait le cœur serré. Chaque fois qu'elle pensait à l'effroyable injustice de faire travailler un enfant dans de telles conditions, elle bouillait de colère. Quand il arrivait à Frank de se plaindre à leur père, ou d'avoir la nausée sous l'effet de l'écœurante odeur de suint qui imprégnait les vêtements, ou encore de tousser dans la poussière qui irritait la gorge et faisait pleurer, John Harte ne savait que se détourner sans rien dire, le regard plein de honte et de tristesse. Emma elle-même le savait trop bien : la famille ne pouvait pas se passer des quelques sous que Frank gagnait chaque semaine. Elle aurait souhaité, pourtant, que leur père fît quelque chose pour trouver au petit garçon un travail moins épuisant, moins dégradant. Mais le Grand Jack n'y pouvait rien et sa résignation indignait Emma.

Elle jeta un dernier coup d'œil au village et reprit son chemin. Elle était déjà en retard et, même en courant, n'arriverait pas pour six heures à la cuisine où elle était attendue. En courant, elle pourrait au moins rattraper quelques minutes. Elle rassembla donc les pans de sa jupe, escalada l'échalier et bondit avec agilité. La terre dure faisait rebondir ses bottines. Les écharpes de brume, qui roulaient sur la lande, lui cachaient les buissons morts et les arbres rabougris qui jalonnaient sa route. Par endroits, une plaque de neige vierge ou une congère éblouissante faisait surgir aux yeux d'Emma des silhouettes fantastiques. Malgré son courage, elle avait peur, car la lande, à cette heure de lueurs indécises, prenait un aspect effrayant. Elle ne ralentissait pourtant pas sa course et progressait presque à l'aveuglette. Depuis deux ans qu'elle travaillait au château, elle en connaissait le chemin par cœur.

Dans le calme étrange qui accompagne parfois le lever du jour, on n'entendait que le crissement de ses pas sur le sol glacé et le léger halètement de sa respiration. Tout en trottinant, Emma tourna alors ses pensées vers son père. Elle l'avait toujours aimé, ce colosse souriant. Mais elle ne commençait à le comprendre que depuis peu, et ces derniers temps, il la surprenait. Depuis son retour de la guerre des Boers, John Harte n'était plus le même homme. Il paraissait avoir perdu toute sa joie de vivre, tout son courage. Parfois, il sombrait dans de longues périodes d'abattement et se repliait sur lui-même. D'autres fois, au contraire, il explosait en de soudains accès de rage dès que quiconque, à l'exception d'Emma ou de sa mère, faisait mine de le contredire.

Ces inconséquences dans le caractère de son père désorientaient Emma. Quand il lui arrivait de poser sur elle le regard vague d'un enfant perdu, elle avait envie de le secouer, de lui crier qu'il devait se ressaisir, se remettre à vivre. Trop peu sûre d'elle-même pour l'attaquer de front, elle se rabattait sur une ruse qui avait un temps porté ses fruits : elle l'assaillait de questions, le harcelait en lui parlant d'argent, en lui rappelant leur dénuement, la maladie de leur mère. Mais cela n'avait plus aucun effet et John Harte ne réagissait plus à ces coups d'aiguillon. Il se contentait de se détourner ou de fermer les yeux, jamais assez vite pour qu'Emma n'y distinguât l'ombre de la douleur, de la résignation ou du désespoir. Car ce n'était pas la guerre qui avait brisé John Harte. La maladie d'Elizabeth lui avait en quelque sorte paralysé l'âme, l'avait vidé de tout courage et rendu incapable de faire face aux réalités de la vie.

Trop jeune encore pour comprendre les vraies raisons de la métamorphose de son père, Emma était plus encore aveuglée par une unique obsession : changer la vie de sa famille. Elle était incapable de penser à rien d'autre. A ses yeux, son père avait simplement cessé d'être utile, et, incapable de résoudre les problèmes, les provoquait. Quand elle le poussait dans ses retranchements, il ne savait plus que lui opposer le même argument, trop souvent rabâché : « Les choses iront mieux, ma chérie... » Winston était le seul à se laisser encore prendre aux mirages de cet optimisme vide de substance. Les yeux brillants, il se tournait vers son père pour demander : « Quand cela, papa ? » alors qu'Emma, les dents serrées, se retenait pour ne pas hurler : « Comment cela, papa ? » Elle ne disait pourtant rien, car elle redoutait les conséquences d'un tel défi. Son père ne pourrait rien lui répondre, rien proposer de concret. Sa question n'aurait pour conséquence que de précipiter le découragement et la rébellion de Winston. Foncièrement réaliste, Emma avait donc admis comme un fait irréversible l'inertie où son père se complaisait désormais. Elle commençait à deviner confusément qu'un homme perd tout s'il a perdu l'espoir. Or, depuis longtemps, la vie avait arraché toute espérance à l'âme de John Harte.

Emma souffla dans ses mains, les renfonça dans ses poches, et s'apprêta à attaquer la longue montée de Ramsden Ghyll. L'argent... Elle n'en avait plus reparlé à son père depuis un certain temps. Mais cela ne voulait pas dire qu'elle n'y pensait plus! Plus que jamais, au contraire, elle en était obsédée. Si la famille voulait simplement survivre, si sa mère voulait guérir, il fallait de l'argent et bien davantage que ce dont on disposait en ce moment. Emma le savait : sans argent, on n'est rien. Sans argent, on reste à jamais la victime impuissante de la classe dirigeante. Sans argent, on n'est qu'une bête de somme promise à un labeur sans fin, à l'avilissement, au désespoir. Sans argent, on ne peut que subir les humiliations, les caprices des riches. Sans argent, on est la proie de tout le monde...

Depuis qu'elle servait à Fairley Hall, Emma avait compris bien des choses. Il y avait un abîme entre la vie qu'on menait au château et celle des habitants du village. Tandis que les Fairley, dans leur superbe isolement, jouissaient de tous les raffinements du luxe et se protégeaient des vicissitudes de la vie, les autres travaillaient. Ils travaillaient précisément pour accroître la fortune des Fairley, leur luxe et leur supériorité. Un cercle vicieux.

Mais il y avait autre chose d'encore plus significatif et qui n'avait pas échappé à Emma : l'argent n'achète pas seulement l'accessoire ou l'essentiel. Il permet d'acquérir le pouvoir, ce pouvoir qui rend son possesseur invulnérable. Pour les pauvres, il n'y a ni justice, ni liberté. Mais la justice et la liberté s'achètent, comme le reste. Comme les aliments nourrissants et les remèdes dont sa mère aurait tant besoin. Il suffirait de quelques shillings posés sur un comptoir... Oui, l'argent répond à tout, pensait Emma. Il donne tout, guérit tout.

Il faut donc que je trouve le moyen d'en gagner davantage, se dit-elle tout en marchant. Il y a des pauvres et des riches et les pauvres peuvent devenir riches. Maintes fois, son père lui avait répété que c'était une question de chance ou de naissance. Emma ne croyait plus à ces explications simplistes. Il suffisait de concevoir un projet brillant et de travailler dur, plus dur que les autres, pour le réaliser et acquérir la fortune. La fortune, c'était plus que de l'argent mais moins que le pouvoir, comme Emma en avait décidé depuis que ces pensées la hantaient. Ses idées sur la question étaient encore limitées, imparfaites et elle en avait conscience, car elle savait qu'elle manquait d'expérience et, plus encore, d'instruction. Mais cela aussi peut s'acquérir. C'est pourquoi, et sans encore savoir comment, Emma avait décidé de faire fortune. Elle possédait de précieux atouts et le savait : l'intelligence, l'intuition. L'ambition, surtout, et le courage. Pour le moment, seule sur la lande, tremblant de froid, n'ayant devant elle aucun espoir de trouver de l'aide, seule à vouloir se battre contre le monde entier pour lui arracher la justice à laquelle elle avait droit, l'avenir aurait dû lui paraître sombre. Mais Emma avait décidé, voilà des mois, que rien ne la découragerait ni ne la détournerait de son but. Elle était résolue à gagner de l'argent, beaucoup d'argent, et elle en gagnerait. Elle voulait enfin connaître la sécurité qu'il procure.

Elle arriva en haut de la pente hors d'haleine. Les mains gourdes, le visage paralysé, elle frissonnait de tout son corps. Mais elle avait les pieds chauds, grâce à son père qui lui avait réparé ses bottines la semaine passée. La perspective du grand bol de bouillon qui l'attendait dans la cuisine de Fairley Hall lui fit oublier la fatigue et elle poursuivit sans ralentir l'allure.

Des arbres squelettiques se détachèrent bientôt sur le ciel sale et le cœur d'Emma se mit à battre plus fort.

Car ils marquaient le début d'un passage qu'elle craignait plus que tous les autres. Le chemin commençait à descendre en direction de Ramsden Ghyll, vallon encaissé entre des collines pelées. Dans cette cuvette où la brume stagnait toujours, on rencontrait des rocs aux formes inquiétantes, des souches et des troncs brisés, des ronces et des racines traîtresses pour qui avançait sans précaution. Le brouillard épais dissimulait les pièges et, la plupart du temps, rendait ce passage impraticable.

Emma se hâta en dépit de son inquiétude et serra les poings plus fort pour calmer sa nervosité. Elle ne voulait pas se l'avouer, mais elle n'arrivait pas à surmonter sa terreur panique des elfes et des farfadets, des génies et des spectres qui, selon la tradition, hantaient la lande et que l'on croyait toujours voir flotter dans la brume et se cacher derrière les amas de rochers. Les plus superstitieux des villageois affirmaient avoir rencontré des fantômes au creux de Ramsden Ghyll et Emma, qui affectait de mépriser ces racontars, redoutait de se trouver un jour nez à nez avec une âme en peine ou un lutin malveillant. De crainte de réveiller les esprits assoupis, elle se récitait un cantique en marchant, car elle n'avait jamais osé chanter à haute voix en traversant le Ghyll.

Elle n'en était pas à la moitié qu'elle s'arrêta net, paralysée, l'oreille tendue. Sous les sifflements du vent, qui avait repris sans qu'elle s'en aperçoive tant elle était absorbée dans ses pensées, elle avait cru entendre un sourd martèlement, comme le bruit des pas d'un être pesant, énorme et redoutable qui s'avançait vers elle, de l'autre côté de la cuvette. Glacée de terreur, elle fit un bond de côté et s'appuya à un rocher comme pour s'y incruster et disparaître. Le bruit se rapprochait toujours, grandissait. Soudain, devant ses yeux écarquillés, il y eut quelque chose. Un monstre. Ce n'était pas la forme d'un arbre ou d'un roc sculpté par l'érosion. Ce n'était pas un produit de son imagination surexcitée. C'était un monstre, un vrai. En chair et en os, aussi grand qu'un ours ou qu'un ogre. Un homme gigantesque qui la regardait à travers la brume.

Immobile, le souffle coupé, Emma était trop affolée pour savoir que faire. Pouvait-elle s'échapper en courant, se glisser entre les jambes de l'individu ? Les poings serrés au fond de ses poches, elle était incapable de faire un geste.

C'est alors que le monstre se mit à parler. Emma tremblait de terreur, claquait des dents. Elle ne comprit d'abord pas ce que disait le terrifiant personnage :

« Ma foi, c'est bien une chance du diable que de trouver âme qui vive sur cette lande de malheur et à une heure pareille ! Mais que fais-tu donc ici, mignonne ? Il fait bien trop froid et trop vilain dans ce trou d'enfer ! »

Le diable, l'enfer ! Muette de peur, Emma essayait en vain de percer la brume pour distinguer les traits de l'inconnu. Elle souhaitait de tout son cœur pouvoir se dissoudre dans son rocher en attendant que la vision disparût. Mais la vision restait là et reprit la parole, d'une grosse voix qui traversait la brume et parvenait à Emma comme de l'au-delà :

« Grosse bête que je suis ! Surgi ainsi dans le noir, j'ai dû te faire peur ! Je ne suis pas un démon. Je me suis perdu dans le brouillard sur le chemin de Fairley Hall. Dis-moi simplement par où passer et je serai bien vite parti. »

Ces paroles rassurantes calmèrent un peu l'émoi dont Emma était saisie. Mais elle tremblait toujours car rencontrer un étranger sur la lande pouvait être aussi redoutable que tomber sur un vrai monstre. Son père, d'ailleurs, lui avait souvent répété qu'il ne fallait jamais parler aux inconnus. Et celui-ci en était bien un, donc suspect. Toujours aplatie contre son rocher, Emma referma la bouche et serra bien fort les lèvres. Peut-être, si elle s'abstenait de lui répondre, l'étranger se lasserait-il et finirait-il par disparaître aussi soudainement qu'il s'était matérialisé ?

« Par ma foi, le chat lui a mangé la langue, à cette

jeune fille! reprit l'étranger. Ou bien peut-être qu'elle est muette, ce qui serait grand dommage... »

Il avait parlé, cette fois, comme s'il s'adressait à une tierce personne et Emma, malgré elle, se pencha légèrement en clignant des yeux pour voir s'il était vraiment accompagné. Mais comment voir dans ce brouillard?

« Allons, mignonne, je ne veux pas te faire de mal! dit la voix caverneuse. Montre-moi tout bonnement le chemin de Fairley Hall et je te laisserai tranquille, c'est promis. »

Emma n'arrivait toujours pas à voir le visage de l'homme, car c'en était bien un, tant la brume était épaisse. Mais elle baissa les yeux et distingua deux grands pieds chaussés de bottes cloutées, le bas d'un pantalon de velours. L'inconnu n'avait pas bougé d'un pouce depuis qu'il s'était arrêté en face d'Emma, sentant sans doute qu'au moindre geste un peu brusque de sa part elle se serait enfuie de sa cachette et se serait perdue dans la brume.

Emma l'entendit se racler la gorge avant de reprendre ses exhortations :

« Allons, petite, il ne faut pas avoir peur. Je ne te ferai pas de mal. Je ne suis pas méchant, tu sais. »

Quelque chose, dans cette voix, finit par détendre les muscles d'Emma contractés par la crainte. C'était une intonation curieuse, chantante, différente de tout ce qu'elle avait entendu jusqu'à présent. Maintenant qu'elle ne tremblait plus et retrouvait sa lucidité, Emma y reconnut autre chose : une douceur, une gentillesse auxquelles il était impossible de se méprendre. Mais il s'agissait quand même d'un étranger. Emma hésita encore.

Alors, à sa plus vive confusion, elle s'entendit soudain lui poser une question :

« Pourquoi voulez-vous donc aller au château? »

Elle n'eut pas le temps de regretter son effronterie que l'autre répondait déjà :

« J'y vais pour réparer les cheminées. C'est le *Squire* lui-même, oui le *Squire* Fairley, qui est venu me voir la semaine passée à Leeds pour m'engager. Il est bien bon et généreux de m'avoir ainsi donné ce travail. »

Emma s'enhardit assez pour amorcer un pas et lever les yeux vers l'inconnu. C'était l'homme le plus grand qu'elle ait jamais vu de sa vie, plus grand même que le Grand Jack. Il portait de grossiers vêtements d'ouvrier et avait un sac pendu à l'épaule. Emma se souvint alors que la cuisinière avait en effet annoncé l'arrivée prochaine d'un maçon qui allait faire des travaux au château. Sa méfiance se dissipa légèrement, sans complètement disparaître :

« Alors, c'est vous le maçon ? » demanda-t-elle d'un ton soupçonneux.

L'homme éclata d'un gros rire plein de bonne humeur qui fit tressauter tout son corps.

« Oui, c'est moi le maçon ! Shane O'Neill, pour te servir ! Mais tout le monde m'appelle Blackie, le Noiraud ! Et toi, comment te nommes-tu, peut-on savoir ? »

Shane O'Neill, cela ressemblait à un nom irlandais. La curieuse intonation de la voix était donc ce fameux « brogue », l'accent dont on se moquait parfois au village. Il n'y avait pourtant pas de quoi, se dit Emma. L'accent du Yorkshire était bien plus rude et bien moins harmonieux...

Emma hésitait encore à répondre : moins l'on se révèle aux étrangers, moins on prend de risques. Pour la seconde fois depuis le début de cette rencontre, elle s'entendit parler sans l'avoir vraiment voulu :

« Emma, dit-elle en hésitant. Emma Harte.

— Content de te connaître, Emma. Eh bien, puisque nous sommes officiellement présentés, pour ainsi dire, remets-moi sur le bon chemin de Fairley Hall, je t'en aurai bien du gré. »

Emma leva le bras pour indiquer la direction d'où O'Neill le Noiraud était venu. Mais, à son plus vif dépit, elle ne se contenta pas de commenter son geste :

« Le château est par là. D'ailleurs, j'y vais. Vous n'avez qu'à me suivre, si vous voulez... »

Elle se mordit les lèvres. Mais l'offre était lâchée.

« Grand merci, petite Emma! s'écria Blackie. Allons-y, marchons. Il fait un froid terrible. C'est pire que dans nos marécages irlandais! »

Le grand O'Neill se mit à remuer pour la première fois et s'envoya de grandes bourrades en tapant des pieds pour se réchauffer. Emma sentait elle aussi l'humidité pénétrante qui l'avait enveloppée pendant sa longue immobilité et tremblait en claquant des dents. Elle s'arracha résolument à son rocher et se dirigea à grands pas vers la pente abrupte par où l'on sortait de Ramsden Ghyll. Le sentier était étroit et malaisé et les deux compagnons devaient marcher l'un derrière l'autre. A demi rassurée, Emma se hâtait en trébuchant pour être plus vite sortie de ce mauvais pas. La grimpée était trop rude pour qu'ils se parlent, le chemin trop parsemé d'obstacles, grosses pierres, racines ou plaques de verglas, pour que l'un ou l'autre puisse lever les yeux.

Quand ils émergèrent enfin de la cuvette, la lande s'offrit à eux, déserte, balayée d'un vent violent qui avait chassé les dernières traces de brouillard. L'air était opalescent, le ciel plombé reflétait une lumière surnaturelle qui paraissait irradier de sous l'horizon et détaillait le paysage avec une précision cruelle, comme il arrive parfois dans les régions septentrionales. Sous cette dure clarté, les collines et les monticules dénudés semblaient coulés dans le bronze et luisaient d'un sourd éclat.

Haletante, Emma s'était arrêtée. Elle tourna son regard vers les énormes rochers de Ramsden Crags qui se profilaient non loin de là contre le ciel.

« Regardez, dit-elle en tendant la main. Les chevaux. »

Blackie O'Neill se tourna en direction des roches fantastiques que lui montrait sa compagne. Emma avait raison : on aurait vraiment dit un groupe d'étalons gigantesques cabrés sur l'horizon. La lumière vibrante les animait d'une vie sauvage, comme des coursiers de légende répondant à l'appel d'un géant.

« Que c'est beau, ma foi ! s'écria l'Irlandais. Et comment appelle-t-on cet endroit ?

— Ramsden Crags. Les gens du village le nomment souvent les Chevaux Volants... Ma mère l'appelle le Sommet du Monde », ajouta Emma à voix plus basse.

Blackie O'Neill l'avait rejointe. Son sac posé à terre à ses pieds, il humait à pleins poumons l'air froid.

Emma se tourna vers lui avec curiosité. Elle n'avait pas encore vraiment vu son compagnon de hasard et voulait l'observer. Sa mère lui avait bien souvent répété qu'il n'est pas poli de dévisager ainsi les gens mais sa curiosité était la plus forte. A sa grande surprise, celui qui lui avait fait si peur quelques instants auparavant était à peine plus âgé qu'elle et ne devait pas avoir plus de dix-huit ans. Mais son intuition ne l'avait pas trompée : c'était bien le personnage le plus extraordinaire qu'elle ait jamais vu.

Blackie O'Neill avait baissé les yeux vers elle et lui rendait son regard avec un large sourire. En le voyant ainsi au grand jour, Emma comprit vite pourquoi elle avait bientôt surmonté sa terreur. En dépit de son impressionnante carrure et de son grossier costume, il y avait en cet homme tant de gentillesse innée et de droiture qu'on ne pouvait pas ne pas éprouver de la sympathie à son égard. La bonne humeur malicieuse de son sourire était dépourvue de méchanceté et ses yeux noirs exprimaient la bienveillance. Emma n'y résista pas davantage et lui rendit son sourire, phénomène bien rare chez elle qui, par nature autant que par éducation, opposait aux étrangers une réserve pleine de méfiance.

Elle tendit le bras vers l'horizon :

« On ne voit pas encore le château mais nous n'en sommes plus loin. C'est là-bas, juste après le petit pli de terrain. Venez, Blackie, je vais vous montrer. »

D'une seule main, le jeune homme saisit son lourd sac d'outils et le jeta sur son épaule. Il rattrapa Emma en deux enjambées et se mit à son pas. La tête levée, ses boucles noires ébouriffées par le vent, il sifflait gaiement une chanson de marche.

De temps en temps, Emma le scrutait du coin de l'œil. Son nouvel ami la fascinait, car elle n'avait jamais encore rencontré quelqu'un comme lui. Blackie se rendait très bien compte de l'examen dont il était l'objet et qui l'amusait. Il avait, croyait-il, tout compris d'Emma : une petite fille si frêle, si jeune, se disait-il, sûrement pas plus de quatorze ans, ce n'est pas étonnant que je lui aie fait peur dans le brouillard ! C'est sans doute une fille du village qui va faire une commission au château.

Distrait par ses pensées, entraîné par sa chanson de marche, le grand Blackie ne s'était pas rendu compte que la « frêle petite fille » n'arrivait pas à suivre ses grandes enjambées et courait derrière lui en s'essoufflant. Il s'aperçut brusquement qu'il était seul, se retourna, vit Emma qui lui faisait des signes et s'arrêta pour l'attendre.

Shane Patrick Desmond O'Neill, plus connu de ses amis et connaissances sous le sobriquet de Blackie, était un gaillard de six pieds trois pouces. Mais sa carrure d'hercule le faisait paraître encore plus grand. Son corps puissant, tout en muscles, n'avait pas une once de graisse. Il émanait de toute sa personne une vitalité à laquelle rien ne devait pouvoir résister. Il avait de longues jambes nerveuses, une taille étonnamment fine, une large poitrine. Quant à son surnom, il suffisait d'un coup d'œil pour en comprendre la raison : son épaisse toison bouclée était noire et luisante comme de l'ébène polie. Des yeux charbonneux étincelaient sous son front haut et bombé. Assez écartés, enfoncés sous d'épais sourcils bien arqués, ils étaient plus grands que la moyenne et remarquablement expressifs.

Après qu'Emma l'eut rejoint, Blackie entonna une chanson. Les riches inflexions de sa voix de baryton remplirent le silence du matin avec une douceur mélodieuse qui bouleversa Emma autant, sinon davantage, que les paroles de la ballade :

Le ménestrel est parti pour la guerre,
Parmi les morts le trouverez.
Il portait la grande épée de son père
Et sa bonne harpe au côté...

A mesure que Blackie chantait, Emma se sentait touchée d'une émotion inconnue et les larmes lui venaient aux yeux. La gorge serrée, elle dut faire un effort pour surmonter une émotion qui la rendrait, craignait-elle, ridicule aux yeux de son compagnon.

Quand Blackie eut terminé, il se tourna vers Emma. « Eh bien, tu n'as pas aimé ma chanson ? » demanda-t-il avec sollicitude.

Emma dut renifler et se racler la gorge à plusieurs reprises avant de pouvoir répondre :

« Oh ! si, Blackie. Vous avez une très belle voix. Mais les paroles sont si tristes... »

Blackie répondit avec une douceur à la mesure de la fragilité qu'il devinait chez sa compagne :

« C'est très beau et très triste, en effet. Mais ce n'est qu'une vieille ballade irlandaise. Il ne faut pas pleurer pour ça, voyons ! Puisque tu es assez gentille pour trouver que j'ai une jolie voix, je vais maintenant te chanter quelque chose qui te fera rire, j'espère. »

Blackie se lança alors dans une gigue échevelée où les mots les plus fous, les allitérations et les onomatopées cascadaient avec virtuosité. Sa brève mélancolie oubliée, Emma se mit à rire aux éclats, emportée par le rythme entraînant de la danse populaire.

« Oh ! merci, Blackie ! s'écria-t-elle quand il eut terminé. Merci mille et mille fois, c'était drôle comme tout ! Il faudra chanter ça pour Mme Turner, la cuisinière du château. Elle adorera cette chanson-là, j'en suis sûre.

— Je serai très content de faire plaisir à Mme Turner... Mais, dis-moi, ajouta-t-il avec curiosité, que vas-tu donc faire à Fairley Hall de si grand matin, si je puis te le demander ? »

Emma lui décocha un regard à nouveau sérieux, presque grave, comme si elle retrouvait d'un coup le fardeau de ses responsabilités.

« J'y suis domestique, répondit-elle avec solennité.

— Pas possible ? Quel travail peut donc faire un petit bout de fille comme toi ?

— Fille de cuisine », répliqua Emma sèchement.

Son regard se durcit et une moue de mauvaise humeur lui tira les coins de la bouche. Blackie comprit que son travail au château était pénible et humiliant et s'abstint de pousser son questionnaire. Emma avait déjà remis le masque de froideur inexpressive abandonné pendant les quelques instants de gaieté qu'ils avaient partagés et un silence plein de gêne tomba entre eux. Blackie l'observa avec plus d'attention.

Une fois de plus, en les regardant, Blackie fut frappé par les yeux d'Emma. Ils lui paraissaient d'une beauté presque surnaturelle, deux sources de lumière d'un vert si intense et si profond qu'il en fut saisi. Dans son Erin natale, il avait vu, croyait-il, l'infinité des nuances de cette couleur, si chère au cœur des Irlandais. Mais ce qu'il contemplait ce matin-là dans les yeux d'Emma Harte faisait pâlir le velours des prairies, le turquoise de la mer ou l'émeraude des lacs dont ils évoquaient les profondeurs insondables et les mystères.

La voix d'Emma le tira de sa rêverie :

« Si vous êtes Irlandais, demanda-t-elle, pourquoi vous appelle-t-on Noiraud ? Viendriez-vous d'Afrique ? »

Elle n'avait plus l'air renfrogné qui l'avait assombrie. Blackie O'Neill éclata de rire à la naïveté de cette question et répondit avec un sourire malicieux :

« Non, *mavourneen*, je ne viens pas d'Afrique ! Mais en Irlande, on dit que les gens comme moi qui sont noirs de poil et de teint l'ont hérité des Espagnols. »

Elle était d'abord sur le point de lui demander la signification de *mavourneen*, ce mot étrange qu'elle entendait pour la première fois. Mais le caractère stupéfiant de la déclaration de Blackie lui fit oublier sa curiosité.

« Des Espagnols ! s'écria-t-elle avec indignation. Il n'y a pas d'Espagnols en Irlande, je le sais bien ! Me prendriez-vous pour une ignorante, Shane O'Neill ? »

Blackie faillit éclater de rire de nouveau mais se contint pour ne pas froisser sa jeune compagne.

« Que Dieu m'en préserve, Emma Harte ! Puisque tu es si instruite, tu sais sûrement que le roi d'Espagne avait expédié une grande Armada pour envahir l'Angleterre, du temps de la reine Elizabeth. Une tempête fit sombrer les galions au large de l'Irlande et les rescapés s'installèrent chez nous. Voilà pourquoi, depuis, tous les noirauds du pays descendent, dit-on, de ces Espagnols.

— J'ai bien entendu parler de l'Armada, répondit Emma. Mais je ne savais pas que les Espagnols avaient vécu en Irlande...

— C'est pourtant la vérité du Bon Dieu, *mavourneen* ! Je le jure sur la Sainte Vierge et tous les saints. »

Dépitée d'avoir ainsi été prise en défaut, Emma contre-attaqua immédiatement :

« Vous êtes bien moqueur, Blackie O'Neill ! dit-elle d'un air pincé. Dites-moi plutôt ce que veut dire ce mot, *mavourneen*. Ce n'est pas grossier, j'espère ? »

Blackie se mit à rire et secoua énergiquement la tête en signe de dénégation.

« Non, petite Emma, ce n'est pas un mot grossier, bien au contraire. En gaélique, *mavourneen* est un petit nom d'amitié, quelque chose comme « ma chère » ou « ma chérie ». Il y a bien un mot comme ça, dans le Yorkshire, n'est-ce pas ? »

Sans attendre la réponse, Blackie enchaîna :

« Et puis, pourquoi me donnes-tu du « vous » d'un ton aussi cérémonieux ? Entre amis, on se tutoie. Allons, Emma Harte, tope là ! dit-il en lui tendant la main. Nous sommes amis, n'est-ce pas ? »

Emma hésita, partagée entre un restant de crainte et l'attirance qu'elle éprouvait de plus en plus vivement pour l'extraordinaire personnage que le hasard avait mis sur son chemin. Son éducation la retenait aussi : combien de fois sa mère ne lui avait-elle pas répété qu'on ne doit pas tutoyer un étranger et, qui plus est, un homme, surtout s'il est plus âgé. Mais Blackie était si jeune et si sympathique...

Elle lui prit la main et la serra de toutes ses forces. L'Irlandais lui fit son plus beau sourire et ils se remirent en marche en silence. Un instant plus tard, ce fut Emma qui reprit la parole :

« Blackie ! Est-ce que vous... tu habites Leeds ?
— Bien sûr, Emma. Ah ! ça c'est une ville, ma foi ! Y es-tu déjà allée ? »

La gaieté disparut du visage d'Emma.

« Non, pas encore, répondit-elle en s'animant peu à peu. Mais j'irai bientôt, papa me l'a promis ! Il m'a dit qu'il m'y emmènerait passer une journée et je sais bien qu'il le fera dès qu'il aura le temps... »

Et l'argent des billets, compléta Blackie en son for intérieur. Mais il ne voulut pas aggraver la déception de la jeune fille et se hâta de renchérir, l'air convaincu :

« Alors, tu iras sûrement bientôt, *mavourneen* ! Tu verras, tu verras, tu n'en croiras pas tes yeux ! C'est bien la plus belle ville au monde, à part Dublin bien sûr et peut-être Londres que je ne connais pas encore. Il y a tant de monde, tant de maisons... Tu verras, il y a des rues et des places avec des arcades, et des boutiques merveilleuses, remplies des plus belles choses qu'on puisse imaginer. Des robes, des costumes, des bijoux, des soieries, des parures de plumes et des chaussures d'un cuir si fin qu'on dirait du velours ! De quoi parer la reine elle-même ! Ma foi, tu ne verras jamais autant de belles choses dans ta vie... »

Blackie fit une pause pour reprendre haleine. L'expression fascinée d'Emma au récit de tant de merveilles, sa naïve avidité à en entendre davantage le relancèrent :

« Et ce n'est pas tout ! reprit-il. Il y a aussi des restaurants où l'on sert les plats les plus fins et les plus délicats. Et des salles de danse et un music-hall qui s'appelle les Variétés, et des théâtres tout en velours rouge avec de l'or, des sculptures et des lustres éclairés au gaz, où on joue des pièces qui viennent tout droit de Londres. Mais si, mais si, poursuivit-il devant l'expression incrédule d'Emma, j'ai vu Vesta Tilly et Mary Lloyd en chair et en os sur la scène, *mavourneen* ! Ce sont les plus grandes actrices du siècle et tu les verras, toi aussi ! Et dans les rues, il y a plein de ces nouveaux omnibus, des tramways. Ce sont d'énormes machines qui roulent sur des rails, et il faut au moins quatre chevaux pour les tirer, tu te rends compte ? Ils partent de la Bourse aux grains et parcourent toute la ville. J'en ai pris un une fois, moi-même en personne, et je me suis assis sur l'impériale, comme on dit là-bas ! Ce sont des banquettes installées sur le toit et quand il fait beau, on peut voir toute la ville sans marcher, comme un vrai *gentleman* dans son cabriolet ! Mais je n'en finirais pas de te décrire toutes les merveilles qu'on peut faire et voir à Leeds... »

Les yeux d'Emma brillaient d'excitation et d'admiration. Le merveilleux conte de fées qu'elle venait d'entendre avait balayé sa lassitude et son inquiétude. Son imagination était si vivement frappée, ses émotions si puissamment éveillées qu'elle n'était plus capable de se dominer. Et c'est d'une voix tremblante qu'elle pria son compagnon de poursuivre :

« Pourquoi es-tu allé vivre à Leeds, Blackie ? Dis-moi encore ce qui se passe, dans cette ville merveilleuse !

— Je me suis installé à Leeds parce qu'il n'y avait pas de travail en Irlande, répondit Blackie. C'est mon oncle Patrick qui m'a fait venir. Il y était déjà établi comme maçon et terrassier et il m'a dit que le travail ne manquait pas, car la ville grandit tous les jours. Quand je suis arrivé et que j'ai vu toutes ces nouvelles manufactures, et ces filatures et ces fonderies qui se bâtissaient, quand j'ai vu les voitures et les belles maisons, je me suis dit : voilà l'endroit qu'il faut à un garçon comme toi, Blackie O'Neill, l'endroit rêvé quand on n'a pas peur de travailler ! Oui, *mavourneen*, tu peux me croire : Leeds est bien l'endroit où on peut faire fortune en travaillant. C'est comme si les rues étaient pavées d'or ! Cela fait cinq ans que j'y suis et maintenant, mon oncle Pat et moi, nous avons notre propre affaire. Nous faisons des travaux et des réparations pour les filateurs, les manufacturiers et même la bourgeoisie de la ville et les nobles des environs ! On gagne bien notre vie. Ce n'est pas encore la fortune mais cela viendra, je le sais. Car, vois-tu, *mavourneen,* je compte bien être riche un jour, très riche ! Un jour, je serai millionnaire ! »

Blackie s'interrompit pour rejeter sa tête en arrière, d'un geste vainqueur, et éclata d'un rire de triomphe anticipé. Emporté par son enthousiasme, il entoura d'un bras protecteur les épaules d'Emma et se pencha à son oreille pour poursuivre, sur le ton de la confidence :

« Un jour, petite Emma, je m'habillerai comme un vrai *gentleman,* avec une épingle de cravate en diamant ! Tu me croiras si tu veux, *mavourneen,* mais je serai comme ça un jour, je le jure sur la tête de tous les saints ! »

Emma avait écouté avec une attention ravie la suite du discours enthousiaste de son compagnon. Le mot « fortune » avait résonné à ses oreilles comme un sésame magnifique, infiniment plus puissant que toutes les vaines images de théâtres ruisselants de lumière ou de voitures aux ressorts moelleux. Rien de tout cela ne comptait plus, dans son esprit pratique, face aux extraordinaires perspectives dévoilées par Blackie : à Leeds, on pouvait faire fortune en travaillant. Voilà, pour Emma, ce qui importait avant tout. Voilà ce qui, d'un coup, rendait Blackie si cher à ses yeux et l'auréolait d'un prestige incomparable : elle n'était plus seule au monde à croire que l'argent pouvait être gagné au lieu d'être reçu en héritage. Elle n'était plus seule à se rebeller devant une fausse fatalité. A ces pensées, le cœur d'Emma bondit dans sa poitrine.

« Dis-moi, Blackie, crois-tu qu'une fille... comme moi puisse faire fortune à Leeds ? » demanda-t-elle d'une voix étranglée par l'émotion.

C'était bien la dernière question à laquelle il s'attendît. Incrédule, il contempla la fragile silhouette qui ne lui arrivait pas à l'épaule, le petit corps sous-alimenté si maigre et pitoyable, le visage aux lèvres bleuies et gercées par le froid. Pauvre bout de fille, pensa-t-il, qui se met à rêver ! J'aurais mieux fait de tenir ma langue au lieu de lui farcir la tête de visions, de lui parler d'un monde qu'elle ne connaîtra jamais...

Il allait tenter de la ramener sur terre quand un éclair dans les yeux d'Emma l'en empêcha. Cette lueur, c'était le feu de l'ambition. Mais d'une ambition qui lui fit peur tant elle éclatait avec une violence inflexible, sauvage. Devant l'expression soudain implacable qui recouvrait les traits de la jeune fille, Blackie frissonna malgré lui. Avait-il le droit d'encourager les idées folles que se faisait cette pauvre fille ?

Il aspira une grande lampée d'air pour se redonner de la bravoure et affecta un sourire plein de confiance :

« Ma foi, je n'en sais rien, petite Emma. Si tu es travailleuse, tu y arriveras peut-être... Mais tu es encore bien trop petite. Pour aller travailler à Leeds, attends au moins quelques années. Bien sûr, c'est une belle et grande ville, pleine d'avenir. Mais elle est aussi pleine de dangers surtout pour un bout de chou comme toi... »

Emma affecta de n'avoir pas entendu la réplique et prit un air buté :

« Où aller, pour faire fortune ? Que faudrait-il que je fasse ? »

Blackie comprit qu'il ne s'en tirerait pas par des mots et fit semblant de réfléchir sérieusement. Mais il n'avait pas la moindre intention de se rendre complice de ce qu'il considérait comme une aventure folle et, dans un sens, criminelle. Lâcher dans Leeds cette fillette chétive, à peine capable de faire le chemin du village au château ? Cette effrayante expression d'une volonté surhumaine, ne l'avait-il pas rêvée ? Dans le brouillard de l'aube, dans la lande qui se prête à toutes les fantasmagories, il fallait s'attendre à tout...

« Voyons, laisse-moi réfléchir, dit-il enfin d'un air concentré. Tu pourrais peut-être commencer par travailler dans une de ces manufactures où on fabrique les belles robes qui sont vendues dans les boutiques. Il y a sûrement d'autres choses que tu pourrais aussi bien faire... Mais il faut d'abord y réfléchir soigneusement, petite Emma. Il faut trouver le métier qui te convient. C'est tout le secret du succès, vois-tu. Tout le monde le dit et c'est la vérité... »

Emma hocha la tête, convaincue de la véracité de cette dernière remarque. Elle hésitait à s'ouvrir davantage de ses projets au jeune Irlandais et sa méfiance innée, enracinée dans son terroir du Yorkshire, lui retint la langue. Elle avait cependant une dernière chose à lui demander, la plus importante, et elle prit le temps de la formuler soigneusement.

« Si je vais à Leeds un jour ou l'autre, quand je serai plus grande comme tu me le conseilles, voudras-tu m'aider et me dire ce qu'il faudra faire, Blackie ? »

Elle levait vers lui son regard le plus candide et Blackie, qui la dévisageait d'un air soupçonneux, ne vit qu'un visage enfantin et rempli d'innocence. Allons, se dit-il, j'ai dû rêver... Il dissimula son soulagement et répondit avec bonne humeur :

« Bien sûr, Emma, je serai toujours heureux de te revoir ! J'habite près du chemin de fer, à la pension de Mme Riley. Mais ce n'est pas un quartier pour une jeune fille seule. Aussi, si tu me cherches un jour, tu ferais mieux d'aller voir Rosie, la barmaid du Cygne-Blanc. C'est le grand pub de York Road. Si tu lui laisses un message, elle saura me le faire passer, à moi ou à mon oncle Pat, dans la journée. Tu as bien compris ?

— Merci, Blackie, merci mille et mille fois. Je saurai m'en souvenir. »

Emma avait déjà gravé ces précieux renseignements dans sa mémoire. Car elle avait désormais la ferme intention d'aller chercher fortune à Leeds, et le plus tôt possible.

Ils marchèrent quelques instants en silence, chacun plongé dans ses pensées. Mais ce n'était pas un silence de gêne ou d'hostilité, comme il peut s'en produire entre des étrangers. Ils n'avaient fait connaissance que depuis moins d'un quart d'heure et, déjà, un lien les unissait. Une sympathie instinctive, proche de l'amitié et, plus encore, une certaine identité de vues, une compréhension de la vie instinctivement ressenties.

Blackie, pour sa part, réfléchissait à son sort et ne pouvait que s'en réjouir. Il était là, libre, plein de vie et de force, avec un travail devant lui, quelques shillings en poche et, mieux encore, la certitude d'en gagner bientôt davantage. Passé le premier moment de malaise dû au brouillard, la lande lui apparaissait dans toute sa sauvage grandeur. Le jour s'annonçait beau, froid mais d'un froid vif et sec dans une lumière vibrante sous laquelle les arbres dénudés et les rocs inquiétants s'animaient d'une beauté à laquelle son imagination lyrique d'Irlandais ne pouvait rester insensible. Le ciel avait perdu sa couleur gris-plomb pour un bleu métallique d'une extraordinaire pureté.

Marchant toujours d'un bon pas, ils arrivèrent au bout du plateau moutonnant sans que Blackie ait encore vu se profiler la masse de Fairley Hall. Il allait s'en étonner quand Emma tendit le bras devant elle, comme si elle l'avait deviné :

« Voilà le château, Blackie ! »

Le jeune homme regarda dans la direction indiquée et se frotta les yeux, car on ne voyait toujours que la lande à perte de vue.

« Je dois devenir aveugle, ma parole ! s'écria-t-il. Où donc sont les tourelles et les cheminées que le *Squire* m'avait lui-même décrites la semaine dernière ? »

Emma fit un rire de bonne humeur :

« Un peu de patience ! C'est là, en contrebas. On arrive au champ du Baptiste et après, il n'y a plus qu'à descendre. On n'en aura plus pour longtemps. »

Quelques instants plus tard, en effet, Emma et Blackie s'arrêtaient en haut de la dépression où se terrait Fairley Hall. C'était un de ces vallons typiques de la région, enfoncé au cœur de la lande qui étirait tout autour, jusqu'à l'horizon, ses immensités monotones. Il y régnait, en cette saison, une symphonie de gris charbonneux et de bruns sales qu'aucune touche de verdure ne venait égayer. Les toits et les cheminées émergeaient seuls d'un gros bouquet d'arbres où se dissimulaient les corps des bâtiments. Alors que les arbres de la lande, torturés par les vents, n'étaient que de tragiques moignons tordus et mutilés, ceux qui entouraient le château étaient de grands chênes à la noble stature dont les branches, dépourvues de feuilles, formaient en s'entremêlant des lacis compliqués. Tout paraissait endormi dans le silence. On ne distinguait, seules traces de vie, qu'un filet de fumée montant tout droit d'une cheminée et le vol d'une bande de corneilles jetée au travers du ciel comme une écharpe déchirée.

Devant les deux jeunes gens, le terrain plongeait en pente douce. A peu de distance, un muret de pierres sèches délimitait un champ et se prolongeait au-delà pour en rejoindre d'autres en une sorte de damier géant tapissant tout le fond du vallon. Ce spectacle tout d'ordre et de mesure, venant après le chaos sauvage de la lande, laissa Blackie stupéfait.

Emma le tira de sa contemplation avec un cri joyeux.

« Blackie, viens! Faisons la course jusqu'à la barrière! »

Avant même d'avoir fini de lancer son défi, elle courait déjà si vite qu'elle paraissait voler. Pris de court, son lourd sac d'outils lui battant les mollets, Blackie se précipita à sa poursuite en admirant l'incroyable énergie qui animait Emma. Où donc la puisait-elle? se demanda-t-il de plus en plus perplexe. Avait-il eu raison, tout à l'heure, de se faire du souci pour elle ? Elle avait l'air de taille à venir à bout de tout un régiment de gaillards comme lui...

Il eut tôt fait de la rattraper, à longues foulées mais retint volontairement son allure alors qu'il allait la dépasser et lui laissa le plaisir d'emporter la victoire. Emma s'arrêta à la barrière du champ et se retourna vers lui, triomphante :

« Il faudra mieux t'y prendre si tu veux me battre! s'écria-t-elle hors d'haleine. Je cours vite, tu sais. »

Blackie retint un sourire amusé devant ce déploiement de vanité et affecta la plus vive admiration :

« C'est ma foi vrai, *mavourneen*! Tu n'as pas ton pareil. Si tu étais un lévrier, j'irais jusqu'à parier un shilling sur toi! »

Emma éclata de rire, ravie du compliment, et entreprit de faire une nouvelle démonstration de son habileté. Elle souleva le loquet de la barrière, lui donna une poussée et sauta sur le premier barreau. Emportée par l'élan, le lourd vantail pivota en grinçant sur ses gonds et emporta Emma dans le champ. Avant que la barrière bute en bout de course, Emma sauta légèrement à terre et la repoussa, tout en criant à Blackie :

« En principe, on n'a pas le droit, naturellement. Mais je m'amuse toujours à faire un ou deux tours de barrière... »

Blackie posa son sac et s'approcha :

« Attends, je vais te pousser! Tu iras bien plus vite. »

Emma hocha la tête, les yeux brillants de plaisir, ses petites mains gercées serrées bien fort sur le bois rugueux. Quand Blackie lui eut donné une vigoureuse poussée, elle éclata d'un rire extasié entrecoupé de cris de joie. Son manteau rapiécé volait derrière elle, son écharpe défaite laissait passer une mèche de cheveux. Blackie la contempla, attendri de lui voir prendre un tel plaisir à un jeu aussi simple. Mais sa perplexité ne faisait que croître. Allons, se dit-il, où avais-je donc la tête? Ce n'est qu'une enfant qui s'amuse d'un rien. Comment ai-je pu la prendre pour une ambitieuse et me faire toutes ces idées sur son compte? Blackie O'Neill, tu deviens bête, ma parole!

Emma revenait déjà en courant et repoussait la barrière pour la fermer.

« Dépêchons-nous, je suis en retard! s'écria-t-elle. Je vais encore me faire disputer par Mme Turner. »

Blackie reprit son sac et entoura les épaules d'Emma de son bras libre, en un geste fraternel. Du même pas, ils se remirent en marche vers le fond du vallon et le château.

« Il faut que je te dise, *mavourneen,* dit Blackie. Je suis plein de curiosité au sujet des gens du château. Comment sont-ils, les Fairley? »

Emma hésita et fit un sourire énigmatique :

« Tu verras dans une minute. On arrive tout de suite. »

Elle se dégagea souplement de son étreinte et se mit à courir sans plus rien dire. Blackie la suivit des yeux en hochant la tête. Depuis cinq ans qu'il habitait le Yorkshire, il n'arrivait décidément pas à en comprendre les habitants. Emma ne faisait pas exception, bien au contraire : elle était bien la plus déroutante jeune personne qui ait jamais croisé le chemin du jeune Irlandais.

Il la rejoignit à la lisière du bouquet d'arbres. Le château se dévoilait enfin à ses yeux et Blackie s'arrêta en poussant un sifflement ébahi. Fairley Hall ne ressemblait en rien à tout ce qu'il en avait imaginé jusqu'à ce moment.

« Sainte Vierge! s'écria-t-il. Non, c'est impossible qu'on ait pu construire une chose pareille! Dis-moi que je rêve, *mavourneen* ! »

Il ferma les yeux et les rouvrit à plusieurs reprises, comme pour dissiper une vision surnaturelle. Mais il lui fallut bien se rendre à l'évidence : Fairley Hall n'était pas une création de son imagination.

« Papa l'appelle la « Folie Fairley », observa Emma avec un petit sourire sarcastique.

— Il y a de quoi, ma parole! » répondit Blackie.

Fairley Hall était la construction la plus grotesque, la plus monstrueuse sur laquelle il ait jamais jeté les yeux. Blackie avait un sens de la perspective et des proportions très sûr, digne de l'architecte qu'il rêvait secrètement de devenir. Or, plus il détaillait Fairley Hall, moins il y trouvait d'élément capable de racheter sa prétentieuse laideur.

C'était une grande bâtisse longue, comme tapie dans ses jardins dont le dessin soigneux accentuait son aspect incongru de bête mythologique. Aux quatre coins du corps de logis central, tout de pierre sombre et rebutante, se dressaient quatre tourelles en faux gothique. Le bâtiment lui-même, massif et carré, était surmonté d'une coupole manifestement surajoutée, d'un effet ridicule. Au fil des ans, on avait prolongé la structure principale en y adjoignant des ailes de styles disparates, érigées n'importe comment, dans tous les sens et de toutes les tailles. L'ensemble donnait une impression de fouillis où se heurtaient les formes, les styles et les proportions. La seule unité qu'on pouvait finalement y déceler était celle du mauvais goût.

Mais d'un mauvais goût solide et d'une opulence ostentatoire. La simplicité de bon aloi et la pureté des lignes, que Blackie avait appris à estimer chez les architectes classiques, étaient résolument absentes de ce monument dressé à la gloire de la nouvelle fortune industrielle des Fairley. Habitué aux petits châteaux XVIIIe siècle dont les lignes simples agrémentaient le paysage irlandais, le jeune homme ne s'était pas attendu à trouver une telle horreur dans les landes sauvages du Yorkshire. Si les Fairley sont si riches et si l'ancienneté de leur lignée est si vénérable, se demandait-il en s'approchant, pourquoi se plaisent-ils dans une pâtisserie aussi tarabiscotée ? Le *Squire* lui avait pourtant fait bonne impression, quand il l'avait brièvement rencontré à Leeds...

« Alors, Blackie ? demanda Emma. Qu'en penses-tu ? »

Il poussa un profond soupir :

« Ton père a raison, *mavourneen,* c'est bien une folie que cette maison ! Je ne voudrais pas y habiter, en tout cas.

— Tu n'auras donc pas une maison comme celle-ci quand tu seras millionnaire ? Je croyais que tous les gens riches habitaient des châteaux comme Fairley Hall.

— Ils vivent dans des grandes maisons, bien sûr. Mais elles ne sont pas toutes aussi laides, Dieu merci ! Celle-ci me fait mal aux yeux... On dirait un cauchemar », ajouta-t-il en faisant une grimace de dégoût.

Le sourire sarcastique avait reparu sur les lèvres d'Emma. Elle n'était jamais sortie de la lande et ignorait tout du monde. Mais elle avait toujours senti d'instinct que Fairley Hall était laid et repoussant. Son père et les gens du village avaient beau l'appeler la « Folie Fairley », ils n'en éprouvaient pas moins un certain respect pour ses dimensions et sa richesse. Aussi était-elle contente de voir son jugement confirmé par Blackie. Elle avait donc bon goût et cela flatta sa vanité.

Blackie venait de se hausser ainsi de plusieurs crans dans son estime. Elle se détourna vers lui, une lueur admirative dans le regard :

« Quel genre de maison habiteras-tu, alors, quand tu seras riche, Blackie ? »

L'expression maussade qui assombrissait le visage du jeune homme disparut soudain :

« Oh ! moi, je sais bien ce que je veux ! Une grande maison classique, comme en Irlande, tout en pierre blanche, avec un fronton et des colonnes sur la façade, des grandes pièces hautes de plafond avec de hautes fenêtres à petits carreaux, de beaux parquets de chêne et des cheminées en marbre ! Et des meubles de style Sheraton et Chippendale, avec des tableaux aux murs et plein de belles choses... Oui, *mavourneen,* elle sera comme ça ma maison, si belle qu'on n'en verra pas de pareilles dans tout le pays ! Et je la construirai moi-même, sur mes propres plans, oui Emma, c'est moi qui la bâtirai, ma maison... »

Il dut s'interrompre, essoufflé par sa tirade. Emma le dévisageait d'un air stupéfait :

« Sur tes plans, Blackie ? Tu sais dessiner des maisons ?

— Bien sûr ! répondit-il fièrement. Je vais à des cours du soir, à Leeds, pour apprendre le dessin. Tu verras, Emma, tu verras. Je la bâtirai un jour, cette maison, et tu viendras m'y rendre visite quand tu seras une dame ! »

Emma venait de prendre note d'une information inédite qui lui faisait battre le cœur :

« C'est vrai qu'on peut aller le soir à l'école pour apprendre des choses ? »

Elle pensait moins à elle qu'à son jeune frère Frank. Blackie sourit de son expression naïvement pleine d'espoir et lui répondit d'un air supérieur, comme il sied à un homme instruit :

« Bien sûr, petite Emma. A l'école du soir, on peut apprendre tout ce dont on a envie.

— Et c'est là que tu apprends l'architecture et le style des meubles dont tu parlais ?

— Oh ! j'en savais déjà beaucoup quand je suis venu d'Irlande, dit-il en se rengorgeant. Notre recteur, le père O'Donovan, m'a fait lire tous ses livres ! Vois-tu, poursuivit-il en s'animant tant il était pris par son sujet, on peut avoir tout ce qu'il y a de mieux et de plus beau quand on est riche ! A quoi bon avoir de l'argent quand on n'en tire pas de plaisir ? L'argent, c'est fait pour être dépensé, n'est-ce pas ? »

Emma fronça les sourcils. L'argent, pour elle, avait toujours représenté l'essentiel dans la vie. Blackie était en train de bouleverser ses notions les mieux établies en lui suggérant l'existence du luxe. Cela méritait réflexion.

« Peut-être, répondit-elle prudemment. Si un jour j'ai de quoi, j'achèterai moi aussi des belles choses... »

Blackie éclata de rire :

« Tu es bien du Yorkshire, *mavourneen* ! Avoir de quoi, avoir assez, on ne parle que de ça par ici ! Il y a pourtant bien des gens qui se contentent de rien et d'autres qui n'en ont jamais assez ! »

Emma préféra ne pas répondre, tant le sujet éveillait en elle de sentiments douloureux. Elle serra les lèvres et pressa le pas. Car, déjà, l'ombre de Fairley Hall les rattrapait sur le chemin.

Blackie leva les yeux et observa de près le château. Il lui trouva un air d'hostilité et de tristesse, comme si ses murs sombres n'avaient jamais connu le rire et la gaieté. Un bref instant, il eut l'impression que ceux qui en franchissaient le seuil risquaient d'y être retenus prisonniers à jamais. Il haussa les épaules pour chasser une pensée aussi absurde, mais il ne put retenir un frisson.

Les immenses fenêtres closes, barrées d'épais rideaux, avaient l'allure d'yeux aveugles. Fairley Hall lui apparaissait dans la lumière du matin comme une forteresse sinistre et imprenable. Une fois encore, il s'efforça de chasser de sa tête des idées ridicules et de dominer sa trop vive imagination. Mais elles ne se dissipaient pas, au contraire. Guidé par Emma, il pénétra dans une vaste cour pavée, bordée de remises et d'écuries et, malgré le soleil et le ciel bleu, il eut un geste instinctif pour l'attirer contre lui en un geste protecteur.

Il sourit enfin et la relâcha doucement. Non, vraiment, il avait des visions, ce matin ! La jeune fille était venue en ces lieux bien plus souvent et depuis bien plus longtemps que lui ! Tous les matins, elle traversait la lande. Elle ne l'avait pas attendu, lui, Blackie O'Neill, pour être protégée. Et protégée contre quoi ? se demanda-t-il enfin, surpris d'avoir pu former en lui de telles idées.

Alors qu'ils s'approchaient du petit perron de l'entrée de service, Emma se tourna vers lui et lui fit un sourire, comme si elle avait deviné ses pensées. Mais, tandis qu'elle posait le pied sur la première marche, le sourire s'éteignit graduellement, la lueur joyeuse disparut de ses yeux. Et c'est d'une mine grave et réservée qu'elle ouvrit la lourde porte ferrée et pénétra dans la cuisine.

8

« Et quelle heure crois-tu donc qu'il est, que tu arrives en faisant le joli cœur comme si de rien n'était ? Ah ! ça, ma fille, je vais finir par perdre patience, c'est moi qui te le dis ! »

La voix perçante qui emplissait la vaste cuisine appartenait à une petite femme boulotte, presque aussi large que haute. Dans son visage poupin aux joues roses et rebondies, deux petits yeux d'oiseau étincelaient d'indignation. Un bonnet blanc empesé, posé comme une couronne au sommet d'un gros chignon grisonnant, s'agitait comiquement en scandant la tirade.

« Et ne reste donc pas plantée là à me regarder comme une oie qui aurait trouvé un parapluie, petite sotte ! reprit la cuisinière en brandissant une louche sous le nez d'Emma. Maintenant que tu es là, démène-toi donc un peu ! Aujourd'hui, il n'y a pas une minute à perdre. »

Emma se précipitait déjà à l'autre bout de la pièce en se tortillant de son mieux pour enlever son manteau.

« Je vous demande mille fois pardon, madame Turner ! s'écria-t-elle en roulant ses vêtements en boule. Je suis partie à l'heure, je vous le jure. Mais il y avait tellement de brouillard dans le Ghyll...

— Pff ! interrompit le cordon-bleu de Fairley Hall. Dis-moi plutôt que tu as encore perdu du temps à jouer sur cette maudite barrière ! A ton âge, si c'est pas malheureux... Un de ces jours, tu finiras par te faire renvoyer, si tu continues. Voilà ce qui te pend au nez, ma fille, c'est moi qui te le dis ! »

Emma avait plongé dans un placard aménagé sous

l'escalier menant aux étages. Sa réponse parvint étouffée :
« Je vais me rattraper, madame Turner ! Vous savez bien que je fais toujours mon travail...
— Encore heureux ! Et tu feras bien d'y mettre de l'huile de coude, aujourd'hui, surtout que Mme Hardcastle est partie pour Bradford et qu'on a de la visite qui arrive de Londres et que Polly choisit bien son moment pour tomber malade... »

Accablée par l'énumération de ses responsabilités, Mme Turner reposa bruyamment sa louche sur la table et rajusta son bonnet en poussant un soupir à fendre l'âme. C'est alors qu'elle s'avisa de la présence de Blackie, qu'elle avait fait mine d'ignorer jusque-là. Les poings sur les hanches, elle le toisa d'un regard chargé de méfiance.

« Et d'où donc qu'il sort, maintenant, cet homme des bois ? » dit-elle d'un ton acerbe.

Blackie fit un pas en avant, un sourire engageant sur les lèvres. Mais il n'avait pas encore ouvert la bouche que la voix d'Emma émergea des profondeurs de son placard :

« C'est le maçon, madame Turner ! Celui que le maître a engagé pour réparer les cheminées et les gouttières, vous savez bien. Il se nomme Shane O'Neill mais tout le monde l'appelle Blackie. »

Ainsi présenté, Blackie s'inclina galamment :
« J'ai bien l'honneur de vous souhaiter le bonjour, madame Turner ! » déclara-t-il cérémonieusement.

Son numéro de charme resta sans effet, et la cuisinière continua à le considérer en fronçant les sourcils.

« Un Irlandais ! Enfin, je ne t'en veux pas, mon pauvre garçon, tu n'y es pour rien... Au moins, tu as l'air costaud. Il n'y a pas de place pour les avortons, dans cette maison. »

Le regard de Mme Turner tomba alors sur le sac du jeune homme, posé à ses pieds sur le plancher. Elle eut un haut-le-corps d'indignation :

« Vas-tu me dire ce que c'est que cette horreur-là ? » s'écria-t-elle en pointant un index vengeur.

Blackie baissa les yeux. Son sac avait en effet l'air bien vieux et bien crasseux. Il rougit légèrement :

« Ce sont mes outils et quelques effets...

— Que je ne t'y reprenne plus à poser ça sur mon parquet tout propre ! Va le mettre là-bas, dans le coin ! »

Elle se détourna en bougonnant et revint vers son fourneau où elle s'affaira un moment dans un grand fracas de casseroles entrechoquées.

« Rapproche-toi donc du feu pour te réchauffer, mon garçon ! » cria-t-elle à Blackie d'un ton radouci.

La mauvaise humeur qu'avait affectée l'excellente Mme Turner n'avait pas pu durer plus que quelques minutes. En fait, elle était moins irritée qu'inquiète du retard d'Emma, qu'elle appréhendait toujours de voir traverser toute seule la lande à des heures et par des temps à ne pas mettre un chien dehors. C'était une bonne fille courageuse et honnête que cette petite. On ne pouvait pas en dire autant de toutes les jeunesses, à une époque où on ne respectait plus rien...

Blackie était allé déposer son sac à l'abri des regards de la cuisinière et s'était rapproché du feu en se frottant les mains. La cheminée était immense et occupait presque tout un mur. Tout en se dégourdissant, Blackie humait les bonnes odeurs qui remplissaient la cuisine et se sentit une faim de loup. Tandis qu'il s'étirait voluptueusement, le spectacle qu'il avait sous les yeux lui faisait oublier les craintes irraisonnées qu'il avait ressenties en arrivant au château. Car il n'y avait rien de menaçant ni de maléfique dans l'aspect de la cuisine. C'était une vaste pièce accueillante et chaleureuse, d'une propreté rigoureuse, où le cuivre des ustensiles tranchait sur les murs blanchis à la chaux. Autour de l'imposant fourneau, de l'évier et devant la cheminée, le parquet ciré cédait la place à un carrelage de pierre blanche où se reflétaient les becs de gaz et les flammes qui bondissaient joyeusement dans le foyer de la cheminée. Les meubles de chêne massif, scrupuleusement encaustiqués, ajoutaient à l'atmosphère plaisante et familière.

Le bruit d'un loquet lui fit tourner la tête. Emma venait de refermer la porte de son placard-vestiaire et s'avançait, vêtue d'une longue robe de serge bleue, tout en finissant de nouer derrière son dos un tablier de coton à rayures bleues et blanches.

« Est-ce vrai que Polly est malade ? demanda-t-elle en rejoignant la cuisinière auprès du fourneau.

— Eh oui, la pauvre petite ! soupira Mme Turner. Elle toussait si fort, ce matin, que je lui ai ordonné de rester au lit. Tu ferais bien de monter voir, tout à l'heure, si elle n'a besoin de rien. »

La voix de la cuisinière avait perdu toute sa stridence acariâtre. Amusé, Blackie leva les yeux et ne fut pas long à comprendre qu'elle dissimulait un excellent cœur sous ses dehors bourrus. Au regard plein d'affection dont elle enveloppait Emma, il était évident que celle-ci était sa préférée.

« Bien sûr, répondit Emma. J'irai lui porter une tasse de bouillon après le petit déjeuner des maîtres. »

La jeune fille s'était efforcée de ne pas laisser transparaître son inquiétude au sujet de sa camarade. Elle avait pourtant déjà senti que Polly était victime de la même impitoyable maladie que sa mère dont Emma avait reconnu chez la jeune servante tous les symptômes : l'affaiblissement, la fièvre et, surtout, les redoutables quintes de toux.

Mme Turner en profita pour pousser un nouveau soupir :

« Tu es une bonne fille, petite Emma... Mais il va falloir que tu fasses le travail de Polly en plus du tien. On n'y peut rien, le travail ne se fera pas tout seul, c'est moi qui te le dis ! Voilà-t-il pas que Murgatroyd m'annonce que Mme Wainright débarque de Londres cet après-midi ! Et quand je pense que Mme Hardcastle n'est toujours pas rentrée ! »

Elle fit avec sa langue une série de bruits exaspérés d'une remarquable variété et d'une grande puissance expressive tout en assenant des coups de louche sur le couvercle d'une marmite.

« Ah! si c'était moi la gouvernante, ça ne se passerait pas comme ça! Nellie Hardcastle remplit sa charge par-dessus la jambe, que c'en est une honte! Toujours partie, toujours à courir à gauche et à droite, à laisser les autres se débrouiller et faire le travail à sa place! »

Emma ne put retenir un sourire. Les récriminations de la cuisinière et ses ambitions de succéder à la gouvernante étaient connues de tout le monde depuis fort longtemps.

« On s'arrangera, madame Turner, lui dit Emma d'un ton rassurant. Ne vous faites donc pas de mauvais sang. »

Emma rendait bien à la cuisinière l'affection que celle-ci lui accordait. Car Mme Turner était la seule, au château, à lui manifester autre chose que de la dureté ou de l'indifférence. Aussi Emma s'efforçait-elle de prévenir ses désirs et de la récompenser de ses bons traitements à son égard.

Sans attendre de plus amples instructions, elle courut au placard sous l'escalier et en sortit un grand panier plein de brosses, de chiffons et de produits d'entretien. En posant le pied sur la première marche, elle fit un signe de la main à Blackie et dit à Mme Turner :

« Je vais m'y mettre tout de suite!

— Veux-tu bien rester ici! Pour qui me prends-tu donc, une sans-cœur? s'écria la cuisinière. Va te réchauffer au coin du feu et avaler un bon bol de bouillon, cela te donnera du cœur à l'ouvrage. Non mais, je vous demande un peu... »

En bougonnant de plus belle, Mme Turner souleva un couvercle et fourgonna dans la marmite avec sa louche avant de remplir un grand bol d'un liquide ambré et appétissant où nageaient de gros morceaux de viande et de légumes.

« Et toi, chenapan? lança-t-elle à l'adresse de Blackie. En veux-tu aussi? »

Elle commençait déjà à remplir un second récipient sans attendre la réponse de l'intéressé.

« Grand merci », dit le jeune homme en se levant.

La bonne dame le fit rasseoir d'un geste impérieux.

« Emma, viens prendre les bols ! Tiens, voilà aussi du bacon. Cela aidera à faire descendre le bouillon.

— Non, merci, madame Turner, je n'ai pas faim ce matin », répondit Emma.

La cuisinière lui jeta un regard inquiet :

« Qu'est-ce que j'entends là ? Pas faim, pas faim... A ton âge, il faut manger ! Tu ne grandiras jamais en ne buvant que du thé et du bouillon, petite sotte ! »

Elle ajouta d'autorité deux tranches de bacon sur l'assiette et fourra le tout dans les mains d'Emma.

La jeune fille tendit son bol à Blackie avant de s'asseoir en face de lui sur un tabouret.

— Merci, *mavourneen* ! » lui dit-il en souriant.

Emma lui rendit son sourire et ils se mirent à déguster leur repas en silence.

Mais Blackie ne pouvait s'empêcher de contempler Emma tout en mangeant. Depuis qu'il l'avait rencontrée, si peu de temps auparavant, il avait été de surprise en surprise. Maintenant qu'elle était débarrassée de l'écharpe qui lui dissimulait à demi les traits du visage et avait échangé son misérable petit manteau rapiécé pour endosser sa tenue de travail, il se rendait compte avec une surprise émerveillée qu'elle n'avait presque plus rien du petit être malingre et pitoyable qu'il avait d'abord cru voir émerger des brouillards de la lande. On ne pouvait pas vraiment dire qu'elle était belle, selon les canons de l'époque. Elle n'avait pas les roseurs plantureuses et la féminité alanguie étalées sur les magazines illustrés. On ne pouvait même pas dire qu'elle fût franchement jolie, et elle avait encore la gaucherie inachevée de l'adolescence. Mais il se dégageait de sa personne quelque chose de saisissant, bien plus frappant qu'une beauté classique, un quelque chose d'indéfinissable qui enflamma l'imagination du jeune Irlandais et le fit rêver malgré lui.

Le sens inné qu'avait Blackie de la beauté ne se limitait pas, loin de là, à l'architecture et aux objets d'art. Au désespoir de son oncle Pat, le jeune homme savait jauger d'un œil connaisseur les jolies filles, dont peu lui résistaient, et aussi les chevaux de course, sur qui il lui arrivait trop souvent de parier, avec des fortunes diverses. Aussi, sans qu'il y vît malice, la comparaison s'imposa-t-elle à lui : Emma était un pur-sang! Roturière, issue d'une famille de travailleurs, tout en elle respirait pourtant l'aristocratie : distinction des traits, finesse des attaches, dignité dans le maintien. Emma possédait la classe d'une patricienne et pouvait imposer le respect. Un seul détail trahissait sa condition : ses mains. Petites et bien dessinées, elles étaient déformées par les travaux qu'elles exécutaient, rouges, rugueuses, avec des ongles brisés. Des mains d'ouvrière ou de domestique.

Blackie ressentit une tristesse peu conforme à son caractère enjoué en évoquant l'avenir de sa nouvelle amie. Que peut-elle espérer de la vie qu'elle mène dans cette maison hideuse et ce pays sinistre ? Peut-être a-t-elle raison, après tout, de vouloir tenter sa chance à Leeds, malgré les risques que cela comporte. Ce sera dur, sans doute. Très dur. Mais là-bas, au moins, elle pourra vivre, espérer. Ici, elle ne pourra que survivre en végétant...

La voix de Mme Turner le tira de sa méditation. Elle s'approchait de la cheminée, une assiette de sandwiches à la main :

« Tiens, mon garçon, avale-moi ça vite fait avant que Murgatroyd n'arrive. Si on l'écoutait, ce vieux grigou, on mourrait tous de faim dans cette maison... »

Elle s'interrompit pour jeter un regard inquiet vers l'escalier où pourrait apparaître la silhouette exécrée du majordome.

« Toi, reprit-elle en se tournant vers Emma, ne perds pas ton temps à passer les chenets au noir ce matin, on le fera demain. Tu vas allumer le feu dans la petite salle à manger, tu balaieras, tu épousseteras les meubles et tu dresseras le couvert, comme Polly t'a montré. Après ça, tu feras le ménage à fond dans la grande salle à manger, le salon et la bibliothèque. Fais bien attention en époussetant les panneaux de la bibliothèque de passer le plumeau de haut en bas pour que la poussière ne vole pas partout. Et n'oublie pas les tapis, surtout ! Ensuite, tu feras le ménage du petit salon de Mme Fairley, à l'étage. Quand tu auras fini, il sera juste temps de lui monter son petit déjeuner. Après cela, tu feras les lits et les chambres des enfants. Cet après-midi, il faudra d'abord finir le repassage. Après, il y aura l'argenterie à astiquer et la belle porcelaine à laver... Attends ! »

Hors d'haleine, la cuisinière s'interrompit et tira de sa poche une feuille de papier qu'elle lissa du plat de la main avant de se plonger dans la lecture des tâches ménagères qui restaient à exécuter.

Emma n'avait pas attendu la fin de la liste récitée par Mme Turner pour se lever de son tabouret. Elle tira sur son tablier, prête à entamer l'interminable kyrielle de travaux dont elle se demandait avec angoisse comment elle pourrait en accomplir la moitié. Il lui tardait de commencer, si elle voulait avoir fini à l'heure du souper.

Blackie la dévisageait et sentait la colère l'envahir. Au début, la litanie de la cuisinière l'avait amusé. Mais ce sentiment avait vite cédé la place à l'incrédulité et à la stupeur scandalisée. Personne au monde n'était capable de faire autant de travail en une seule journée, encore moins une enfant fragile comme Emma ! Elle semblait pourtant calme et maîtresse d'elle-même et attendait patiemment que Mme Turner complète ses instructions. Avait-on le droit d'exploiter les gens ainsi ? se demanda Blackie en dominant mal sa rage. La cuisinière n'était pourtant pas une mauvaise personne. Comment pouvait-elle se rendre complice d'un tel scandale ? A la fin, il n'y tint plus :

« Cela fait bien du travail pour une si petite fille ! » dit-il sèchement.

Mme Turner leva vers lui un regard sincèrement surpris, mais rougit malgré elle sous le regard réprobateur du jeune homme.

« Oui, je sais bien, mon garçon, c'est beaucoup à faire, dit-elle d'un air gêné. Mais je n'y peux rien si Polly choisit de tomber malade le jour où il nous arrive de la visite... Tiens, justement, ça me rappelle qu'il faut aussi préparer la grande chambre d'amis pour Mme Wainright, Emma... »

Elle se replongea dans la lecture de sa liste pour dissimuler son embarras. Emma hocha la tête avec résignation.

« C'est tout, madame Turner ? Je peux monter, maintenant ?

— Une minute, ma petite, une minute. Laisse-moi finir de lire ces menus... Voyons, je dois pouvoir m'en sortir toute seule pour le petit déjeuner... »

Elle s'absorba dans sa feuille de papier et se mit à lire distraitement à haute voix :

« Comme d'habitude, œufs brouillés au bacon pour M. Edwin. Rognons, bacon, saucisses et pommes rissolées pour M. Gerald. Un hareng fumé pour le maître. Du thé, des toasts, du beurre et de la confiture pour tout le monde... Ouf, c'est bien assez comme ça ! Je me demande vraiment pourquoi ils ne peuvent pas tous manger la même chose, dans cette famille ! »

Emma attendait toujours en silence. Blackie ouvrait des grands yeux à l'énoncé d'un menu aussi disparate.

« Bon, je m'en tirerai toute seule, mon petit. Le déjeuner n'est pas compliqué, heureusement : jambon sauce madère, purée et tarte aux pommes. Je n'aurai pas besoin de toi à midi non plus... »

Elle retourna sa feuille de papier et la parcourut des yeux avant de reprendre :

« C'est pour le dîner qu'il me faudra un coup de main, ma petite fille. Murgatroyd nous a préparé un de ces menus ! Ecoute un peu : bouillon de poulet, selle de mouton sauce aux câpres, avec des pommes de terre rôties et des choux-fleurs gratinés à la sauce blanche. Plateau de fromages avec des biscuits salés. Comme dessert, un diplomate. Et des toasts au fromage pour M. Gerald... Quoi ? s'écria-t-elle avec une stupeur indignée. Qu'est-ce qu'il a besoin de manger des toasts au fromage après le dessert ? Comme s'il ne s'empiffrait pas assez de toute la journée ! S'il continue, ce garçon, il va devenir un vrai cochon, c'est moi qui te le dis ! Il n'y a rien qui me dégoûte plus que la gloutonnerie... »

La cuisinière froissa sa feuille de papier avant de la fourrer dans sa poche avec tous les signes de la vertu outragée.

« Bon, tu peux monter, maintenant, dit-elle à Emma. Et fais bien attention de ne rien casser en époussetant.

— Oui, madame Turner. A tout à l'heure, Blackie ! ajouta-t-elle en souriant.

— Je l'espère bien, *mavourneen* ! Je compte d'ailleurs passer plusieurs jours ici.

— Il faudra au moins la semaine pour tout remettre en état ! renchérit Mme Turner. Le maître a bien négligé la maison depuis quelque temps. Pas étonnant, avec ce pauvre M. Edwin malade depuis la Noël et Madame qui ne va guère fort non plus... Tiens, je suis bien contente en fin de compte que Mme Wainright vienne s'installer ici, elle amène toujours la gaieté, elle au moins. Ce n'est pas comme Madame qui... »

Elle s'interrompit brusquement et porta vivement la main à sa bouche pour étouffer une exclamation. Emma et Blackie suivirent la direction de son regard : un homme venait d'apparaître en haut de l'escalier qu'il descendait d'un pas pesant. A son allure compassée, Blackie comprit qu'il devait s'agir du maître d'hôtel.

Murgatroyd était un grand escogriffe efflanqué, dont le visage décharné, sillonné de rides et de plis, avait en permanence une mine rébarbative. Une chevelure clairsemée surmontait son front bas et ses petits yeux trop clairs étaient profondément enfoncés dans leurs orbites et à demi cachés par d'épais sourcils noirs. Il portait la petite tenue de sa charge, pantalon rayé, chemise blanche et tablier vert à grande poche abdominale. Ses manches retroussées dévoilaient de longs bras noueux sillonnés de grosses veines bleuâtres sous les poils noirs.

Il s'arrêta au bas des marches et posa sur le petit groupe un regard plein d'animosité et de mépris :

« Qu'est-ce que c'est encore que ce conciliabule ? s'écria-t-il d'une voix de fausset. Étonnez-vous maintenant que le travail ne se fasse pas, alors que vous êtes là à jacasser comme des pies ! Cette petite propre à rien aurait déjà dû être au travail depuis une demi-heure, au moins ! Croyez-vous donc que le maître tienne un bureau de bienfaisance, dans cette maison ? Trois shillings par semaine pour ne rien faire, c'est là ce que j'appelle être grassement payée... Un scandale ! »

Il se tourna vers Emma, debout près de la porte du placard, et poursuivit en fronçant les sourcils :

« Qu'est-ce que tu attends, paresseuse ? Allons, monte là-haut, et plus vite que ça ! »

Emma hocha la tête sans rien dire et se baissa pour ramasser le panier, la pelle à poussière et le balai appuyé au mur. En passant devant Murgatroyd, elle fit un faux mouvement et quelques ustensiles tombèrent du panier. Une boîte de poudre noire pour les chenets perdit son couvercle et vint se vider aux pieds mêmes du majordome.

Emma rougit violemment, réprima un cri de détresse et se pencha pour ramasser l'objet. C'est alors que Murgatroyd en profita pour lui lancer une taloche du revers de la main, qui attrapa la jeune fille derrière la tête et la fit chanceler.

« Espèce de petite souillon ! hurla-t-il. Tu ne peux donc rien faire comme il faut ? Regarde-moi un peu ce que tu viens de faire sur le parquet tout propre ! »

Emma tituba sous la violence du coup et, pour ne pas perdre l'équilibre, se raccrocha du mieux qu'elle put à la poignée de la porte du placard. Elle lâcha le balai et la pelle à poussière qui rebondirent par terre avec fracas. Blackie avait déjà sauté de son tabouret et s'avançait vers le maître d'hôtel, les poings serrés et la mine menaçante, quand Mme Turner intervint. Avec une vivacité surprenante chez une personne de sa corpulence, elle courut vers Blackie, le repoussa d'une main ferme et lui glissa un avertissement à l'oreille :

« Ne te mêle pas de ça, petit sot ! » dit-elle d'un ton sans réplique. Laisse-moi faire. »

Le visage empourpré de colère, dressée sur ses courtes jambes comme un coq sur ses ergots, elle vint se planter devant le majordome. Ses yeux lançaient des éclairs et elle lui brandissait sous le nez sa redoutable louche qu'elle agitait dans son poing serré.

« Vous n'avez pas honte, cria-t-elle à pleins poumons. La petite ne l'a pas fait exprès. Vous n'êtes qu'un lâche et si je vous y reprends à la frapper, je ne donnerai pas cher de votre peau ! Je n'irai pas me plaindre au maître, moi. J'irai directement trouver son père ! Et vous savez ce qui vous attend si vous tombez dans les pattes du Grand Jack Harte, monsieur le fanfaron ! Du hachis, qu'il fera de vous, du hachis, c'est moi qui vous le dis ! »

Rouge de colère sous l'affront, Murgatroyd s'abstint de répondre. Blackie ne l'avait pas quitté des yeux et vit son regard se remplir de crainte. Ainsi, se dit-il avec jubilation, c'est vraiment un lâche, un poltron qui se donne de grands airs et s'attaque aux êtres sans défense mais n'oserait pas se mesurer avec un homme !

Pendant ce temps, la cuisinière s'était déjà détournée de Murgatroyd avec un haussement d'épaules dédaigneux pour se pencher vers Emma, agenouillée, qui était en train de remettre ses ustensiles dans le panier.

« Tu n'as pas mal ? » demanda Mme Turner.

Emma leva la tête vers son alliée et fit un signe de dénégation. Dans son visage impassible et devenu blanc comme le marbre, seuls ses yeux étincelaient de colère et de haine envers le majordome.

« Je vais nettoyer, murmura-t-elle d'une voix encore tremblante.

— Pff ! Laisse donc, je donnerai un coup de balai. »

Murgatroyd avait retrouvé sa contenance hautaine et s'approchait de Blackie comme s'il ne s'était rien passé :

« C'est vous O'Neill, n'est-ce pas ? Le maçon de Leeds ? Le maître m'avait prévenu de votre arrivée, dit-il en toisant le jeune homme de la tête aux pieds. J'espère que le travail ne vous fait pas peur, jeune homme. »

Blackie dut faire un violent effort pour répondre au majordome avec civilité, car il ne pouvait pas se permettre de le mécontenter ouvertement dès le début.

« C'est moi O'Neill le maçon, en effet. Si vous voulez bien me donner les instructions, je vais me mettre au travail. »

Murgatroyd sortit un papier de sa poche et le tendit à l'Irlandais.

« Tout est là. Vous savez lire, j'espère ? »

Blackie serra les dents.

« Oui, je sais lire. Et écrire.

— C'est bien. En ce qui concerne vos gages, ils seront de quinze shillings par semaine, logé et nourri. C'est le maître lui-même qui me l'a dit. »

Blackie réprima un sourire. Quoi, se dit-il, cette canaille essaie de m'escroquer ! Il va voir !

« Non, monsieur, répondit-il fermement. Ce n'est pas quinze shillings mais bien une guinée par semaine. Votre maître me l'a dit lui-même quand il m'a engagé à Leeds. »

Le maître d'hôtel leva les sourcils avec surprise :

« Voudriez-vous me faire croire que le maître est allé lui-même vous voir ? dit-il avec dédain. C'est son représentant à Leeds qui prend soin de ce genre de détails ! »

Blackie se rendit compte que l'étonnement de Murgatroyd n'était pas feint. Cette fois, il le tenait ! Avec un sourire épanoui, Blackie répondit sur le ton le plus suave :

« C'est pourtant bien lui en personne qui est venu la semaine dernière rendre visite à mon oncle Pat et à moi, *monsieur* Murgatroyd, dit-il avec une inflexion moqueuse. Nous possédons une entreprise de bâtiment, voyez-vous. Avec ses compagnons, mon oncle Pat est chargé des travaux dans les usines et les bureaux du journal de votre maître à Leeds. Et c'est moi, son associé, qui suis venu m'occuper personnellement des réparations à faire au château. En ce qui concerne le prix, je suis certain de ne pas me tromper. C'est vous qui avez dû faire erreur. A votre place, je me renseignerais auprès de mon maître. »

Blackie eut du mal à terminer sa tirade sans éclater de rire tant la déconvenue du majordome était comique à voir.

Vexé, Murgatroyd répondit sèchement :

« Je compte bien lui en parler, en effet! Il a dû oublier la conversation qu'il a eue avec vous, car il a autre chose en tête que ces histoires sans importance. Assez perdu de temps. Allez retrouver le régisseur, il est aux écuries en ce moment. Il vous montrera ce qu'il y a à faire. Votre chambre est au-dessus des écuries. Au revoir, jeune homme. »

Murgatroyd se détourna après un bref signe de tête et alla s'asseoir à la table.

« Mon thé et mon bacon, je vous prie! » dit-il à Mme Turner.

La cuisinière s'attaqua à la miche de pain comme si c'était le maître d'hôtel qu'elle était en train de couper en morceaux.

Blackie lui fit un clin d'œil complice et alla chercher son sac d'outils dans le coin de la pièce. En passant devant Emma, qui s'apprêtait à monter l'escalier, il lui dit en souriant :

« A ce soir, *mavourneen*! Tu auras fini tout ton travail, au moins? ajouta-t-il avec inquiétude.

— Mais oui, ne t'inquiète pas pour moi, Blackie, répondit Emma en se voulant rassurante. A ce soir. »

Mais le jeune Irlandais ne la vit pas s'éloigner sans un serrement de cœur et la suivit des yeux jusqu'à ce qu'elle disparaisse en haut des marches. En sortant dans l'air froid du matin, il retrouva les pensées troublantes qu'il avait eues en arrivant sur Fairley Hall, ses occupants et, plus encore, sur Emma.

Arrivée sur le petit palier de l'escalier de service, Emma s'arrêta pour poser à terre ses ustensiles et s'appuyer un instant contre le mur. La tête lui faisait encore mal du coup donné par Murgatroyd et sa rage envers lui était plus vive que jamais. Le majordome ne manquait jamais un prétexte pour l'humilier ou la maltraiter, comme s'il y prenait plaisir. S'il lui arrivait de réprimander Polly, jamais encore il n'avait levé la main sur elle. Mais Emma ne comptait plus les rebuffades et l'incident qui venait de se produire était loin d'être exceptionnel. Si Mme Turner n'était pas intervenue avec autant de vigueur, Murgatroyd aurait sûrement récidivé. Un jour, pourtant, il me donnera une gifle de trop, se dit Emma en serrant les dents. Et ce jour-là...

Elle ramassa enfin ses affaires et s'engagea à regret dans le corridor. Tout le monde dormait encore et la maison était plongée dans le silence. Une odeur de renfermé, où se mêlaient la vieille cire et la poussière, monta aux narines d'Emma qui regretta de ne plus être à la cuisine, seule pièce accueillante de tout le château.

Car, en dépit de ses proportions imposantes et de son luxueux ameublement, Fairley Hall emplissait Emma d'une crainte irraisonnée. Les vastes pièces aux plafonds trop hauts, les couloirs interminables, les halls et les paliers trop grands et toujours glacés la mettaient mal à l'aise. Il se dégageait de cette demeure, à l'atmosphère pesante et confinée, comme des ondes maléfiques qui semblaient n'attendre qu'un prétexte pour se déchaîner.

Elle traversa silencieusement le tapis d'Orient qui garnissait le grand hall de réception et poussa la porte à double battant de la petite salle à manger. Debout sur le seuil, elle étudia rapidement les lieux avant de s'y aventurer. De faibles rais de lumière se glissaient entre les épais rideaux tirés. Dans la pénombre, des portraits paraissaient la suivre des yeux du haut de leur cadre. Emma se faufila entre les meubles massifs d'ébène et d'acajou sombre en s'efforçant de ne pas regarder autour d'elle. On n'entendait que le tic-tac lancinant du cartel posé sur la cheminée de marbre blanc.

Arrivée devant le foyer, Emma s'agenouilla, ramassa

les cendres dans sa pelle à poussière et garnit l'âtre avec les vieux journaux et le petit bois déposés là par Murgatroyd. Quand le feu eut pris, elle y ajouta du charbon et dut ventiler la flamme avec son tablier, malgré la fumée âcre qui la faisait tousser et lui tirait des larmes.

Mais l'heure tournait, comme le lui rappelait impitoyablement la pendule au-dessus d'elle. En hâte, elle ouvrit les rideaux et les volets et fit le nettoyage de la pièce. Elle disposa ensuite une nappe de lin sur la grande table ronde et dressa trois couverts, réfléchissant avec application pour s'assurer qu'elle n'oubliait rien de la multitude des ustensiles et accessoires d'argenterie qui lui étaient encore peu familiers. Elle était en train de poser les assiettes de fine porcelaine à fleurs quand elle eut la sensation de n'être plus seule.

Immobile, elle retint sa respiration puis se tourna lentement vers la porte. Debout sur le seuil, le *Squire* Fairley lui-même l'observait avec attention.

Emma se ressaisit et, posant les assiettes qu'elle tenait encore, fit une révérence au maître de maison. Elle tremblait moins de crainte que de surprise : que faisait donc le maître ici de si bonne heure ? Elle parvint néanmoins à bredouiller un salut respectueux.

« Bonjour, répondit-il distraitement. Où est Polly ?
— Elle est malade, monsieur...
— Ah ! bon. »

Adam Fairley continuait à la dévisager, les sourcils froncés, les traits contractés par la surprise. Fascinée, Emma soutint son regard, trop stupéfaite par l'étrange comportement du maître pour songer à bouger.

Au bout d'un long silence, il parut sortir d'un rêve et tourna les talons sur un bref signe de tête. Un instant plus tard, Emma sursauta en entendant la porte de la bibliothèque claquer derrière lui.

Le bruit brisa le charme. Avec un soupir de soulagement, elle se remit au travail.

Debout au milieu de la bibliothèque, Adam Fairley se frotta les yeux et se massa le visage. Il était las, fatigué au bout d'une nuit d'insomnie. Encore une... Ces derniers temps, le sommeil le fuyait. Il avait beau tenter de s'abrutir en buvant jusqu'à cinq ou six verres de vieux porto après le dîner, rien n'y faisait. Il sombrait dans un sommeil lourd, comme drogué, pour se réveiller en sursaut à deux ou trois heures du matin, couvert d'une mauvaise sueur ou frissonnant selon le cauchemar qu'il était en train de faire. Il lui était alors impossible de se rendormir. Les yeux grands ouverts dans le noir, il avait l'esprit agité de pénibles souvenirs ou, pire encore, se livrait à une analyse lucide et impitoyable de sa vie. Depuis longtemps, il n'avait aucun motif de se réjouir de son passé, encore moins de son avenir.

Perdu dans ses réflexions, il se mit à arpenter la pièce de long en large. C'était un homme de taille élevée, mince mais d'allure puissante. Son visage intelligent et régulier n'était pas sans beauté, malgré la pâleur de ses traits tirés par l'épuisement nerveux. Dans ses yeux gris bleuté brillait une lueur parfois difficile à soutenir, où se lisaient la lucidité amère et la richesse de la vie intérieure. Ce matin-là, pourtant, ils étaient ternes, inexpressifs et cerclés d'un rouge fiévreux. Ce qui surprenait le plus, dans sa physionomie sévère et presque ascétique, c'était une bouche pleine, sensuelle, le plus souvent déformée par un effort constant de maîtrise de soi. Sa chevelure cendrée restait volontairement indisciplinée et légèrement plus longue que ne le voulait la mode, car Adam Fairley méprisait les coiffures pommadées des « gommeux », alors si fort en vogue. Aussi avait-il pris l'habitude de repousser d'un geste machinal les mèches rebelles qui lui tombaient sur le front.

Ce tic ne parvenait pas à suggérer le moindre relâchement dans son apparence. Adam Fairley était de ces hommes qui, quelles que soient les circonstances, savent conserver une allure irréprochable. Sans jamais sacrifier à l'affectation du dandy, il en avait l'élégance sans défaut. Ses complets de Savile Row, taillés à la perfection, faisaient l'envie de tous ceux qui l'approchaient, tant dans les cercles les plus huppés de Londres que dans les milieux d'affaires de Leeds et de Bradford. Roi incontesté des tissages du Yorkshire, où se produisaient alors les plus beaux lainages du monde, il mettait son point d'honneur à porter presque exclusivement des étoffes sortant de ses propres filatures ou de celles d'amis proches, dont il contribuait ainsi à porter haut la renommée.

Son goût de la perfection vestimentaire n'était que le reflet de son exigence en toutes choses et la seule indulgence qu'il s'accordait. Il était donc surprenant de voir un homme d'un goût si sûr supporter la laideur de sa propre demeure sans rien faire pour la changer. En fait, il y était tellement habitué qu'il ne la remarquait même plus. Il vivait chez lui comme dans le néant, muré dans ses pensées.

Enfin lassé de ses allées et venues, il alla s'asseoir à son grand bureau d'ébène sculptée et tourna distraitement les pages de son agenda. Il avait les yeux brûlants du manque de sommeil. La tête lui faisait mal, autant par la faute de la migraine que des pensées qui s'y poursuivaient en une ronde sans fin. En cet instant, il se répétait que rien dans sa vie n'avait de valeur. Il ne connaissait ni la joie, ni l'amour, ni même l'amitié. Il ne s'intéressait à rien, n'avait aucune cause où canaliser ses réserves inemployées d'enthousiasme et d'énergie. Devant lui, rien que le vide, le néant. Rien que d'interminables journées de solitude inexorablement conclues par des nuits plus cruellement solitaires encore. Et ce cycle infernal se répétait jour après jour, nuit après nuit, pour former des mois, des années de néant et de désespoir. Il ne pouvait rien attendre d'un tel désert de ruines.

Malgré les cernes violacés qui entouraient ses yeux rougis, malgré l'épuisement de sa nuit passée à remâcher ses angoisses stériles, Adam Fairley n'avait pas encore perdu le charme de la jeunesse. A quarante-quatre ans, souriant et reposé, il aurait pu passer pour un homme beaucoup plus jeune. Il avait plu, il pouvait encore plaire.

A quoi bon ? se dit-il. Plaire à qui et pourquoi ? Si seulement j'avais le courage de mettre fin à tant de souffrances inutiles. Si seulement j'avais le courage de me tirer une balle dans la tête...

Cette pensée le sortit brutalement de sa rêverie morbide et il se redressa dans son fauteuil. Sur les accoudoirs, ses mains tremblaient. Dans ses pires moments de découragement, il n'avait jamais encore envisagé le suicide. C'était à ses yeux un acte d'une lâcheté sans appel. Avait-il donc changé au point d'y trouver maintenant une sorte de courage et une justification ? Arrivait-il nécessairement, dans la vie d'un homme intelligent, un moment où la question se posait ? Car il faut être bien stupide ou, au contraire, soutenu par une foi inébranlable pour ne pas songer à une telle solution. Sinon, le simple fait d'avancer dans la connaissance de la vie et de la nature humaine procure inévitablement ce sens du désespoir et de la désillusion dont il souffrait de manière de plus en plus intolérable...

Son malheur, Adam Fairley était assez lucide pour ne l'attribuer qu'à lui-même, ce qui aggravait sa douleur. Il s'était trop longtemps trahi, il avait trop aisément abandonné ses ambitions, ses rêves et ses idéaux. Les tourments dont il souffrait n'étaient dus qu'à la faillite de sa volonté, au reniement de ses convictions. Il était l'artisan de sa propre dégénérescence morale.

Il avait inconsciemment posé la tête sur ses bras repliés et la releva avec effort. Lentement, comme s'il revenait d'une longue absence, il regarda autour de lui, découvrant avec surprise ce cadre pourtant si familier. Malgré ses proportions impressionnantes, la bibliothèque qui lui servait de cabinet de travail n'était pas aussi oppressante que la plupart des autres pièces du château, car Adam s'était vivement opposé à ce que sa femme la surcharge de bibelots et de bric-à-brac hétéroclite, comme elle l'avait fait partout ailleurs. Dans sa sobriété, la pièce ne manquait pas d'une certaine élégance où se devinait l'influence de son occupant. Entre les masses sombres des lourds meubles victoriens, des tapis persans jetaient des notes de couleur. Quelques beaux objets, des lampes, un plateau d'argent portant des verres et des carafons de cristal adoucissaient l'austérité des panneaux de bois et de cuir fauve. Adam Fairley se retirait des journées entières dans son domaine privé où il était sûr d'avoir la tranquillité pour méditer ou s'occuper de ses affaires.

Ses yeux tombèrent sur une photo posée sur un guéridon, celle d'un jeune officier en grande tenue du 4ᵉ Hussards. Lui, près d'un quart de siècle plus tôt... Ses lèvres firent une moue d'amertume. Avait-il vraiment été ce jeune homme plein de vie, au regard chargé d'espérances impatientes et même de bonheur? Oui, de bonheur, de joie de vivre... Un ricanement lui échappa. Jeunesse insouciante et aveugle! se dit-il. Si l'on savait ce qui vous attend, quand on a vingt ans! Mieux vaut sans doute tout ignorer de l'avenir et s'imaginer qu'on a la vie toute à soi, qu'on la façonne à sa guise. Etre maître de son destin : combien le veulent, combien réussissent?

Il fit un violent effort pour s'arracher aux pensées déprimantes qui revenaient l'assaillir et, d'un geste machinal, tira sa montre de son gousset. Il était presque sept heures et demie et, à l'exception de la jeune domestique aperçue peu auparavant dans la petite salle à manger, il n'avait remarqué aucune activité dans la maison, ce qui était anormal. Un coup d'œil à la cheminée vide lui fit tout à coup prendre conscience du froid et il frissonna. D'un geste rageur, dont l'automatisme lui fit reprendre pied dans la vie quotidienne, il se leva pour aller tirer le cordon de sonnette.

Quelques instants plus tard, Murgatroyd frappa un

coup discret à la porte et se glissa, plutôt qu'il n'entra, dans la bibliothèque.

« Ah! vous voilà enfin », dit Fairley sèchement.

Le majordome s'inclina obséquieusement :

« J'espère que Monsieur a bien dormi. Il fait aujourd'hui un temps splendide, on n'aurait pu rêver mieux pour que Monsieur aille à Leeds. Le petit déjeuner de Monsieur sera bientôt prêt. Monsieur désire-t-il autre chose que son hareng fumé? »

Le ton mielleux du maître d'hôtel fit grimacer son maître.

« Oui, Murgatroyd. Du feu! »

Pourquoi n'ai-je pas déjà chassé ce visqueux imbécile? se dit-il en lui assenant un regard méprisant.

Le majordome eut un haut-le-corps et se tourna vers la cheminée vide.

« Je demande pardon à Monsieur? » bredouilla-t-il.

Adam Fairley réprima un sourire devant la mine décontenancée de son serviteur.

« Un feu, Murgatroyd. Dans la cheminée! J'en arrive à me demander si l'on peut se faire servir convenablement, dans cette maison. Est-ce trop exiger que de vouloir être chauffé quand il fait froid? »

Grand dieu! se dit Murgatroyd. Il a l'air d'une humeur de chien, ce matin. Cette petite souillon me le paiera!

« Que Monsieur veuille bien me pardonner, dit-il en s'inclinant. Polly, la femme de chambre, prétend être malade ce matin et Emma, la fille de cuisine, est arrivée en retard, comme d'habitude. Je lui avais bien dit d'allumer les feux, mais il faudrait être sur son dos toute la journée pour...

— Etes-vous donc infirme, mon garçon? coupa Adam Fairley avec un regard froid. Qu'attendez-vous? Faites-le donc. »

Murgatroyd devint cramoisi et se redressa, statue de l'innocence persécutée.

« Oui, Monsieur, bafouilla-t-il en s'inclinant. Tout de suite, Monsieur. Je m'en occupe moi-même...

— J'y compte bien. Allez ! »

Sur une série de courbettes saccadées, Murgatroyd s'éloigna vers la porte. Il était sur le point d'en franchir le seuil quand Adam Fairley le rappela d'un mot :

« Au fait, Murgatroyd...
— Oui, Monsieur ?
— Le maçon de Leeds est-il arrivé ? Le jeune O'Neill ?
— Oui, Monsieur, il est arrivé ce matin de bonne heure. Je lui ai donné la liste des travaux à effectuer.
— C'est bien. Veillez à ce qu'il ait à sa disposition tout ce dont il pourrait avoir besoin pour faire son travail. Et je compte sur vous pour qu'il soit parfaitement bien traité à la cuisine. Qu'on le nourrisse convenablement. »

Murgatroyd eut un nouveau haut-le-corps devant l'intérêt manifesté par le maître envers un vulgaire ouvrier.

« Certainement, Monsieur, j'y veillerai personnellement. Si je puis me permettre de demander à Monsieur, combien faudra-t-il payer ce jeune homme pour sa semaine de travail ? »

Adam Fairley fronça les sourcils. L'expression de cupidité qui allumait le regard de Murgatroyd ne lui échappait pas et il répondit avec une froideur marquée :

« Je vous l'ai déjà dit hier soir, Murgatroyd. Perdriez-vous la mémoire ? Une guinée par semaine, est-ce clair ? »

Le majordome rougit et s'inclina pour dissimuler sa gêne.

« Oui, c'est vrai. J'ai sans doute oublié ce que Monsieur m'avait dit...
— Passe pour cette fois. Occupez-vous du feu immédiatement, je vous prie. Et pendant que vous y êtes, faites-moi donc porter une tasse de thé, si ce n'est pas au-dessus de vos moyens. »

Murgatroyd s'inclina et s'esquiva à la hâte, rempli de pensées haineuses envers la cuisinière, Emma, le jeune O'Neill et même le maître, dont les beuveries nocturnes étaient responsables de la mauvaise humeur et de l'injustice manifestées de plus en plus souvent envers son plus fidèle serviteur...

Resté seul, Adam Fairley s'en voulut de sa sortie. Lui qui n'élevait jamais la voix contre ses domestiques ou ses employés se surprenait à détester cordialement Murgatroyd. La servilité du maître d'hôtel le mettait mal à l'aise. Son avarice sordide et ses curieuses « pertes de mémoire » dès qu'il s'agissait de gages à payer ou de factures à régler confirmaient ses soupçons : Murgatroyd devait s'emplir les poches aux dépens des fournisseurs, s'il ne volait pas son maître. Enfin, ce qui le rendait encore plus méprisable, il devait se comporter en tyran envers la domesticité. Le chasser, chercher un remplaçant, le former ? La seule évocation d'un tel effort fit reculer Adam Fairley.

Son regard était retombé sur la photographie du jeune officier qu'il avait été. Il ne reculait devant aucun obstacle, à l'époque. Depuis, il se dérobait devant tout, même les responsabilités domestiques les plus terre à terre... L'abandon de sa carrière militaire avait sonné la débâcle de sa vie entière. Pour avoir cru déférer aux vœux de son père, il avait fermé ses yeux et ses oreilles à l'appel du destin et aux réalités quotidiennes, et avait tout gâché. Tout. Il était bien tard pour avoir des regrets. Le remords ne le quittait pourtant plus, s'aggravait de jour en jour.

En fermant les yeux, il se revit tel qu'il était, un quart de siècle plus tôt. Jeune homme débordant de vie et d'exubérance, il était revenu d'Eton pour les vacances et avait annoncé tout de go à son père son intention bien arrêtée d'entrer dans l'armée. Le vieux *Squire* avait eu beau tempêter, cajoler, menacer, rien n'avait pu ébranler la détermination de son fils. A contrecœur, Richard Fairley avait fini par s'incliner et Adam avait passé sans difficulté l'examen d'entrée à Sandhurst. Ce brillant succès avait fini par convaincre le père.

A l'époque, Richard Fairley était un de ces hobereaux un peu rustres et d'allure bonhomme comme le Yorkshire en produisait volontiers. Mais il était en même temps l'un des industriels les plus riches et les plus puissants du nord de l'Angleterre et dissimulait, sous ses dehors rugueux, un esprit d'une rare pénétration et l'instinct infaillible du joueur. Quand il eut constaté que son fils Adam était un cadet modèle à l'académie militaire, il jugea sage de miser sur lui et jeta le poids considérable de sa fortune et de son influence dans la balance. C'est ainsi qu'il obtint pour Adam un brevet de lieutenant au 4e Hussards, régiment d'élite, où seuls les plus fortunés pouvaient se permettre d'entretenir deux chevaux de selle, une écurie de polo, les ordonnances et la somptueuse garde-robe d'uniformes considérés comme indispensables. Cavalier de grande classe, Adam possédait surtout au plus haut degré les vertus de courage, d'honneur et de discipline qui ouvrent les perspectives les plus prometteuses de la carrière militaire. D'un idéalisme fougueux, il brûlait aussi d'une soif d'aventures à mettre au service de l'Empire, alors au faîte de sa puissance. Il était de la race des défricheurs de continents pour la plus grande gloire de la patrie et de la reine et ne rêvait que de défaire les hordes ennemies en chargeant, sabre au clair, à la tête de ses hommes. Un jour, qui sait, il serait peut-être gouverneur d'un territoire des antipodes, grand comme l'Europe, où sa vaillance aurait fait flotter l'*Union Jack*?

Il ne fallut pas six mois pour que s'écroule ce beau château de cartes : Edward, son frère aîné, se noya dans un accident de bateau. Le vieux *Squire* inconsolable se tourna alors tout naturellement vers son fils cadet car, pour lui, le devoir familial primait tout. Il demanda à Adam de revenir dans le Yorkshire prendre la place de son frère à la tête des affaires de la famille.

« Plus question de cavalcader dans des tenues de fantaisie en pourchassant des indigènes à l'autre bout du monde, mon garçon! avait-il bougonné pour faire taire les protestations d'Adam. Ton devoir est ailleurs, désormais. »

Mais c'était moins les admonestations bourrues de

son père, sous lesquelles il s'efforçait de dissimuler son chagrin, que la profondeur de ce dernier qui avait fini par vaincre la répugnance d'Adam à obéir. La mort dans l'âme, il avait donc donné sa démission de l'armée, trop habitué à se plier au devoir pour se rendre compte de l'énormité de l'erreur qu'il commettait et de son caractère irrévocable. Il était maintenant trop tard, sans doute, pour s'en apercevoir et ses regrets étaient stériles. Mais comment s'empêcher de les éprouver? Comment ne pas souffrir d'une aussi vieille blessure, toujours ravivée?

Plongé dans ses pensées, il sursauta en entendant Murgatroyd revenir, un seau de charbon à la main.

« Le thé de Monsieur sera prêt dans un instant, dit le majordome en s'agenouillant devant la cheminée.

— Merci, Murgatroyd. Veuillez aussi allumer les lampes, je vous prie. »

Adam Fairley s'assit lourdement à son bureau et fit mine de se replonger dans son agenda qu'il parcourut d'un regard plein d'ennui. Aujourd'hui, il devait assister à une réunion du conseil d'administration de la *Yorkshire Morning Gazette*, le journal de Leeds dont il détenait la majorité des actions. Il devait déjeuner ensuite avec un acheteur de Londres, un de ses principaux clients pour les lainages et les cotonnades. L'homme n'était pas antipathique et savait parler d'autre chose que d'affaires. Allons, la journée ne serait pas trop pénible en fin de compte... En allant à Leeds, il aurait le temps de s'arrêter à la filature de Fairley pour s'entretenir avec Wilson, le directeur, des progrès de son fils Gerald.

Il soupira malgré lui. Les affaires l'étouffaient. Il n'y trouvait plus rien de stimulant, si tant est qu'il s'y fût jamais vraiment intéressé. Adam Fairley n'avait jamais eu de goût pour l'argent ni d'ambition pour le pouvoir qu'il procure. Il n'était pas responsable du succès de ses affaires : c'étaient son père et son grand-père, avant lui, qui les avaient fondées et en avaient fait ce qu'elles étaient. Pour sa part, estimait-il, il s'était contenté d'en récolter les bénéfices. Et s'il avait arrondi la fortune familiale, ce n'était que grâce à des concours de circonstances favorables. De fait, Adam Fairley se sous-estimait dans ce domaine. S'il ne possédait pas la dureté et le sens des affaires qu'avait eus son père, il était loin d'en être totalement dépourvu. Sous son urbanité et la courtoisie de ses propos, il pouvait se révéler un négociateur intraitable et beaucoup de ses relations disaient de lui qu'il était aussi retors et calculateur que le vieux Richard.

Il repoussa l'agenda et se passa machinalement la main dans les cheveux. Le feu brillait haut et clair et, si sa chaleur ne se faisait pas encore sentir, son seul aspect était réconfortant. Ayant rempli sa mission, Murgatroyd s'approcha du bureau de son maître et se racla la gorge pour attirer son attention.

« Si Monsieur veut bien me permettre de l'interrompre un instant...

— Oui, Murgatroyd. Qu'est-ce que c'est ?

— Je me demandais s'il fallait préparer la même chambre que d'habitude pour Mme Wainright. Monsieur sait bien, la chambre grise, dans l'aile principale... C'est la préférée de Mme Wainright, à chacun de ses séjours ici. »

Pour un instant, Adam Fairley dévisagea Murgatroyd comme s'il descendait d'une autre planète. De quoi diable parlait-il donc ? La mémoire lui revint d'un coup : il était si profondément absorbé dans ses problèmes qu'il en avait oublié l'arrivée de sa belle-sœur.

« Faites pour le mieux, répondit-il distraitement. Et prévenez-moi quand les enfants seront descendus, je déjeunerai avec eux ce matin. »

Quand Murgatroyd se fut éloigné, Adam Fairley fouilla dans un tiroir de son bureau à la recherche de la lettre écrite par Olivia Wainright. Tout en cherchant, il se maudissait de perdre ainsi la notion du temps et d'oublier tout ce qui ne le concernait pas directement. Il fallait qu'il réagisse, qu'il se sorte de cette torpeur malsaine s'il ne voulait pas devenir fou, lui aussi... Fou comme cette femme, là-haut, pensa-t-il avec un mouvement de colère.

La plupart du temps, Adam Fairley évitait de songer à la détérioration de l'état mental de sa femme. Au début, il avait dédaigneusement attribué ses caprices et ses sautes d'humeur aux « vapeurs », dont se plaignaient volontiers les femmes, ou encore à des maladies imaginaires. Adèle avait toujours été vague, imprécise, pleine de craintes sans fondement ou d'idées informulées. Il arrivait parfois à son mari d'éprouver un bref sentiment de culpabilité en se demandant s'il n'était pas en partie responsable de cet état, si elle ne cherchait pas, dans de feints dérangements, un refuge contre la solitude où il l'enfermait ou un moyen d'attirer son attention et de se faire prendre au sérieux. Peu à peu, cependant, les « caprices » et les « vapeurs » s'étaient multipliés jusqu'au moment où Adam fut bien forcé de conclure qu'Adèle perdait l'esprit. Tant qu'il ignorait sa condition et se fermait les yeux devant l'évidence, il avait au moins l'illusion d'échapper à cette réalité-là. Comme à toutes les autres...

Il ne lui était maintenant plus possible de continuer à s'aveugler. Le comportement d'Adèle devenait de plus en plus inquiétant : elle errait parfois dans les couloirs de Fairley Hall à demi inconsciente, les cheveux défaits, le regard vitreux. Quelques mois plus tôt, à l'occasion d'un voyage d'affaires à Londres, Adam s'en était ouvert à son vieil ami Andrew Melton, médecin réputé, à qui il avait décrit en détail les symptômes du « malaise » dont souffrait Adèle. Melton avait alors proposé d'examiner lui-même Adèle et Adam était rentré chez lui prêt à emmener son épouse à Londres dans les vingt-quatre heures. Mais, à sa surprise et à son soulagement, il l'avait retrouvée d'apparence parfaitement normale. Depuis, il n'avait été témoin d'aucune nouvelle manifestation de son étrangeté. Adam s'en était d'abord satisfait, sans perdre toutefois l'inquiétude qui l'avait assailli et revenait de plus en plus souvent ces derniers temps. Adèle avait peut-être réussi à tisser autour d'elle un cocon de sécurité. Mais combien fragile était cette enveloppe, combien trompeuses étaient les apparences de sa santé mentale! Cela durerait-il?

Il retrouva enfin la lettre de sa belle-sœur et la déplia avec un soupir. Olivia Wainright annonçait qu'elle débarquerait du train de Londres arrivant en gare de Leeds à quinze heures trente. Adam en prit note sur son agenda : il aurait le temps d'aller la chercher tout de suite après son déjeuner d'affaires. Le programme de sa journée n'aurait donc pas à subir de changements.

Rassuré sur ce point, il ouvrit des dossiers requérant son attention et s'absorba dans leur étude. Sans qu'il s'en rendît compte, sa physionomie changeait à vue d'œil. L'expression égarée qu'il avait encore quelques instants auparavant avait complètement disparu et son regard s'était raffermi. Il se sentait bien mieux, plein d'optimisme et d'une nouvelle énergie. Un coup timidement frappé à la porte ne le tira même pas de sa concentration et il jeta distraitement : « Entrez! » sans lever la tête.

Emma apparut sur le seuil. Elle portait un plateau d'argent où fumait une tasse de thé et s'approchait en hésitant :

« Le thé de Monsieur... »

Elle avait parlé d'une voix à peine audible. En voyant le maître lever les yeux vers elle, elle s'arrêta au milieu de la pièce, se troubla, voulut esquisser une révérence et faillit renverser son plateau. Adam vit alors les yeux verts et graves qui le dévisageaient et crut qu'elle avait peur de l'approcher.

« Merci, ma petite, dit-il avec un sourire. Posez donc cela sur la table près de la cheminée, je vous prie. »

La jeune fille obéit et se hâta de quitter la pièce. Arrivée près de la porte, elle se retourna pour faire une nouvelle révérence avant de partir. Adam la héla :

« Pourquoi faites-vous ainsi la révérence? demanda-t-il avec surprise. Vous a-t-on dit de le faire? »

Emma le regarda un instant, avec une expression

où Adam distingua autant de stupeur que de crainte.

« Oui, Monsieur, répondit-elle en avalant sa salive. C'est Murgatroyd qui m'a donné l'ordre... Je ne la fais pas comme il faut ? »

Adam Fairley se retint de sourire.

« Si, très bien. Mais cela m'énerve de vous voir faire ces simagrées à tout bout de champ. Personne n'est obligé de me faire la révérence, je ne suis pas le roi ! J'avais déjà demandé à Polly de s'en abstenir et de transmettre mes instructions à Murgatroyd. Peut-être ne l'a-t-elle pas fait. En tout cas, je vous serais obligé de ne plus risquer de perdre l'équilibre en faisant la révérence chaque fois que vous me verrez.

— Oui, Monsieur.

— Au fait, comment vous appelez-vous, ma petite ?

— Emma, Monsieur. »

Adam Fairley hocha la tête.

« C'est bien, Emma, vous pouvez disposer. Et merci encore de m'avoir apporté mon thé. »

Emma amorça automatiquement une révérence, se retint à temps et tourna les talons le plus vite qu'elle put, rouge de confusion. Quelques instants plus tard, tandis qu'elle descendait les escaliers de la cuisine, elle riait en son for intérieur. Mais c'était plutôt avec amertume. Ainsi, se dit-elle, il croit m'amadouer ! Me prend-il pour une idiote ? Ne plus lui faire la révérence, la belle affaire ! En tout cas, cela ne changerait rien à ce qu'elle pensait du *Squire,* au contraire. Jamais elle ne changerait d'avis sur lui, jamais. Quoi qu'il fasse !

Pendant ce temps, Adam s'était approché de la cheminée pour boire son thé. Le visage d'Emma restait gravé dans sa mémoire, où il éveillait des souvenirs qu'il ne parvenait pas à ranimer clairement. Tout à l'heure, déjà, il en avait été frappé. Maintenant qu'il avait retrouvé sa lucidité, il n'en éprouvait plus la sensation de malaise qu'il avait eue plus tôt, comme s'il avait vu un fantôme. Mais il ne pouvait chasser de son esprit un trouble qui le mettait d'autant plus mal à l'aise qu'il ne pouvait le rattacher à rien de précis. Elle devait être du village et pourtant elle ne ressemblait à personne, parmi toutes ces familles qu'il connaissait depuis toujours. Comment, dans ces conditions, n'arrivait-il pas à se débarrasser de cette impression de déjà vu ? Dans le visage de cette toute jeune fille, Adam avait reconnu l'innocence et la noblesse du caractère. Il y avait vu la pureté aristocratique des traits. Il avait surtout remarqué l'extraordinaire profondeur du regard, l'éclat peu commun des yeux verts. Comme de la glace brûlante, se dit-il malgré lui en dépit de l'absurdité de la comparaison. Jamais, pourtant, il n'avait encore vu ces yeux-là...

Vaguement irrité contre lui-même et les défaillances de sa mémoire, il but son thé à petites gorgées. Oui, Emma lui rappelait quelqu'un ou quelque chose.

Il était encore debout devant la cheminée, où il laissait le feu le réchauffer voluptueusement, quand on frappa de nouveau à la porte. Emma se tenait sur le seuil et, un long moment, leurs regards se croisèrent.

Adam Fairley réprima un sursaut : non, ce n'était pas de la crainte ni, moins encore, de la timidité qu'il lisait dans l'éclat de ces yeux verts. C'était de la haine ! Cette fille, presque une enfant, me hait, se dit-il avec stupeur. Mais pourquoi ? Que lui ai-je fait ?

Emma contemplait son ennemi en se répétant : voilà un méchant homme qui s'engraisse du travail des autres ! Il peut avoir l'air bon, il peut sourire ou dire n'importe quoi, il ne faut jamais cesser de le détester.

Ils finirent par détourner les yeux, le maître plus gêné que sa servante. Quand Emma prit la parole, elle avait un ton froid et résolu :

« Murgatroyd m'a chargée de prévenir Monsieur que le petit déjeuner est servi. »

Adam Fairley la suivit des yeux pendant qu'elle quittait la pièce sans, cette fois, amorcer de révérence. Il se demanda encore pourquoi il s'en était fait une ennemie, alors que c'était la première fois qu'il la voyait. Dommage, se dit-il. Elle a des qualités, cette enfant, qui transparaissent malgré elle dans son attitude et sa physionomie : l'intelligence, la fierté et, plus encore, l'ambition, une volonté hors du commun. Toutes qualités rares chez une fille de sa condition...

Les souvenirs qui, depuis tout à l'heure, cherchaient à se frayer un chemin dans sa mémoire revinrent le hanter. Il s'efforça une dernière fois de les ranimer et abandonna. Il avait mieux à faire qu'à raviver des souvenirs éteints ou à réfléchir aux sentiments d'une domestique.

10

Quelques instants plus tard, Adam pénétra dans la petite salle à manger. Plus rien, dans son apparence ou sa démarche, ne trahissait le désarroi auquel il s'était laissé aller.

Ses deux fils étaient déjà assis.

« Bonjour, mes enfants ! » dit-il en s'asseyant.

Gerald resta à sa place en grommelant une réponse inintelligible tandis qu'Edwin se levait vivement pour aller embrasser son père sur la joue. Adam lui rendit son sourire qu'il accompagna d'une tape affectueuse sur l'épaule.

Le désenchantement qu'il éprouvait dans sa vie et son mariage n'avait d'égal que la déception que lui causaient ses enfants. Il avait cependant une sincère affection envers Edwin, le plus jeune. Celui-ci était doté d'un caractère plaisant, au contraire de son frère aîné, et ressemblait physiquement à son père de façon frappante.

« Comment te sens-tu, ce matin ? demanda Adam avec douceur. Il va falloir remettre des couleurs sur ces joues en papier mâché, mon garçon. Cet après-midi, tu devrais profiter du beau temps et aller faire une bonne promenade à cheval, respirer le bon air. »

Edwin se rassit et déplia sa serviette.

« Je voudrais bien, papa. Mais... hier, quand j'ai voulu sortir, maman a dit qu'il faisait trop froid.

— Je lui dirai que je t'ai moi-même permis d'y aller », répondit Adam avec un froncement de sourcils.

Il manquait vraiment à ses devoirs envers Edwin. En l'abandonnant comme il le faisait à la tutelle de sa mère, il la laisserait en faire un enfant douillet, un malade imaginaire comme elle, une femmelette... Il était grand temps de reprendre le garçon en main et de le soustraire à cette influence pernicieuse et débilitante.

Murgatroyd l'arracha à ses pensées en lui présentant son hareng fumé sur un plat d'argent. L'odeur forte du poisson incommoda Adam et lui donna une nausée — due aux flots de porto ingurgités la veille au soir. Il se précipita sur sa tasse de thé, dans l'espoir de calmer ainsi les protestations de son estomac.

« Laissez cela ici, Murgatroyd. Les enfants se serviront eux-mêmes. Vous pouvez disposer. »

Le majordome s'inclina et quitta la pièce. Gerald repoussa brutalement sa chaise et se rua vers la desserte, calmement suivi par son frère Edwin.

En voyant le monceau de nourriture que Gerald avait empilé sur son assiette, Adam sentit revenir sa nausée. A dix-sept ans, Gerald était déjà presque obèse et l'aspect de son gros corps bouffi révoltait son père autant que la grossièreté de ses manières. Il fallait, une fois de plus, lui faire des remontrances qui n'auraient sans doute pas plus de succès que les précédentes... Mon fils aîné est un tas de graisse et il en possède l'intelligence et le raffinement ! Il fit une grimace de dégoût.

« Où en es-tu à la filature, Gerald ? lui demanda-t-il sèchement. J'espère que tu fais des progrès. »

Le jeune homme prit le temps de mastiquer une énorme bouchée qu'il fit passer d'une lampée de chocolat au lait.

« Beaucoup, père, répondit-il en s'essuyant la bouche. Wilson est très content de moi. Il dit que j'ai des dispositions pour le textile et que ce n'est plus la peine de me garder à l'usine. En fait, il doit m'affecter aux bureaux à partir d'aujourd'hui.

— Tant mieux, Gerald. Je suis ravi de savoir que tu travailles bien. »

Adam détourna les yeux devant l'expression de ruse et de vanité qui éclatait dans le regard de son fils. Il n'était pas surpris d'apprendre que Gerald donnait satisfaction à la filature, car le garçon était doué pour les affaires, s'il n'avait pratiquement aucune autre qualité. Malgré son apparence indolente et le handicap de son poids, c'était un travailleur acharné. Mais il faisait aussi preuve d'une ladrerie qui révoltait son père, car il devenait de plus en plus évident que l'argent seul intéressait Gerald. Son avidité, son âpreté au gain surpassait même sa boulimie maladive. Comment Adam avait-il pu engendrer un tel être ? Il réprima un nouveau frisson de dégoût.

Il se donna une contenance en toussotant.

« Je compte aller voir Wilson tout à l'heure, en me rendant à Leeds. Il me fera son rapport. Je vais attendre votre tante Olivia au train de Londres. Vous saviez qu'elle venait faire un séjour, n'est-ce pas ?

— Ah ! ouais ? » grommela Gerald.

Ouvertement peu intéressé par les nouvelles de sa tante, il se remit à bâfrer consciencieusement. Edwin releva la tête avec un sourire joyeux :

« Elle arrive aujourd'hui, c'est vrai ? Je suis bien content. On s'amuse toujours avec tante Olivia. C'est une... chic fille ! »

Edwin rougit tandis que son père ne pouvait réprimer un sourire. Un tel qualificatif ne lui serait jamais venu à l'esprit pour dépeindre sa belle-sœur. Mais il avait compris ce que son fils avait voulu exprimer et hocha la tête en signe d'approbation, sans relever l'impertinence du compliment. Machinalement, il tendit la main pour déplier le *Times* et s'absorba dans la lecture des dernières nouvelles.

Pendant un long moment, le silence tomba sur la salle à manger, troublé seulement par le bruit intermittent du journal froissé et les déglutitions de Gerald. Les deux garçons ne s'adressaient pas la parole. Ils savaient qu'il ne fallait pas déranger leur père en bavardant pendant qu'il lisait le *Times* et, de toute façon, ils n'avaient rien à se dire tant ils étaient dissemblables.

La voix d'Adam éclata soudain de derrière son journal :

« C'est insensé ! Effarant ! L'inconscience de ces gens-là... »

Stupéfaits d'entendre leur père élever la voix, les deux garçons s'entre-regardèrent avant de contempler leur père qu'ils entendaient toujours bougonner à l'abri du *Times*. Ce fut Edwin qui s'enhardit finalement assez pour demander à son père ce qui provoquait son rare éclat de colère.

« Le projet de loi sur le libre-échange et les tarifs douaniers, parbleu ! A peine le Parlement vient-il d'ouvrir sa session qu'il est déjà bloqué par l'avalanche des contre-projets, des amendements et des débats. Le ministère Balfour va tomber, c'est certain... Quelle pagaille, grand Dieu ! L'intérêt du pays est pourtant évident... »

Adam entreprit alors d'expliquer à ses fils l'opinion qu'il avait sur la question et qui, à ses yeux, reflétait le bon sens le plus élémentaire. Vouloir dresser des barrières douanières aurait pour résultat de provoquer une flambée des prix à l'importation et des représailles des partenaires commerciaux de la Grande-Bretagne, sans pour autant protéger ses industries qui n'en avaient d'ailleurs nul besoin. Deux jeunes parlementaires s'empoignaient sur cette question épineuse, dont ils se faisaient un tremplin pour leurs ambitions. Chamberlain soutenait aussi vivement le projet que Churchill l'attaquait. Pris entre les factions, le ministère hésitait et finirait probablement par tomber, ouvrant ainsi une crise dont on ne pouvait prévoir l'issue.

« La victoire des protectionnistes et de Chamberlain serait un désastre pour notre pays ! poursuivait Adam en s'échauffant. Toute notre prospérité est fondée sur le faible coût des produits alimentaires, pour lesquels nous dépendons des importations. S'ils augmentent, cela n'aura sans doute aucune influence sur le train de vie de gens comme nous, mes enfants. Mais songez à la catastrophe que cela pourrait représenter pour les familles des travailleurs ! Tôt ou tard, les salaires devront suivre ces hausses et nous nous engagerons dans la course à l'inflation. Les prix de nos fabrications augmenteront à leur tour, nos industries ne seront plus aussi compétitives face à leurs concurrents étrangers. Si nous produisons moins, le chômage suivra et nous aurons à faire face à une sérieuse crise économique. Les protectionnistes sont des criminels qui oublient un vieux proverbe plus que jamais d'actualité : « Quand les « marchandises ne traversent pas les frontières, les « armées le font à leur place. » Ces gens, dans leur aveuglement, ignorent tout du pouvoir de l'opinion publique et ne veulent voir que les intérêts immédiats de quelques-uns d'entre eux. Cela, un homme comme Churchill l'a parfaitement compris. Grâce à Dieu, il n'est pas le seul...

— Croyez-vous que son groupe l'emportera au Parlement, père ? demanda Edwin.

— Je l'espère, mon garçon. Pour le bien du pays. Balfour ne veut pas prendre parti avec fermeté et cela finira par lui coûter son portefeuille de Premier ministre. »

Pendant l'exposé de son père, Gerald s'était levé bruyamment pour aller remplir de nouveau son assiette au buffet, tout en accompagnant les louanges qu'Adam faisait de Churchill d'interjections ironiques ou malveillantes. Son frère et son père avaient volontairement feint d'ignorer son comportement. Mais quand il revint, il s'assit avec tant de lourdeur et de brusquerie qu'il fit trembler la table et renversa du chocolat sur la nappe. Adam serra les dents pour refréner la colère qu'il sentait monter en lui et assena à son fils aîné un regard glacial et chargé de mépris.

« Fais donc attention à ce que tu fais, Gerald ! Essaie au moins d'avoir des manières décentes et de ne pas incommoder ceux qui t'entourent. Tu pourrais également te surveiller. La façon dont tu te gorges de nourriture n'est pas seulement répugnante à voir, elle est malsaine. »

Le jeune homme haussa imperceptiblement les épaules et continua de s'empiffrer comme si de rien n'était.

« Maman dit que j'ai un appétit normal pour un garçon de mon âge en pleine croissance », dit-il avec impertinence.

Son père se mordit les lèvres et feignit de boire son thé pour ne pas laisser échapper la riposte cinglante qui lui venait. Gerald prit sans doute cette preuve de courtoisie pour de la faiblesse de la part de son père et en profita pour pousser ce qu'il croyait être son avantage.

« Pour en revenir à ce que vous disiez tout à l'heure, reprit-il la bouche pleine, Churchill ne représente rien que les quelques misérables cotonniers de sa circonscription...

— C'est faux, Gerald. Tu ferais mieux de ne pas parler de ce que tu ne connais pas, interrompit Adam. Les temps sont en train de changer et nul ne peut plus ignorer le poids politique que représentent les travailleurs. »

Gerald ricana avec mépris.

« Ma parole, père, on croirait entendre un de ces nouveaux socialistes, en vous écoutant ! Vous voudriez donner des baignoires à vos ouvriers, vous aussi ? Vous savez très bien qu'ils ne sauraient même pas s'en servir ! »

Adam Fairley rougit de colère mais fit un nouvel effort pour se contenir.

« Je suis peiné de voir mon fils aîné se faire l'écho des opinions les plus stupides des conservateurs les plus attardés ! dit-il d'un ton glacial. Je m'attendais à un peu plus d'intelligence de ta part, mon garçon. Pour te faire l'honneur de répondre à ta ridicule boutade, sache bien que je m'efforce d'améliorer les conditions de travail dans nos filatures et nos manufactures et que je ferai tout ce qui est en mon pouvoir pour continuer dans cette voie. C'est une simple question de bon sens et d'humanité. Mieux vaut conduire nous-mêmes les réformes indispensables de manière paisible plutôt que de nous les voir imposées dans un bain de sang et sur les ruines du pays! »

Gerald avait écouté la tirade de son père sans s'émouvoir. Il termina posément les derniers morceaux encore dans son assiette et s'essuya la bouche avec sa serviette froissée.

« Vous feriez mieux de ne pas répéter de pareils propos devant vos amis et vos relations d'affaires, dit-il en ricanant. Ils vous considéreraient comme un traître et...

— C'en est assez de tes impertinences! » explosa Adam.

Gerald recula malgré lui devant la rage froide qui étincelait dans les yeux de son père. Adam Fairley perdait rarement son sang-froid à moins d'être poussé à bout. Malgré sa balourdise et son insolence, Gerald n'était pas assez téméraire pour essuyer le courroux de son père et sa lâcheté naturelle l'emporta.

Adam dut faire un effort pour se dominer. Sa fatigue physique et mentale lui mettait dangereusement les nerfs à vif et il s'en voulait de se laisser ainsi provoquer par les impertinences d'un adolescent qu'il aurait dû remettre à sa place en quelques mots mesurés mais sans réplique. Pour se donner le temps de se ressaisir, il but une tasse de thé et rouvrit son journal. Mais ses mains tremblaient.

Pendant ce temps, Gerald faisait un clin d'œil canaille à son frère Edwin. Le cadet détourna précipitamment les yeux pour ne pas se rendre malgré lui complice des effronteries de son frère, qu'il désapprouvait sans cependant oser l'affronter ouvertement. Il y eut un silence pesant pendant lequel Gerald se beurra des toasts. A la fin, n'y tenant plus, Edwin posa une question à son père sur la récente campagne de Lord Kitchener aux Indes et sa controverse avec Lord Curzon, le vice-roi.

Irrité par cette nouvelle interruption, Adam répondit d'abord avec brusquerie. Mais il se surprit bientôt à aborder les problèmes évoqués par son fils sur un plan bien plus élevé qu'il ne s'y serait attendu avec un garçon de quinze ans. L'esprit clair et le désir de s'instruire que manifestait Edwin firent revenir le sourire sur ses lèvres.

« Dis-moi, mon petit, que voudrais-tu faire plus tard ? Tu sembles t'intéresser autant à l'armée qu'à la politique. »

Edwin hésita et rougit avant de répondre :

« Ni à l'une ni à l'autre, père. Je crois plutôt que j'aimerais devenir avocat... Y voyez-vous un inconvénient ? »

Adam avait déjà oublié la déplaisante algarade avec Gerald et regardait son cadet d'un air bienveillant.

« Aucun, mon petit, bien au contraire. Si tu tiens vraiment à embrasser une carrière, pousuivit-il avec un bref pincement de regret en pensant à sa propre jeunesse, je ne ferai rien pour te décourager. Je suis simplement surpris de ce que tu m'annonces aujourd'hui mais, à vrai dire, je me doutais bien que tu n'étais pas fait pour les affaires. Alors que ton frère, lui, est parfaitement à l'aise à la filature. N'est-ce pas, Gerald ? » ajouta-t-il sévèrement.

Une lueur rusée traversa le regard de Gerald qui hocha la tête avec un enthousiasme exagéré.

« Absolument ! Je suis dans les usines comme un poisson dans l'eau. Tandis qu'Edwin ne s'y fera jamais. Il ne peut pas supporter l'atmosphère des ateliers, délicat comme il est. Moi, je trouve qu'il a une excellente idée. C'est toujours utile d'avoir un homme de loi dans la famille, n'est-ce pas ? »

Gérald avait proféré sa réponse de son ton le plus doucereux. En fait, il avait toujours été jaloux de son cadet, à l'intelligence largement supérieure à la sienne. L'entendre ainsi déclarer officiellement qu'il se retirait de la succession lui avait causé un plaisir sans mélange.

Adam avait écouté parler Gerald avec une sensation de malaise. Sa jubilation était trop apparente pour ne pas l'inquiéter. Que se serait-il passé si Edwin avait manifesté, comme il en avait le droit, le désir de partager avec son frère aîné les responsabilités de la direction des entreprises familiales ? Gerald était assez rustre et assez avide pour devenir un adversaire impitoyable. Il n'aurait sûrement pas hésité à piétiner son propre frère, s'il s'était senti si peu que ce fût menacé dans sa suprématie...

« Allons, tant mieux, dit-il pour couper court à ses pensées. Je suis heureux de constater que, pour une fois, nous sommes tous du même avis.

— Merci, père ! s'écria joyeusement Edwin. Je craignais que vous ne soyez pas d'accord et je retardais le moment de vous en parler.

— Tu as eu raison de le faire, mon garçon. »

Il replia le *Times* et prit la *Yorkshire Morning Gazette* qu'il ouvrit à la page économique pour consulter les cours de la laine à la Bourse de commerce de Bradford.

Il s'apprêtait à faire un commentaire satisfait sur le niveau élevé des cotations, dont les cours ne donnaient aucun signe de fléchissement depuis bientôt deux ans, quand Gérald prit la parole :

« Au fait, père, aurez-vous le temps de voir ce lainier australien, McGill ? Il doit passer à la filature, ce matin.

— Ah ! diable, je l'avais complètement oublié ! s'exclama Adam avec agacement. Non, Gerald, je n'aurai pas le temps, il faut que je sois à Leeds pour dix heures. Wilson le recevra lui-même, il n'y a rien de très important à traiter avec lui, de toute façon.

— Je lui ferai la commission, répondit Gerald en repoussant sa chaise. Il est temps que je m'en aille. »

Gerald jeta un salut négligent à son père et à son frère et quitta la pièce de son pas pesant. Adam le suivit des yeux avec un froncement de sourcils et ne se rasséréna que quand la porte se fut refermée derrière lui. L'atmosphère paraissait allégée et comme purifiée par le départ de l'aîné.

Adam se tourna vers Edwin avec un sourire :

« Je parlerai de toi à mon homme de loi quand je le

verrai la semaine prochaine, Edwin. Il aura sûrement de bonnes idées sur ce que tu devrais faire en quittant ton collège. »

Le jeune homme était en train de remercier son père quand Emma fit discrètement son entrée. Elle portait un grand plateau et s'arrêta devant le maître, qu'elle regarda avec une froideur marquée.

« Murgatroyd m'a dit de desservir, si Monsieur avait terminé.

— Nous avons fini, Emma, je vous remercie. Laissez simplement la théière, j'en reprendrai peut-être une tasse avant de partir », répondit Adam avec un sourire bienveillant.

Il examinait la jeune servante avec un renouveau de curiosité. Mais Emma avait déjà tourné le dos pour poser son plateau sur le buffet et ne vit donc pas la lueur de bonté et le sourire qui éclairaient la physionomie de *Squire*. Quand elle se retourna pour débarrasser la table, Adam avait repris sa conversation avec Edwin et ne la regardait plus.

Emma se mit à rassembler les assiettes et les couverts sales pour les empiler sur le plateau. Elle agissait le plus discrètement possible pour ne pas se faire remarquer car, pensait-elle, moins les autres s'aperçoivent de votre présence, moins ils peuvent vous nuire. Gerald, malheureusement pour elle, paraissait toujours la remarquer quand elle s'y attendait le moins et prenait un malin plaisir à la bousculer et à la harceler. A peine une minute auparavant, dans le couloir, ils s'étaient croisés et Gerald lui avait douloureusement pincé la cuisse. Emma devait encore faire un effort pour ne pas pleurer, moins de douleur que de rage et d'humiliation. Les maîtres, se disait-elle, sont-ils donc tous des animaux vicieux et malfaisants ?

Tandis qu'elle remplissait son plateau, son désarroi grandissait au même rythme que les piles d'assiettes. Comment pourrait-elle plus longtemps supporter de vivre dans cette horrible maison avec ces horribles gens ? Si seulement elle pouvait s'enfuir avec son grand frère Winston! Mais c'était impossible : il n'y a pas de femmes dans la marine. Où irait-elle d'ailleurs? Elle ne pouvait pas non plus s'enfuir maintenant, elle n'en avait pas le droit. Sa mère avait plus que jamais besoin d'elle. Et Frankie, son petit frère, que ferait-il seul au monde? Elle était prise au piège.

A cette pensée, des gouttes de sueur lui perlèrent au front. Il fallait pourtant qu'elle échappe à Fairley Hall, qu'elle fuie son pouvoir maléfique avant qu'il s'y produise des choses terribles! Un tremblement involontaire la paralysa brièvement, sans qu'elle puisse s'expliquer ce soudain accès de panique, que rien ne justifiait. Un instant plus tard, toutefois, l'explication lui vint avec une clarté éblouissante.

Sa terreur irraisonnée de Fairley Hall et des Fairley tenait à une seule raison : ici, entre leurs griffes, Emma était impuissante, à leur merci. Elle pouvait être le jouet de n'importe qui ou de n'importe quoi, comme les pauvres sont toujours le jouet des riches et leurs constantes victimes. Pour échapper à cette malédiction, il lui fallait de l'argent. De l'argent! Pas simplement les quelques maigres shillings qu'elle gagnait parfois en faisant de la couture ou du reprisage pour les gens du village, aussi pauvres qu'elle. Non, il fallait beaucoup d'argent, des livres sterling par centaines. Par milliers. Inlassablement, la même obsession revenait la hanter : la fortune était la seule clef de l'indépendance et de la sécurité. Il fallait qu'elle fasse fortune.

Mais comment? Où cela? Par bribes, sa conversation du matin avec Blackie O'Neill lui revint en mémoire. A Leeds! Voilà où elle devait se sauver! A Leeds, où les rues étaient « pavées d'or », comme lui disait le jeune Irlandais. Dans cette ville de légende, elle saurait trouver la clef de son bonheur, le secret de la fortune. Elle y gagnerait bientôt assez d'argent pour ne plus jamais craindre les caprices des riches, ne plus jamais se sentir impuissante devant eux. Alors, elle pourrait se dresser devant les Fairley et prendre sa revanche.

Peu à peu, la peur et le découragement faisaient place

à l'espérance. Avec énergie, Emma saisit son plateau surchargé et chancela presque sous son poids. Elle serra les dents et quitta la pièce aussi silencieusement qu'elle y était entrée, la tête haute, la mine pleine de fierté. Jamais, elle n'avait eu plus de dignité. Mais il n'y avait personne pour s'en apercevoir...

Dans la petite salle à manger, Adam et Edwin n'avaient pas même remarqué son départ, tant ils étaient plongés dans leur conversation. A la fin, le jeune garçon donna quelques signes d'impatience.

« Puis-je quitter la table, papa? demanda-t-il. Il faut que je fasse mes devoirs, pour ne pas prendre du retard quand je retournerai au collège.

— Bien sûr, mon garçon, vas-y! répondit son père avec un sourire approbateur. Mais que cela ne t'empêche pas d'aller prendre l'air cet après-midi. Tu en as le plus grand besoin.

— Bien sûr, papa. Et merci encore... »

Il était arrivé à la porte quand Adam le retint d'un mot :

« Edwin!

— Oui, père ?

— Je crois que cela ferait plaisir à ta tante Olivia si tu dînais avec nous, ce soir. Prépare-toi en conséquence.

— Oh! chic alors! Merci, papa! J'adore tante Olivia! »

Pris par l'enthousiasme, Edwin quitta la pièce en courant et fit claquer la porte derrière lui. Adam sourit à cette manifestation d'exubérance juvénile.

Son fils cadet lui donnait de plus en plus de sujets de satisfaction. Malgré son tempérament délicat et la sollicitude excessive dont l'entourait sa mère, Edwin faisait de plus en plus fréquemment preuve de force de caractère. Il faudrait peu de chose pour le soustraire à l'influence débilitante où Adèle l'enfermait, en faire un homme sûr de lui, prêt à affronter la vie et ses réalités. Cela dépendait de son père. C'était à lui d'intervenir...

Cette pensée le rembrunit et Adam poussa un soupir. Il allait devoir monter voir sa femme, avec qui il avait par ailleurs plusieurs choses à décider. Rien que d'évoquer sa femme le mettait mal à l'aise. Adèle, toujours si jolie, mais si fragile et si vaine à la fois. Adèle, avec son sempiternel sourire absent, figé, son sourire qui l'avait d'abord exaspéré avant de lui faire peur. Adèle, dont la beauté blonde, évanescente et irréelle le captivait naguère mais dont il avait découvert avec horreur le caractère glacé, trompeur, comme celui d'une façade de marbre dissimulant un enfer d'égoïsme et d'inconscience. Un enfer de folie, désormais, chaque jour plus terrifiant.

Cela faisait des années qu'ils ne parvenaient même plus à communiquer. Dix ans, pour être exact, depuis qu'Adèle avait cherché refuge dans un monde vaporeux d'irréalité maladive. Dix ans depuis ce soir où, le visage toujours orné de son sourire désarmant, elle avait fermé sa porte à clef et lui avait interdit l'accès de sa chambre. Adam avait accepté cela avec une résignation qui n'était en fait qu'un soulagement mal dissimulé. Loin d'en vouloir à sa femme de mettre un terme à leurs rapports conjugaux, il lui en avait été secrètement reconnaissant.

Depuis des années, donc, Adam Fairley s'était installé sans déplaisir dans un mariage vidé de toute signification. Son cas était loin d'être une exception : tout autour de lui, on ne comptait plus dans son milieu les ménages de convenance où des époux étrangers l'un à l'autre menaient, chacun de leur côté, des vies que rien ne rapprochait plus que l'intérêt, les mondanités et la courtoisie. Au moins, pour la plupart, n'étaient-ils pas séparés par le mur de l'aliénation, pensait-il parfois avec amertume.

Dans leur quasi-totalité, ses amis trouvaient de faciles consolations dans les bras de leurs maîtresses, où ils se jetaient sans remords. Mais Adam Fairley se refusait cette échappatoire. Son orgueil et son sens des convenances lui interdisaient les amours faciles, où il se serait senti avili. Comme tant d'autres, davantage peut-être, il était doté d'une sensualité exigeante. Mais celle-ci ne débordait jamais les limites de la bienséance et il fallait à Adam Fairley bien plus qu'un corps voluptueux ou des dentelles suggestives pour exciter son imagination et lui faire surmonter sa répugnance.

N'ayant donc pas trouvé l'amour sincère qui aurait pu lui être un dérivatif, il s'était installé dans son célibat qui, à mesure que le temps passait, lui devenait une sorte de discipline, d'ascétisme où il puisait des forces pour résister à ses épreuves. Mais il ne se rendait pas compte que sa vertu ajoutait encore à son pouvoir de séduction, et il restait, consciemment ou non, aveugle et sourd aux avances plus ou moins discrètes dont l'assaillaient toutes celles qui le trouvaient irrésistible — et elles étaient nombreuses. Enfermé dans ses sombres pensées, il passait, hautain et dédaigneux, comme quelque vaisseau fantôme dans la brume.

Après le départ d'Edwin, Adam s'était levé de table pour aller distraitement regarder par la fenêtre. Les nuages de ces derniers jours avaient fait place à un ciel pur et lumineux où le soleil d'hiver dessinait durement les moindres contrastes du paysage. Devant lui, les collines se dressaient, incultes, noires et d'apparence hostile. Mais Adam était sensible à leur beauté sauvage. Elles étaient là, pensa-t-il, depuis des millions d'années. Elles y seront encore quand j'aurai disparu, quand des milliers de générations d'hommes auront passé. La terre, elle, ne passerait pas. C'était elle la source du pouvoir dont jouissaient les Fairley. Bien d'autres familles, avant et après eux, y puiseraient leur puissance et leur richesse. Dans l'immensité de l'univers, Adam Fairley n'était qu'un minuscule grain de sable, ses problèmes étaient insignifiants. Un jour, ils disparaîtraient avec lui et nul ne s'en souviendrait plus tard. Qu'importera-t-il alors, qu'importe-t-il maintenant que je ressente ceci, que je me fasse une montagne de cela ?

Le bruit des sabots d'un cheval le tira de ses réflexions et il vit Gerald qui sortait de la cour des écuries dans son cabriolet. Cela le ramena à ses réflexions sur ses fils et aux comparaisons qu'il avait été amené à faire. Ce matin, il avait compris bien des choses, avait vu se dessiner les traits de leurs caractères. Ses inquiétudes se ravivèrent.

S'il lui arrivait de mourir sans avoir fait de testament, le droit d'aînesse jouerait automatiquement en faveur de Gerald. C'est lui qui hériterait de tout : terres, château, usines. Edwin, n'aurait rien ou presque et ne pourrait compter que sur la générosité de son frère. Perspective bien inquiétante pour qui connaissait Gerald ! Il fallait donc que leur père prenne dès maintenant des précautions et rédige son testament de manière à ce que son fils cadet soit traité avec équité. Car, se dit Adam avec plus de tristesse que de colère, personne ne peut faire confiance à Gerald ni compter sur son honnêteté. Comment ai-je fait pour avoir un fils comme lui ?

Héritier présomptif de l'immense fortune encore entre les mains de son père, Gerald Fairley tenait sans doute son caractère de lointains ancêtres soudards ou navigateurs. Ce n'est que vers le milieu du XVIII siècle que les Fairley avaient quitté les uns les armes, les autres la passerelle d'un navire pour venir s'installer sur les terres généreusement accordées à leurs aïeux par des monarques reconnaissants et, jusqu'à présent, laissées quasiment incultes. La pauvreté des terres limitait les cultures mais favorisait l'élevage du mouton. C'est ainsi que naquirent les premiers tissages Fairley. L'expansion industrielle du début du XIX siècle, l'âpreté au gain de ces terriens descendants de corsaires ou de guerriers firent le reste. Dès le milieu du siècle, la fortune des Fairley était déjà l'une des premières de tout le Royaume-Uni.

Gerald possédait, au contraire de son père qui en était totalement dépourvu, un amour quasi pathologique pour la laine et tout ce qui s'y rapportait. Quand il était dans un atelier, au milieu des métiers assourdissants et baignant dans l'écœurante odeur du suint,

Gerald éprouvait des jouissances aussi fortes, ou presque, qu'attablé devant un monceau de victuailles ou des sacs d'or. Tout ce qui rebutait son père l'attirait comme un aimant. La simple vision de l'entrepôt, où les rouleaux d'étoffes s'empilaient jusqu'au plafond, le plongeait dans l'extase. A dix-sept ans, il ne pouvait concevoir plus grand bonheur que de passer le restant de sa vie dans ses usines.

Ce matin-là, tandis qu'il dévalait la route menant du château à la filature au grand trot de son cheval, Gerald était joyeux. Il n'avait plus à s'inquiéter d'Edwin ! Non que son jeune frère lui ait jamais vraiment causé du souci. Mais jusqu'à ce matin, il n'était encore sûr de rien et échafaudait dans sa tête des moyens tortueux pour se débarrasser de son encombrant cadet si celui-ci faisait mine de vouloir mettre son nez dans les affaires dont lui, Gerald, était le seul héritier de droit divin. Voilà-t-il pas que ce petit sot se mettait lui-même hors de la course ! Gerald n'aurait pu rêver mieux... Quant à son père !

A cette pensée, ses petits yeux porcins se plissèrent sans cacher l'éclair de haine qui s'y était allumé. Car Gerald haïssait son père et le méprisait. Toujours prompt à le condamner en son for intérieur, il n'hésitait plus, depuis peu, à le vilipender devant des étrangers et cherchait les moyens de lui nuire. Avare, envieux, mesquin, Gerald suffoquait d'indignation devant l'élégante garde-robe d'Adam Fairley, qu'il considérait comme un scandaleux gaspillage, et rassemblait son courage pour se plaindre ouvertement du gouffre sans fond que le journal constituait à ses yeux. Voilà bien de vaines idées de gloriole ! se disait-il. Comme si les Fairley avaient besoin d'un journal !

Mais le désintérêt que manifestait son père pour la filature servait les ambitions de son fils et Gérald, ce matin-là, n'avait pas lieu d'être mécontent de lui-même. Trop occupé par ailleurs, son père lui laissait le champ libre avec le marchand de laine australien, McGill. Eh bien, il tenait là l'occasion de faire ses preuves en traitant lui-même avec ce fournisseur. Bruce McGill, lui avait dit Wilson, le directeur de la filature, désirait vivement vendre de la laine en Angleterre. Le carnet de commandes était si bien rempli que les stocks de laine allaient s'épuiser plus tôt que prévu si on ne les reconstituait pas. Dans tous les cas, ce Bruce McGill était, disait-on, l'un des hommes les plus riches d'Australie. Il serait toujours bon de faire sa connaissance...

C'est donc le cœur léger et en sifflotant un air guilleret que Gerald Fairley vit se profiler les toits de la filature. Il fit joyeusement claquer son fouet pour demander l'ouverture de la grille et rit de plaisir en voyant le concierge se précipiter, chapeau bas, tandis qu'il passait sans lui accorder un regard.

Etre bon avec les ouvriers...! Son père était-il assez fou et assez criminel pour donner dans ces idées à la mode? Gerald, lui, savait comment traiter les ouvriers : les payer le moins possible, les maintenir dans la servitude, pour qu'ils n'aient pas même la force de songer à se révolter. Voilà quelle était la seule méthode. Bientôt, il pourrait faire ses preuves. Bientôt...

11

Le petit salon d'Adèle Fairley, au premier étage de Fairley Hall, contenait quelques beaux meubles. Mais ce n'était pas une belle pièce. Il s'en dégageait une atmosphère de tristesse, de vide même, en dépit de l'accumulation des bibelots. Ils étaient perdus dans cette vaste pièce carrée, au plafond trop haut et surchargé de moulures et de corniches. Les grandes fenêtres donnaient une impression de froid, que la cheminée en faux style gothique n'arrivait pas à réchauffer. Les murs étaient tendus de damas bleu, couleur froide entre toutes. Les meubles étaient tapissés de soie et de velours bleus. Le tapis lui-même était bleu. Dans ce cadre polaire, les cristaux du grand lustre, les miroirs et les appliques scintillaient comme des glaçons. Malgré la température de serre, on avait envie de frissonner.

Partout, sur les meubles en acajou massif, sur des guéridons, des tablettes ou des étagères, on découvrait une incroyable quantité de bibelots et d'objets d'art, d'un goût douteux pour la plupart même s'ils étaient à la mode du jour. On aurait dit que leur propriétaire avait ainsi voulu s'entourer de présences matérielles, à défaut de compagnie. Mais rien n'y faisait et si les visiteurs occasionnels s'y sentaient mal à l'aise, Adèle elle-même se trouvait comme perdue au cœur de possessions qu'elle ne remarquait d'ailleurs même plus.

Ce matin-là, debout sur le seuil de la porte de communication avec sa chambre, elle semblait hésiter, craintive, et rajustait d'un geste frileux les plis de sa légère robe de chambre avant de s'y aventurer. Ses grands yeux aux reflets argentés trahissaient l'appréhension, sautaient nerveusement d'un coin à l'autre du salon pour s'assurer que nul domestique ne se tenait dans quelque coin pour épousseter, que personne ne risquait de troubler l'intimité de la maîtresse des lieux.

Adèle Fairley était grande et la taille bien prise. Mais ses mouvements, pleins d'une grâce naturelle, étaient si mesurés qu'ils donnaient le plus souvent l'impression d'être trop lents, comme fantomatiques. Ses longs cheveux blonds tombaient en désordre sur son visage, d'où elle écartait parfois une mèche, et cascadaient en boucles sur son dos. Elle entreprit la traversée de la pièce comme au ralenti, s'arrêta devant une fenêtre d'où elle contempla la vallée d'un regard éteint, tout entier tourné vers l'intérieur. Car Adèle Fairley s'était en effet retranchée du monde au point de ne presque plus s'apercevoir de sa présence ni s'intéresser à ce qui ne la touchait pas directement.

Un rayon de soleil franchit le sommet des collines et vint un instant éclairer son visage. A trente-sept ans, elle possédait une beauté saisissante, pleine de pureté juvénile. Mais l'on se rendait compte, à l'examen, que c'était une beauté froide, figée, celle d'une statue de marbre préservée des atteintes du temps dans une vitrine. Une beauté qui n'avait jamais été réchauffée par l'amour, marquée par la peine, humanisée par la compassion.

Sans raison apparente, elle s'arracha soudain à sa contemplation et finit de traverser le salon d'un pas plus vif pour s'arrêter devant une vitrine abritant divers objets, souvenirs de ses voyages avec Adam. Naguère encore, elle en était fière et passait de longues heures à les admirer en évoquant les lieux où elle avait été heureuse. Depuis plusieurs années, elle ne leur accordait plus un regard.

Elle jeta un dernier coup d'œil craintif par-dessus son épaule et tira de son corsage une petite clef. Tandis qu'elle ouvrait la porte de la vitrine, son expression vide de tout sentiment s'anima ou, plutôt, s'enlaidit d'une sorte de joie malsaine, comme si elle était sur le point de commettre une mauvaise action. Elle tendit alors la main et saisit, au fond d'une des étagères, un grand carafon en verre de Venise rouge foncé rehaussé de filets dorés qui jetèrent des éclats dans le soleil. D'une main tremblante, Adèle le déboucha et porta le goulot à ses lèvres. Elle se mit à boire à longs traits avides, avec une sûreté dans les gestes qui dénotait une longue habitude. Elle s'interrompit un instant, serrant le flacon contre sa poitrine comme une bouée à laquelle se raccroche le noyé. L'alcool commençait à se diffuser dans ses veines en la réchauffant, en calmant les angoisses qui la rongeaient désormais en permanence. Son visage reflétait le bien-être, la paix sans laquelle elle aurait été incapable d'affronter une nouvelle journée. Enhardie, elle se retourna pour regarder la pièce qui lui paraissait maintenant moins hostile.

Avec un sourire satisfait, elle porta de nouveau le flacon à ses lèvres. Mais elle ne sentit que quelques gouttes venir lui humecter le palais. Incrédule, sentant la colère et la panique la gagner, elle le secoua, le renversa. Il lui fallut bien se rendre à l'évidence : le carafon était vide.

Avait-elle donc tant bu, la veille au soir? Elle se contentait généralement d'une dose le matin, pour affronter la journée et, de plus en plus souvent, le soir aussi pour trouver le sommeil. Mais il lui fallait la sécurité de savoir l'alcool là, près d'elle, dans sa cachette, même si elle n'en usait pas. Comment survivre autrement? Qu'allait-elle devenir, sans le seul remède qui la soutenait?

Elle fit quelques pas en chancelant et se laissa tomber sur une chaise, le carafon vide toujours serré sur sa poitrine. Les yeux clos, elle se mit à gémir. Peu à peu, ses gémissements se firent plus forts pour former comme l'air d'une berceuse. Oscillant sur son siège, elle se mit à proférer des paroles décousues, cligna des yeux, se pencha sur l'objet qu'elle tenait dans ses bras.

« Mon bébé... Mon chéri... Mon Gerald... Est-ce plutôt toi, Edwin? Pourquoi m'a-t-on pris mon bébé? »

Ses yeux se remplirent de larmes et elle se mit à sangloter.

Elle resta ainsi prostrée, incohérente, pendant une heure. Alors, aussi soudainement qu'elle s'était laissée aller, Adèle Fairley se métamorphosa. Son regard vitreux s'éclaircit pour prendre une expression de calme lucide. Ses mouvements spasmodiques cessèrent. Elle se leva, en apparence parfaitement maîtresse d'elle-même, et alla regarder par la fenêtre.

Le ciel bleu s'était couvert de lourds nuages noirs et une pluie torrentielle commençait à tomber en crépitant furieusement contre les vitres. Les arbres pliaient sous les assauts du vent et griffaient le ciel de leurs branches dénudées. A l'horizon, on devinait la lande noire et immuable. Adèle frissonna. Jamais elle ne s'était acclimatée à ces paysages hostiles et inhumains, si différents de la douce verdure de son Sussex natal qu'on se serait cru sur une autre planète. Un instant, son vertige revint et la fit vaciller. Mais elle parvint à se ressaisir.

Elle avait froid. Dans la cheminée, les dernières braises jetaient quelques lueurs sans chaleur. En y allant pour tenter de les raminer, elle heurta du pied le carafon en verre de Venise qui avait glissé à terre et elle le regarda avec surprise. Que faisait-il donc là? Avec un froncement de sourcils, elle le ramassa, constata qu'il était intact. C'est alors que tout lui revint : tout à l'heure, elle avait voulu boire et c'était elle qui avait sorti le flacon de la vitrine. Quand cela s'était-il passé? Il y avait une heure, deux heures? Incapable de se souvenir, elle haussa les épaules. Avait-elle été sotte de se laisser ainsi aller au désespoir! Que craignait-elle? Elle était la maîtresse de cette maison. Il lui suffisait, quand elle le voudrait, de sonner Murgatroyd et de lui dire d'apporter une bouteille de whisky et une de brandy. Discrètement, bien sûr, pour qu'Adam ne soit pas au courant. Mais Murgatroyd savait être discret.

Un tintement de porcelaines dans le couloir la prévint que la femme de chambre arrivait avec le plateau du petit déjeuner. En hâte, Adèle remit le carafon dans la vitrine qu'elle referma à clef avec des gestes vifs et précis et courut vers la porte de sa chambre qu'elle tira silencieusement derrière elle. Hors d'haleine, elle s'appuya contre le chambranle, un sourire aux lèvres. Elle allait se choisir une robe du matin et, après avoir déjeuné, terminerait sa toilette. Ensuite, elle sonnerait Murgatroyd.

Tout en se dirigeant vers sa garde-robe, elle s'efforçait de prendre confiance en elle-même. C'était elle la maîtresse de Fairley Hall et personne d'autre. Il fallait qu'elle affirme son autorité, sans plus tergiverser. Bien sûr, elle avait été contente de voir sa sœur Olivia se charger de la conduite de la maison depuis le début de février. Mais cela avait assez duré.

« Je suis guérie, dit-elle à haute voix. C'est à moi de m'en occuper. A moi... »

D'ailleurs, cela ferait sûrement plaisir à Adam, ajouta-t-elle en son for intérieur.

Adam... Sa gorge se noua en pensant à son mari. Veut-il vraiment que je guérisse? Il la croyait folle, tandis qu'il chantait tout le temps les louanges de sa sœur.

Olivia... Tout le temps à la surveiller, ces deux-là, à l'épier comme si elle faisait tout mal. Oh! ils ne s'en doutaient pas car Adèle était habile, mais elle les surveillait, eux aussi. Plus d'une fois, elle les avait surpris à se chuchoter à l'oreille dans les coins. Ils complotaient contre elle, ils préparaient quelque chose. Au moins elle s'en était aperçu à temps et ils ne pourraient pas la prendre à l'improviste. Mais il ne fallait pas relâcher sa surveillance. Adam. Olivia. Elle en avait peur et elle les haïssait. C'étaient ses ennemis. Ils lui voulaient du mal.

A gestes frénétiques, Adèle fouillait dans sa garde-robe, jetait les robes par terre les unes après les autres. Elle ne trouvait pas ce qu'elle cherchait et commençait à paniquer. Il lui fallait une certaine robe, dotée de pouvoirs magiques. Sans elle, elle serait à la merci d'Adam et d'Olivia. Pourquoi ne la trouvait-elle pas? Ils la lui avaient volée! Olivia avait dû s'introduire ici, faire disparaître cette robe. Car elle savait que si Adèle la mettait elle redeviendrait automatiquement la maîtresse du château. Olivia voulait continuer à usurper sa place. Olivia, sa sœur, avait toujours été jalouse d'Adèle. Mais la robe, la robe, où était-elle, la robe?

Quand la garde-robe fut vide et les robes empilées sur le parquet en un fouillis indescriptible, Adèle baissa soudain les yeux et s'immobilisa. Stupéfaite, elle contempla l'amoncellement des soieries, des lainages et des satins, y reconnut une robe ou un tailleur. Que faisaient donc ses vêtements par terre? Qui avait ainsi eu l'audace de jeter en désordre ses belles robes du soir, ses tailleurs, ses peignoirs? Avait-elle cherché quelque chose elle-même? Mais quoi et pourquoi?

Elle haussa les épaules, enjamba lestement la pile des vêtements chiffonnés et alla se planter devant la grande psyché, entre les deux fenêtres. Distraitement, elle prit une mèche de cheveux entre deux doigts, la lissa, la laissa retomber. Puis elle en prit une autre, refit le même geste, recommença. Mécaniquement. Interminablement.

Son visage ne reflétait plus aucune émotion.

12

Emma entra dans le salon d'Adèle Fairley si vite qu'elle courait presque. Ses nouvelles bottines noires brillaient comme des miroirs. Sous sa longue robe bleue, le jupon blanc, tout neuf lui aussi, était si bien empesé qu'il craquetait dans le silence. Son tablier blanc bordé de dentelles, tout comme les manchettes qui lui ornaient les poignets, avait été acheté par Mme Wainright elle-même lors de l'un de ses passages à Leeds. Elle lui avait aussi donné un coupon de tissu bleu de la filature Fairley pour y tailler sa nouvelle robe. La joie d'Emma de se voir ainsi vêtue de neuf et parée des insignes de son nouveau rang n'avait été surpassée que par sa fierté devant le sourire approbateur d'Olivia Wainright en voyant son habileté à manier les ciseaux et à tirer l'aiguille.

Pour simple qu'elle fût, cette nouvelle garde-robe avait considérablement transformé Emma. Elle n'avait plus l'apparence famélique qui avait tant choqué Blackie O'Neill en ce froid matin de février où il l'avait vu apparaître dans le brouillard de la lande. La combinaison du blanc et du gros bleu, la netteté un peu sévère de son uniforme mettaient aussi en valeur la finesse de ses traits, la dignité de son maintien et la distinction qui émanait de sa personne. Plus significatif encore était le changement intervenu dans le comportement de la jeune fille depuis deux mois. Elle avait perdu l'appréhension irraisonnée qu'elle éprouvait jusqu'alors à se trouver à Fairley Hall en contact avec la famille Fairley. Pour la première fois, depuis deux ans qu'elle était à leur service, sa timidité craintive — d'abord exacerbée par sa promotion inattendue au rang de femme de chambre — avait fait place à une maîtrise de soi rigide jusqu'au compassé ce qui, chez toute autre qu'Emma aurait pu paraître ridicule. Chez elle, on trouvait naturel qu'elle fût au-dessus de son âge et de sa condition.

L'arrivée d'Olivia Wainright avait entraîné de profonds bouleversements dans la tenue de la maison. Sa simple présence à Fairley Hall, sa compétence évidente et sa prise en main énergique de la maison avaient transformé, en l'améliorant considérablement, l'atmosphère qui y régnait. On n'y respirait plus autant l'hostilité et l'intrigue. Olivia s'était tout naturellement interposée entre le despotique Murgatroyd et les autres serviteurs, particulièrement Emma. Dès ses premiers contacts avec la jeune fille, Olivia l'avait prise en sympathie et lui manifestait constamment de la bonté et de la considération. Certes, Emma n'avait pas vu se réduire sa charge de travail. Mais au moins l'accomplissait-elle désormais dans des conditions décentes. Si le majordome se permettait encore de lui prodiguer remontrances et sarcasmes, il n'avait pas une fois osé lever la main sur elle. Les menaces de la cuisinière n'auraient sans doute pas suffi à obtenir ce résultat. La présence d'Olivia Wainright, en revanche, constituait une dissuasion efficace.

Emma se sentait donc bénéficiaire des bienfaits d'Olivia et lui vouait une certaine gratitude. Mais ce n'était pas sans restrictions, car elle éprouvait encore à son égard des sentiments ambigus. Sa méfiance innée ne l'abandonnait pas complètement, bien qu'elle fût tentée d'admirer Mme Wainright presque malgré elle. Toujours aussi hostile à tout ce qui touchait à la classe des patrons, Emma s'impatientait de devoir réprimer les élans d'amitié qu'elle avait pour Olivia. Pourtant, en dépit de ces conflits internes, Emma ressentait une nouvelle fierté dans les humbles tâches qu'elle accomplissait. Elle ne vivait plus dans un constant état de rancune et de frustration et souriait de plus en plus fréquemment.

La maladie de Polly avait transformé la promotion temporaire d'Emma en une position permanente. Elle était maintenant femme de chambre attachée plus spécialement à Adèle Fairley, et celle-ci ne s'était jamais départie d'une gentillesse sincère envers sa jeune servante, ce qui touchait profondément Emma et lui faisait oublier les inconvénients de son service. Le peu de respect que manifestait Adèle pour les règles les mieux établies avait un autre avantage en donnant à Emma une certaine autonomie et un sens des responsabilités et de l'autorité qui, pour minimes qu'ils fussent, suffisaient à la soustraire à la surveillance tâtillonne et malveillante de Murgatroyd.

Si Emma admirait Olivia Wainright en dépit d'elle-même, elle ne pouvait s'empêcher d'éprouver de l'affection pour Adèle Fairley, malgré sa folie. En fait, elle la prenait en pitié. Son état faisait qu'Emma lui pardonnait bien des choses, y compris son insensibilité et son égoïsme, et qu'elle était de plus en plus tentée de la prendre sous sa protection. Adèle ne semblait pas remarquer le caractère autoritaire d'Emma et ne s'offusquait pas de ce que sa femme de chambre la traitât comme un grand enfant. Déchargée des soins de la vie quotidienne, elle se laissait faire. Emma lui était devenue indispensable, tout comme Murgatroyd qui lui fournissait ses provisions d'alcool.

Ainsi réconfortée par les deux sœurs, grâce à qui elle retrouvait sa dignité, Emma supportait les humiliations que lui infligeaient les autres membres de la famille. Blackie O'Neill avait déclenché en elle le désir forcené de réussir. Plus que jamais, Emma attendait le moment d'échapper à la servitude du château et à la médiocrité du village. Elle s'y préparait inlassablement, accumulait les bribes d'instruction glanées çà et là, l'expérience, les raisons d'espérer. Fairley Hall n'était plus une fatalité mais une simple étape dans sa vie. Le moment venu, elle était désormais certaine de pouvoir poursuivre son chemin et affronter le monde avant de le subjuguer. Car Emma avait établi un plan, qu'elle détaillait et complétait chaque jour. Un plan si secret qu'elle n'en avait soufflé mot à personne, pas même à Blackie qui revenait parfois la voir. Un plan si ambitieux et si concret à la fois qu'il nourrissait, par son caractère grandiose, les espoirs de la jeune fille, provoquait chez elle les sourires joyeux qui illuminaient son visage grave et lui donnait une raison de vivre. Un jour, elle serait riche. Elle le savait. Ce n'était déjà plus un rêve.

C'est dans cet état d'esprit, qui ne la quittait plus guère désormais, qu'elle pénétra dans le salon d'Adèle Fairley ce matin-là, élégante dans son uniforme flambant neuf, le visage rayonnant d'espérance et d'énergie et offrant un spectacle bien différent de celui qui avait attiré la pitié du jeune Irlandais deux mois auparavant. Son irruption dans la pièce lugubre et renfermée fut comme une bouffée de printemps qui balaie les miasmes d'une chambre de malade. Tandis qu'elle se frayait un chemin entre une console et un guéridon surchargés de bibelots, de statuettes et autres brimborions inutiles, elle hocha la tête avec un agacement amusé. Tous ces nids à poussière ! Mieux vaudrait flanquer tout cela au panier... Car Emma, si elle ne reculait pas devant le travail, détestait épousseter et ce salon lui était un cauchemar.

Sa maîtresse n'était pas assise dans sa bergère favorite, près de la cheminée. Emma sentait pourtant les effluves de son parfum qui flottaient encore dans l'air. Elle s'était vite accoutumée aux persistantes fragrances florales dont s'enveloppait partout la présence d'Adèle Fairley et y avait pris goût. Sortie de sa cuisine, elle s'était découvert une véritable passion pour les parfums entêtants, le contact des lingeries fines et des soieries délicates, le scintillement des pierres précieuses. Quand, à son tour, elle serait une grande dame, comme Blackie le lui avait prédit, elle pourrait elle aussi s'acheter tous ces symboles du luxe. Des parfums, surtout. Celui de Mme Fairley venait tout droit de Londres, d'une boutique chère dont Emma avait vu les ravissantes étiquettes et où sa maîtresse se fournissait de savons de toilette odoriférants, de crèmes de beauté aux usages mystérieux ou encore de ces sachets de lavande qui, glissés dans les tiroirs des commodes, embaumaient merveilleusement le linge... Oui, Emma aurait tout cela plus tard. Il ne fallait plus qu'un peu de patience.

Pour le moment, il y avait trop à faire pour se laisser aller à ces fantaisies.

Elle déposa son plateau sur une petite table en face de la bergère, vérifia si tout y était bien en ordre, tapota les coussins. Satisfaite, elle s'attaqua alors au feu, en train de mourir. Agenouillée devant la cheminée, elle le garnit de petit bois et mania énergiquement le soufflet. Si elle n'avait pas pris tout ce retard à la cuisine, pensa-t-elle avec irritation, elle n'aurait pas eu besoin de faire ainsi repartir le feu. Chaque minute comptait, car le moindre retard risquait de compromettre son emploi du temps de toute une journée, ce précieux horaire qu'elle avait eu tant de mal à faire accepter et sans lequel elle serait désespérément débordée de travail. Pour elle, c'était plus important que la Bible car le respect scrupuleux de son horaire avait transformé son existence en lui permettant de ne plus vivre dans un enfer.

Quand Polly était tombée malade, deux mois auparavant, Emma avait bien dû accepter de faire le travail de la femme de chambre en plus du sien. Energique, dure au travail, trop fière pour s'avouer vaincue, elle avait ainsi passé plusieurs jours dans une véritable frénésie à courir d'un bout à l'autre du château, soutenue par l'espoir que Polly serait bientôt guérie et que son épreuve prendrait fin. Mais la maladie de Polly se prolongeait, ce qui faisait reposer sur Emma seule la totalité des travaux domestiques. Bientôt, en dépit de son courage, elle se sentit sur le point de succomber.

Debout avant l'aube pour prendre son service à six heures, elle n'avait même plus le temps de s'arrêter pour manger au milieu de la journée. Le soir, elle était trop épuisée pour avaler son souper et n'avait que la force de grimper jusqu'à sa mansarde sous le toit. Là, tremblante et les nerfs à bout, elle se laissait tomber sur son petit lit dur et sombrait dans un sommeil comateux dont elle sortait le lendemain matin encore plus lasse que la veille. Le dos et les épaules endoloris, les yeux rouges, les membres lourds, elle se levait dans un état de semi-conscience pour se débarbouiller en grelottant dans l'eau glacée de sa cuvette.

Passé les premiers jours d'affolement, elle tenta de réfléchir à sa situation : comme une somnambule, elle courait sans répit à travers l'immense mausolée qu'était Fairley Hall, grimpait et descendait les escaliers, enfilait d'interminables corridors, traversait comme un tourbillon les salons lugubres, les pièces plongées dans la pénombre, toujours à balayer, à épousseter, à cirer, à astiquer, à allumer des feux avant d'en vider les cendres, à faire des lits, à repasser du linge, à frotter les cuivres et l'argenterie et, au milieu de tout cela, à s'occuper d'Adèle Fairley comme d'une enfant ou d'une invalide en essayant de satisfaire ses caprices et ses exigences. C'en était trop, beaucoup trop ! Combien de temps résisterait-elle ? Elle pensait avec terreur au moment inéluctable où elle s'écroulerait, ce qu'elle ne pouvait absolument pas se permettre. Son salaire était trop précieux, indispensable à la maison. Elle n'osait pas non plus se plaindre, de peur des représailles de Murgatroyd ou, pis encore, de se faire renvoyer.

Au bout d'une semaine de ce labeur épuisant, Emma était un matin en train de balayer le tapis du grand salon. Elle courait d'un bout à l'autre de la pièce, maniant le balai mécanique avec une rage concentrée, quand elle s'immobilisa au beau milieu d'un bouquet de roses. Une pensée venait soudainement de lui traverser l'esprit et, pour mieux la faire mûrir, il lui fallait quelques instants de réflexion. Appuyée sur le manche de son instrument, elle s'y absorba si bien qu'on aurait dit une statue de la concentration mentale. Immobile, les sourcils froncés, elle resta longtemps ainsi jusqu'à ce qu'un sourire lui illuminât le visage.

Il lui avait suffi de faire fonctionner avec application son esprit pratique et son intelligence pour qu'elle se rendît compte d'une chose qui, toute simple qu'elle fût, lui avait jusqu'à présent échappé. Si l'entretien du château était si ardu et si épuisant, c'était simplement parce qu'il était non seulement mal organisé mais encore totalement chaotique. Murgatroyd en était responsable au premier chef, car c'était lui qui distribuait les tâches à accomplir au petit bonheur. Ainsi, il fallait répéter journellement de menus travaux sans importance réelle mais longs et fastidieux tandis que les choses importantes telles que le repassage ou le nettoyage de l'argenterie se trouvaient presque toujours bloquées en fin de semaine faute d'avoir été prévues. Manifestement, il était impossible à une seule personne de tout mener à bien et d'assurer en même temps le train-train quotidien du service. C'est la solution de ce problème insoluble qui venait d'apparaître à Emma, une solution si simple qu'elle s'étonnait que personne avant elle n'y ait songé. Cette solution tenait en un mot : organisation. Il suffisait de prévoir et d'organiser intelligemment le travail pour qu'il soit exécuté plus efficacement et avec moitié moins de mal. Plus elle y pensait, plus cela lui paraissait l'évidence même.

Pragmatique, Emma commença donc à étudier la nature de ses occupations et à mesurer le temps dévolu à chacune. Elle transcrivait le résultat de ses observations sur de petits bouts de papier récupérés dans la corbeille de la bibliothèque. Parallèlement, elle fit une liste récapitulative des travaux journaliers et des tâches périodiques. Plusieurs nuits d'affilée, en dépit de son épuisement, elle se força à prendre sur son sommeil pour maîtriser ce problème. Peu à peu, son emploi du temps prit forme, se précisa et se perfectionna. Elle répartit les gros travaux tout au long de la semaine, de telle sorte qu'ils pussent être exécutés dans la journée sans pour autant compromettre les tâches quotidiennes. Se fondant sur ses observations, elle attribua des temps moyens d'exécution, rognant çà et là ou, au contraire, allongeant un peu la durée d'un travail jusque-là bâclé alors qu'il méritait plus de soin. Au bout d'une semaine, elle recopia son horaire sur une feuille presque vierge et, toute fière de son initiative, alla la montrer à la cuisinière pour lui prouver que cet horaire permettait d'accomplir le travail de manière plus efficace et à la satisfaction générale. Avec un sourire confiant, elle attendit ses réactions.

A sa stupeur, la bonne Mme Turner piqua une crise comme on n'en avait encore jamais vue. En termes bien sentis, elle prédit les pires catastrophes et mit en garde la jeune inconsciente contre les conséquences redoutables de l'effroyable colère qui n'allait pas manquer de saisir Murgatroyd à la vue d'une telle audace. En observant la cuisinière, Emma comprit alors l'ampleur de la révolution qu'elle proposait et eut un moment de panique.

Mais Mme Turner avait compté sans l'entêtement de sa jeune protégée. Emma fit taire ses alarmes et décida que rien ne pourrait la détourner de sa tentative pour apporter un peu d'ordre dans le chaos où elle vivait. Si la cuisinière la désapprouvait, c'est qu'elle avait tort et qu'elle était aveuglée par la pusillanimité et la routine. Pour qu'Emma parvînt à son but, il fallait donc se passer de l'avis des autres et s'adresser directement au-dessus de Murgatroyd pour circonvenir son mauvais vouloir.

« Je vais monter voir Mme Wainright, déclara-t-elle d'un ton résolu. Depuis qu'elle est ici, elle a déjà retiré à Murgatroyd le soin de faire les menus. Vous verrez qu'elle va bientôt s'occuper du reste. Il serait d'ailleurs grand temps ! » conclut-elle d'un ton de défi.

Muette d'horreur, Mme Turner la regarda gravir l'escalier. Emma avait presque disparu quand la cuisinière la rappela, la voix étranglée autant par la crainte que par l'indignation :

« Tu ne seras pas plus avancée d'aller trouver Mme Wainright, petite effrontée ! Tu sais ce qu'on risque à vouloir faire les malins et sortir de sa condition. Le renvoi, voilà ce qui te pend au nez ! C'est moi qui te le dis ! Ecoute la raison... »

Mais Emma n'écoutait déjà plus rien et Mme Turner n'eut pour toute réponse que le claquement de la porte. Bouleversée, invoquant le Bon Dieu et tous les saints, elle s'affala sur une chaise et se prépara au pire.

Depuis l'arrivée d'Olivia Wainright au château,

Emma ne lui avait pas deux fois adressé la parole. Son cœur battait donc à grands coups tandis qu'elle frappait à la porte de la bibliothèque et elle dut faire un effort pour ne pas tourner les talons et s'enfuir. Mais la belle-sœur du maître avait déjà répondu et Emma se glissa dans la pièce, les poings serrés le long de sa robe.

Olivia était assise au bureau d'Adam et examinait à sa demande les comptes de la maison, tenus jusque-là par Murgatroyd et qu'elle avait trouvés dans le plus grand désordre. Emma la contempla avec une admiration mêlée d'effroi. Elle fit quelques pas en avant et s'immobilisa devant le bureau, ne sachant plus comment engager la conversation.

Olivia la mit à l'aise avec un sourire plein de bienveillance :

« Qu'y a-t-il, ma petite ? Vous voulez me parler ? »

Emma se sentit fondre à la voix mélodieuse d'Olivia. Elle releva la tête, toujours rougissante.

« Euh... Oui, Madame.
— Comment vous appelez-vous ?
— Emma, Madame.
— Eh bien, je vous écoute, Emma. Si vous ne parlez pas, je ne saurai jamais ce que vous vouliez me dire, n'est-ce pas ? »

Emma hocha la tête, hésita encore et se jeta à l'eau. D'une voix faible, d'abord presque inaudible, puis reprenant peu à peu de l'assurance en s'animant, elle relata les difficultés qu'elle rencontrait dans l'accomplissement de ses tâches domestiques, exposa son point de vue sur le manque d'organisation qui y présidait et en donna quelques exemples significatifs. Olivia l'écoutait avec un sourire encourageant. Mais, à mesure que se dévidait l'énumération de ces choquantes absurdités, son regard attentif se rembrunissait et elle se sentait saisie d'indignation. Comment une maison comme celle de son beau-frère pouvait-elle être ainsi laissée quasiment à l'abandon entre des mains aussi incompétentes ? Si vraiment les choses étaient telles qu'elle l'entendait, il y avait de quoi être scandalisé !

Quand Emma cessa de parler, Olivia l'examina avec une attention soutenue. Elle avait été vivement impressionnée par la voix douce et posée de la jeune fille, la clarté et la concision de son exposé. En dépit du vocabulaire limité dont elle disposait et des traces évidentes d'accent du terroir qui émaillaient son discours, Emma avait su dépeindre les conditions de vie au château d'une manière si vivante et si frappante qu'Olivia en resta choquée. Il était évident que la jeune fille avait parlé avec véracité, sans rien exagérer, ni rien ajouter au tableau.

« Ainsi, Emma, vous êtes seule en ce moment à assurer le service dans la maison ? demanda-t-elle avec une pointe d'incrédulité.

— Pas vraiment, Madame ! se hâta de répondre Emma. Il y a une fille du village qui vient deux fois par semaine pour aider à la cuisine. Et puis il y a Polly. C'est elle la femme de chambre, mais elle est malade.

— Et depuis qu'elle est malade, vous faites tout son travail en plus du vôtre ? C'est vous qui faites le ménage dans toute la maison et qui vous occupez de Mme Fairley, si je comprends bien ?

Emma rougit et baissa les yeux :

« Euh... oui, Madame. »

Olivia Wainright ne répondit pas tout de suite tant elle en était stupéfaite. Accoutumée à mener rondement sa maison de Londres, sa propriété à la campagne et ses autres affaires, elle avait du mal à admettre l'incroyable état de choses qu'elle découvrait à Fairley Hall. La fortune d'Adam Fairley lui permettait pourtant d'avoir un train de maison bien différent et son tempérament, naturellement bon et juste, aurait dû lui interdire de laisser perpétrer de pareilles injustices sous son propre toit !

« C'est insensé... inexcusable ! » dit-elle à voix basse.

Emma se méprit à ces interjections et crut que la colère qui perçait dans la voix d'Olivia Wainright lui était destinée. Soudain inquiète de sa témérité, elle se hâta de dire :

« Je n'essaie pas de ne pas faire mon travail, Madame. Ce n'est pas le travail qui me fait peur. Ce que je voulais simplement vous dire c'est que Murgatroyd, à mon avis, pourrait mieux l'organiser...

— C'est le moins qu'on puisse dire, en effet ! »

Olivia avait de nouveau posé sur elle son regard scrutateur. Enhardie par la douceur et l'intérêt qui transparaissaient dans ses yeux bleus, Emma reprit la parole et tira de sa poche une feuille de papier chiffonnée qu'elle tendit en rougissant :

« Si Madame voulait bien jeter un coup d'œil là-dessus, c'est un emploi du temps que j'ai fait... Comme cela, je crois que j'arriverais à faire mon travail bien plus facilement, de la manière dont je l'ai étudié... »

Emma s'interrompit en voyant qu'Olivia regardait ses mains rougies et crevassées. Elle posa précipitamment le papier sur le bureau et cacha ses mains derrière son dos. Olivia observa le visage grave et pâle de la jeune fille, cilla à la vue des cernes noirs qui entouraient ses yeux rougis de fatigue et de manque de sommeil, réprima une grimace de pitié en voyant les petites épaules voûtées par le surmenage et sentit son cœur ému de compassion. Elle en eut honte pour Adam Fairley, tout en sachant qu'il était bien trop perdu dans ses problèmes pour se douter même de ce qui se passait chez lui. Avec un soupir, elle baissa les yeux vers la feuille de papier et l'étudia avec attention. Il ne lui fallut pas longtemps pour en être favorablement impressionnée. Son premier sentiment était largement confirmé : cette fille avait une intelligence au-dessus de la moyenne et faisait preuve d'un esprit pratique et d'un sens de l'organisation dignes des plus grands éloges. Olivia elle-même, malgré son expérience, n'aurait pas mieux mis au point l'horaire conçu par Emma.

« C'est parfaitement clair, Emma, et je vous en félicite. Vous avez dû y consacrer beaucoup de temps, j'imagine. »

Emma rougit à nouveau, mais ce n'était plus de honte :

« Madame veut dire que... que ma manière est meilleure ?

— Absolument, répondit Olivia avec un sourire. En fait, je vais immédiatement faire appliquer l'emploi du temps que vous avez préparé. Je l'approuve sans réserves et je pense que Murgatroyd lui-même ne pourra pas rester aveugle à ses avantages. Je vais lui en parler moi-même, ajouta-t-elle en voyant la lueur d'inquiétude qui avait traversé les yeux d'Emma. Je vais également lui dire d'engager immédiatement une jeune fille du village afin de vous aider pour les gros travaux. Malgré la perfection de votre horaire, il y a quand même beaucoup trop de travail pour vous seule. »

Emma eut un sourire épanoui et s'inclina en une révérence.

« Merci, Madame. Merci beaucoup.

— Vous pouvez aller, Emma. Et dites à Murgatroyd que je désire le voir immédiatement, je vous prie, ajouta Olivia avec froideur.

— Oui, Madame... Excusez-moi, mais...

— Oui, Emma ?

— Est-ce que Madame pourrait me rendre mon emploi du temps, pour que je sache ce que je dois faire ? »

Olivia réprima un sourire :

« Bien sûr... Au fait, Emma, est-ce là le seul uniforme que vous ayez ? »

Emma rougit et baissa les yeux.

« Oui, Madame. J'en ai un autre en coton, pour l'été.

— C'est insensé ! soupira Olivia. Nous allons nous en occuper sans tarder. J'irai moi-même à Leeds cette semaine et je vous achèterai le nécessaire. Vous n'avez pas assez d'un seul uniforme par saison, il vous en faut au moins deux ou trois.

— Oh ! merci, Madame ! s'écria Emma. Je demande pardon à Madame, ajouta-t-elle en hésitant, mais... je pourrais peut-être les faire moi-même, si Madame voulait bien acheter simplement le tissu. Ma mère m'a appris à coudre et il paraît que je suis une très bonne couturière...

— Vraiment ? C'est merveilleux ! répondit Olivia en souriant. Je ferai demander des coupons de la filature. Je suis très contente que vous soyez venue me voir, Emma. Tant que je suis ici, il ne faut jamais hésiter à venir me parler des problèmes qui pourraient se présenter. J'y compte, n'est-ce pas ? »

Emma remercia encore, fit une dernière révérence et sortit de la bibliothèque en tenant son papier chiffonné plus précieusement que les joyaux de la couronne. Elle était trop prise par sa joie pour avoir remarqué le regard plein à la fois de compassion et d'admiration d'Olivia Wainright. Et elle ne pouvait pas savoir que sa démarche venait de déclencher une succession d'événements qui allaient transformer la vie des habitants de Fairley Hall.

Comme l'on pouvait s'y attendre, l'initiative hardie prise par Emma ne provoqua aucune orage à la cuisine. Murgatroyd était bien trop occupé à maintenir sa position dans la maison pour oser discuter les instructions de Mme Wainright, dont il avait jaugé l'autorité et que la confiance absolue du maître avait investie des pouvoirs de maîtresse de maison. Il avait pris le parti d'ignorer totalement l'existence d'Emma qui vaquait tranquillement à ses occupations. Quant à la cuisinière, une fois oubliées ses alarmes et ses objections, elle s'amusait franchement de l'application mise par Emma à suivre son horaire.

« Ma parole, si on m'avait dit que je verrais ça dans ma vie, je n'y aurais pas cru ! s'exclamait-elle parfois en se tapant sur les cuisses. Les horaires, je croyais que c'était bon pour les chemins de fer ! On te voit courir de droite à gauche comme une vraie locomotive ! »

Emma ne se donnait même pas la peine d'expliquer à la bonne Mme Turner les raisons qui la poussaient à agir ainsi. Comment la cuisinière aurait-elle compris l'importance que la jeune fille attachait désormais à chaque minute de la journée ? Comment expliquer que ce fameux horaire représentait pour Emma une sorte de protection ? Grâce à lui, en effet, elle était enfin capable d'accomplir ses tâches avec le minimum de fatigue. Elle pouvait enfin se réserver chaque jour un peu de temps, un peu de forces pour elle-même. Ce temps et ces forces, si soigneusement économisés, elle en faisait bon usage, le meilleur usage qu'elle sache. Plusieurs après-midi par semaine et presque tous les soirs, elle s'enfermait dans sa mansarde pour y faire de la couture, retoucher ou réparer les robes de Mme Fairley et de Mme Wainright. Ces travaux lui étaient payés à part et Emma rangeait précieusement ses gains dans de vieilles boîtes de tabac qui commençaient à se remplir de shillings et de pièces de six pence. Rien ni personne n'aurait dorénavant pu l'empêcher d'arrondir son petit trésor. Les veilles n'étaient jamais trop longues, la flamme des bougies trop faible ou trop vacillante. Car cet argent allait servir à financer les grands projets d'Emma, le Plan avec un grand P où elle avait investi tout son courage et tout son espoir.

Si la cuisinière, trop terre à terre, était incapable de comprendre ce que l'inlassable labeur d'Emma dénotait de force de caractère et d'ambition, la jeune fille à vrai dire n'en était guère plus consciente elle-même. L'avenir doré qu'elle se promettait était encore bien lointain à ses yeux et quelque peu irréel. Le passé récent était oublié. Seul comptait le présent et ce présent, il fallait en convenir, était presque riant. Sa condition s'était sensiblement améliorée. Son horaire lui simplifiait la vie et allégeait sa tâche. Mme Wainright avait tenu toutes ses promesses, en engageant notamment une fille du village, Annie Stead, sur qui Emma exerçait parfois lourdement sa toute nouvelle autorité en la formant aux fonctions de bonne à tout faire. Tout tournait donc rond, si rond que c'en était un miracle. Mieux encore, Mme Wainright avait augmenté les gages d'Emma qui gagnait désormais cinq shillings par semaine, un véritable trésor pour le budget de sa famille. Emma priait avec ferveur pour que tout continuât ainsi.

C'est pourquoi, agenouillée devant le feu d'Adèle Fairley qu'elle s'efforçait de faire reprendre, Emma s'impatientait de son retard, car toute entorse au sacro-saint emploi du temps prenait dans son esprit les proportions d'une catastrophe. Les flammes jaillirent enfin et Emma se redressa en ayant bien soin de lisser son tablier, de rajuster ses manchettes et de redresser son bonnet. Depuis que Blackie lui avait dit n'avoir jamais vu plus jolie fille qu'elle dans tout le comté du Yorkshire, elle faisait grande attention à son apparence, sans que cela fût encore de la coquetterie. Mais c'était une raison de plus de se sentir fière d'elle-même.

L'orage avait cessé mais les nuages bas assombrissaient la pièce et Emma alla relever les lampes pour dissiper l'atmosphère de tristesse. Elle s'arrêta un instant devant la cheminée, ornée de deux beaux candélabres en argent encadrant un cartel et contempla son œuvre avec satisfaction. C'était elle, en effet, qui s'était enhardie au point de réarranger le bric-à-brac qui encombrait la pièce. Sans aller jusqu'à oser faire disparaître la plus grande partie des bibelots laids ou inutiles qui encombraient les meubles, elle avait disposé les plus belles pièces pour les mettre en valeur et avait relégué les autres dans les coins obscurs. Personne n'y avait fait attention et nul, par conséquent, n'avait pu la complimenter sur la sûreté du goût dont elle avait fait preuve. Mais Emma se contentait d'admirer sa réussite. La cheminée lui plaisait tout particulièrement dans sa sobriété.

Un léger froissement lui fit tourner la tête : Adèle Fairley venait d'apparaître sur le seuil de sa porte.

« Bonjour, Madame », dit Emma en faisant une révérence.

Adèle hocha la tête avec un pâle sourire. Elle chancelait, comme en proie à un malaise, et devait se retenir au chambranle de la porte. Emma courut jusqu'à elle et lui prit le bras avec sollicitude :

« Madame ne se sent pas bien ? demanda-t-elle.

— Ce n'est rien, un simple étourdissement. J'ai bien mal dormi, cette nuit. »

Emma examina sa maîtresse. Adèle était plus pâle que d'habitude. Ses cheveux, toujours bien coiffés, tombaient en mèches éparses et elle avait les yeux rouges et gonflés. Emma la poussa doucement mais fermement vers son fauteuil.

« Venez vous asseoir près du feu, Madame. Un peu de thé bien chaud vous remettra. »

Adèle la suivit docilement. Elle s'appuyait sur l'épaule d'Emma pour ne pas trébucher. Sa robe de chambre dégrafée traînait derrière elle et elle était enveloppée d'un véritable nuage de parfum qui semblait flotter autour d'elle comme un banc de brouillard.

Emma la fit asseoir dans la bergère et s'affaira pour servir le déjeuner. Adèle regardait la nourriture d'un air absent et semblait ne pas s'apercevoir de la présence de la jeune fille à ses côtés. Sur un appel plus insistant d'Emma, elle leva vers elle un regard las :

« Merci, Polly, je ne veux rien... »

Elle fronça les sourcils, parut faire un effort pour concentrer sa vision, vit enfin Emma et eut alors une expression de surprise totale.

« Comment, c'est vous, Emma ? Ah ! oui, bien sûr, j'oubliais. Polly est malade en ce moment. Va-t-elle mieux ? Quand reprend-elle son service ? »

Emma fit involontairement un pas en arrière, les yeux écarquillés. Elle avait soulevé la cloche d'argent du plat qui contenait les œufs brouillés, et, dans son désarroi, la laissa retomber avec fracas sur le plateau.

« Madame... Madame a donc oublié ? dit-elle d'une voix tremblante. Polly... Polly... »

Elle dut s'interrompre pour avaler sa salive.

« Polly est morte, Madame, reprit-elle dans un murmure. Elle est morte la semaine dernière. On l'a enterrée jeudi. »

Adèle Fairley contempla un instant Emma avec un air d'incompréhension totale. Finalement, elle se passa une main sur le front et ferma les yeux. Quand elle les rouvrit, elle fit un effort pour regarder la jeune fille en face.

« Oui, c'est vrai, je me souviens, maintenant. Je vous demande pardon, Emma. Encore la migraine, vous savez... Elle m'épuise et me fait perdre la mémoire, c'est horrible... Pauvre Polly, comment ai-je pu oublier ? Elle était si jeune. Quel malheur... »

Sa lucidité fut de courte durée. Déjà, Adèle s'était tournée vers le feu. L'air plus lointain que jamais, elle paraissait absorbée dans sa contemplation.

Emma avait pris l'habitude des surprenants trous de mémoire de sa maîtresse. Mais celui-ci l'avait particulièrement choquée. C'était impardonnable ! Comment avait-elle pu oublier Polly ? Polly qui, pendant cinq ans, avait été avec elle tous les jours, avait travaillé sans se plaindre pour satisfaire ses moindres caprices. La folie ou la maladie ont bon dos ! se dit-elle avec indignation. D'ailleurs, elle n'est pas plus folle que moi. Une égoïste au cœur sec, voilà ce qu'elle est. Comme tous les gens riches, elle se moque bien de ce qui nous arrive, à nous autres ! Si je mourais demain, elle n'y penserait déjà plus une heure après.

Emma se ressaisit rapidement. A quoi bon perdre mon temps et mon énergie à épiloguer sur le caractère des maîtres ? Mieux vaut me faire du souci pour mes parents et pour Frank, qui se remet mal de sa coqueluche. Quand même, oublier Polly ! Malgré elle, Emma revit le visage pathétique de la jeune fille, à peine plus âgée qu'elle, ses grands yeux noirs brillants de fièvre dans son visage amaigri... En un instant, tous les sentiments de pitié qu'elle avait éprouvés pour Adèle Fairley étaient balayés.

« Madame devrait manger pendant que c'est chaud », dit-elle d'une voix atone.

Adèle leva sur elle son regard noyé, lui fit un de ses sourires désarmants comme si la conversation qui venait de se passer n'avait pas eu lieu. Elle avait l'air de nouveau paisible et lucide et regarda son plateau comme si elle le voyait pour la première fois.

« Vous avez raison, Emma, merci. J'ai faim, ce matin. Vous prenez si bien soin de moi que je m'en voudrais de ne pas goûter à ce que vous m'avez apporté. Au fait, poursuivit-elle en buvant une gorgée de thé, comment va votre mère ? Sa santé se rétablit, j'espère ? »

La transformation d'Adèle était si subite et si imprévisible qu'Emma en resta une nouvelle fois bouche bée.

« Oui, Madame, elle va un peu mieux, je vous remercie, répondit-elle enfin. Avec le retour du beau temps, elle devrait bientôt se rétablir. »

Adèle hocha la tête et parut se concentrer sur une réponse à faire. Puis, avec la soudaineté d'un rideau qui retombe, son regard se voila de nouveau et elle se mit à manger distraitement ses œufs brouillés.

Déconcertée, Emma plongea une main dans sa poche pour en extraire le menu du dîner, que lui avait donné la cuisinière. Adèle avait depuis longtemps abandonné ses responsabilités domestiques entre les mains de Murgatroyd d'abord, puis de sa sœur Olivia Wainright. Mais Mme Turner persistait à soumettre les menus à son approbation. Car elle avait pris son service à Fairley Hall au moment du mariage d'Adam et proclamait bien haut que, quoi qu'il arrivât, c'était Adèle et elle seule qui restait pour elle la maîtresse. Il ne venait jamais à l'esprit de la fidèle Mme Turner que sa maîtresse ne se donnait jamais la peine de jeter les yeux sur ses menus et que sa déférence inutile passait totalement inaperçue.

« Si Madame veut bien regarder le menu du dîner », dit Emma.

Adèle leva les yeux et fit un geste de la main comme pour chasser une mouche importune.

« Je n'ai vraiment pas la tête à cela ce matin, Emma. Vous savez d'ailleurs très bien que je fais totalement confiance à Mme Hardcastle pour s'occuper de tous ces détails. »

Cette fois, Emma fut sérieusement choquée. Elle pâlit et dévisagea Adèle Fairley d'un air troublé. Serait-elle donc vraiment folle ? Ce matin, elle était pire que d'habitude...

Emma avait maintes fois entendu dire que sa maîtresse avait l'esprit dérangé. Mais elle n'avait jamais voulu y croire et faisait passer les absences et l'étrange comportement d'Adèle sur le compte de ses caprices ou de sa distraction. Cette fois, pourtant, le doute s'insinua sérieusement dans son esprit. D'abord, Polly. Et maintenant, Mme Hardcastle. Elle devait pourtant savoir que la gouvernante avait été congédiée six semaines auparavant...

Emma hésita, ne sachant plus que dire. Allait-elle gravement offenser sa maîtresse en lui reprochant une fois de plus d'oublier des choses importantes ?

« J'ai dû oublier de dire à Madame que Mme Hardcastle était partie. Cela s'est passé au moment où Madame était malade. C'est Mme Wainright qui l'a mise à la porte. Elle lui a dit qu'elle prenait trop de vacances alors que tout le monde travaillait. C'était bien vrai, d'ailleurs... »

Adèle baissa la tête et feignit de contempler le plateau du petit déjeuner. Bien sûr, elle l'avait encore oublié ! Olivia avait renvoyé Mme Hardcastle. La scène s'était passée ici même et elle avait tout entendu par sa porte ouverte. Oh ! bien sûr, elle avait été furieuse de voir sa sœur s'arroger ainsi ses prérogatives à elle, mais elle n'avait pas été capable de la contrer. D'abord, parce qu'elle était malade à ce moment-là. Et surtout parce qu'Adam prenait systématiquement le parti d'Olivia et qu'il était inutile de vouloir s'opposer à Adam. Allons, il fallait qu'elle se reprenne, qu'elle fasse attention, très attention à ce qu'elle disait, même devant Emma. Ces deux-là l'épiaient, la soupçonnaient. Si des incidents comme celui-ci leur revenaient aux oreilles, Dieu sait ce qu'ils feraient contre elle... Non, il ne fallait pas éveiller leurs soupçons. Il fallait faire bonne figure.

Dans sa semi-démence, Adèle Fairley avait conservé assez de lucidité pour appliquer toutes ses facultés à la dissimulation et à la ruse. Au prix d'un effort soutenu, elle savait encore dresser une façade de raison pour dissimuler ses faiblesses et protéger le monde secret où elle cherchait refuge. A certains moments, elle pouvait passer pour parfaitement normale, et c'est l'impression qu'elle s'appliqua à donner à Emma.

Elle regarda la jeune fille avec un sourire plein d'innocence et de sincérité :

« Vous me l'aviez peut-être appris, Emma. Et je me souviens en effet que Mme Wainright m'en avait parlé. Mais j'étais vraiment très malade à ce moment-là et je me souciais de M. Edwin, ce qui explique que cela me soit sorti de l'esprit. Enfin, n'en parlons plus... Voyons ce menu, je vous prie. »

Adèle feignit de s'absorber un instant dans la lecture du menu et le rendit à Emma avec un sourire :

« Excellent ! Faites mes compliments à la cuisinière, elle s'est surpassée. »

Emma hocha la tête et se garda bien de préciser que ce n'était pas Mme Turner la responsable du festin mais bien, comme d'habitude, Mme Wainright.

« Voici la *Gazette*, dit Emma en tendant le journal plié. Si Madame veut bien la lire en finissant de déjeuner, je pourrai aller faire la chambre de Madame pendant ce temps.

— Bien sûr, Emma. Quand vous aurez fini, faites-moi couler un bain, voulez-vous ? Je voudrais m'habiller tout de suite après. »

Emma s'inclina et disparut rapidement dans la chambre à coucher. En y entrant, elle étouffa un cri en voyant le monceau de vêtements épars et resta un instant immobile, horrifiée devant l'indescriptible désordre. Qu'est-ce qui lui est encore passé par la tête ? se demanda-t-elle avec une inquiétude grandissante.

Mais l'inquiétude fit bientôt place à la colère. Combien de temps allait-elle devoir encore perdre à tout ranger dans la garde-robe ? Son emploi du temps était cette fois irrémédiablement compromis. A gestes rageurs, Emma se pencha, tira sur ce qui lui paraissait être une manche et se mit peu à peu à déblayer le champ de décombres. Une par une, elle remit les robes sur leurs portemanteaux, les rangea dans les armoires en les lissant soigneusement. L'habitude de l'ordre et de l'efficacité était chez elle plus forte que tout.

Pendant ce temps, Adèle picorait distraitement son déjeuner et finit par repousser le plateau, tant la seule vue de la nourriture ravivait sa nausée. Une pensée inquiète tournait sans trêve dans son cerveau embrumé, grandissait peu à peu pour prendre les proportions d'une obsession. Il fallait qu'elle se surveille, qu'elle abandonne ses rêveries si elle voulait regagner sa place et ses prérogatives de maîtresse de maison, régner à nouveau sur le château et la famille. Tout à l'heure, elle sonnerait Murgatroyd. Lui, au moins, il reconnaissait encore son autorité et lui apporterait sans discuter l'alcool dont elle avait tant besoin.

Elle entendit un coup frappé à la porte et se retourna, souriante. A sa surprise, elle ne vit ni Murgatroyd, auquel elle pensait, ni Emma, ni même sa sœur Olivia. Adam était debout sur le seuil et la contemplait du regard froid qui la mettait si mal à l'aise. Gênée, décontenancée, elle fit mine de rajuster le col de dentelle de son peignoir, voulut ouvrir la bouche pour parler mais ne put proférer aucun son. Elle se laissa retomber sur sa bergère et attendit, comme la victime d'un sacrifice.

Adam fut à peine troublé par la crainte manifestée par sa femme. Il en avait, hélas! vu bien d'autres...

« Bonjour, Adèle, dit-il froidement. Vous avez bien dormi, j'espère. »

Elle s'était assez ressaisie pour considérer cette intrusion inattendue de son mari comme une nouvelle agression. Elle lui jeta un regard chargé d'animosité et de rancœur. Pourquoi lui voulait-il encore du mal? Qu'avait-elle fait pour mériter de si mauvais traitements?

« Non, j'ai très mal dormi, parvint-elle enfin à dire.
— J'en suis navré, ma chère. Peut-être pourriez-vous vous reposer cet après-midi, si je puis me permettre de vous le suggérer.

— Oui, peut-être... »

Adèle le regardait cette fois avec surprise. Mais que me veut-il ? Pourquoi vient-il me voir ainsi ?

Adam était resté sur le seuil de la porte, qu'il semblait ne plus vouloir franchir. Depuis dix ans, sa femme lui en avait interdit l'accès et il s'y conformait à la lettre. Cette pièce, à la fois froide et triste, surchargée de bric-à-brac et par trop féminine, le mettait mal à l'aise. Il ne faisait donc aucun effort pour y entrer.

Ses conversations avec Adèle lui devenaient de plus en plus pénibles. Il arrivait près d'elle plein de bonnes intentions et décidé à l'amadouer. Mais elle s'arrangeait toujours pour retourner tout ce qu'il disait et le mettre hors de lui. Ce matin-là, il avait donc hâte de lui dire le plus vite possible ce qu'il était venu lui dire, avant que leur discussion ne dégénérât. D'autant que le sujet était particulièrement délicat et qu'il ne voyait pas comment échapper à une scène.

« Je suis venu vous parler d'Edwin, Adèle », commença-t-il.

Elle se redressa brusquement dans son fauteuil, les mains crispées sur les accoudoirs. Edwin était son préféré. Elle l'adorait. Cet homme abominable allait-il lui faire du mal, à lui aussi ?

« Edwin ? s'écria-t-elle. Que voulez-vous lui faire ? »

Adam se força à rester calme et répondit avec douceur.

« Je ne pense qu'à son bien, Adèle. Il est grand temps qu'il retourne au collège. Le trimestre est déjà bien entamé, mais je crois que vous serez d'accord avec moi pour penser qu'il faut au moins lui laisser le temps de rattraper ses études. Il est à la maison depuis Noël. A mon avis, cela n'a que trop duré !

— C'est absolument ridicule ! Cela ne vaut pas la peine de le renvoyer là-bas maintenant. Il peut aussi bien attendre les vacances de Pâques... »

Elle dut s'interrompre pour reprendre son souffle. Pâlie, les yeux exorbités, elle poursuivit d'une voix hachée :

« C'est un enfant délicat. Sa santé est fragile, Adam, vous le savez aussi bien que moi...

— C'est absurde! l'interrompit Adam. Il est parfaitement rétabli de sa pneumonie. C'est un garçon robuste qui ne demande qu'à se développer normalement. Vous le dorlotez beaucoup trop, Adèle, et cela lui fait plus de mal que de bien. Je sais, poursuivit-il en levant la main pour prévenir l'objection, vos intentions sont parfaitement louables et je ne les discute pas. Mais le résultat est déplorable. Il devrait fréquenter des garçons de son âge, se dépenser, faire connaissance avec une certaine discipline. Vos soins excessifs le pourrissent. Vous le traitez comme un bébé, pas comme un homme.

— C'est faux et c'est injuste!

— Je ne suis pas venu avec l'intention de vous chercher querelle, Adèle. Je tiens simplement à vous informer de mes décisions et rien de ce que vous pourrez dire ne m'en fera changer. Edwin lui-même, à qui j'en ai parlé, désire retourner le plus tôt possible au collège. »

Les narines pincées, livide, Adèle s'était laissée retomber dans son fauteuil et ne répondit pas.

« Lui, au moins, fait preuve de bon sens, reprit Adam ironiquement. Je dois dire également qu'il s'est montré remarquablement courageux et travailleur, compte tenu des regrettables circonstances de son séjour à la maison. Mais il ne suffit pas qu'il fasse ses devoirs dans sa chambre... »

Adam s'interrompit, sentant ce que sa harangue avait d'hostile. Il s'éclaircit la voix avant de continuer :

« Pensez à Edwin, ma chère Adèle. C'est pour son bien, je vous l'assure. Ses amis lui manquent, ce qui est normal après tout. Au collège, il s'amuse bien mieux qu'ici, où il est toujours seul. C'est pourquoi je suis venu vous dire que j'ai l'intention de le reconduire moi-même au collège. Dès demain. »

Demain! Un vent de panique siffla dans la tête bouleversée d'Adèle Fairley. Elle se détourna vivement pour qu'Adam ne vît pas les larmes qui lui venaient aux yeux.

Le bien d'Edwin! pensa-t-elle avec une bouffée de rage. C'est contre moi que cette manœuvre est dirigée, contre moi seule! Il est jaloux parce que je l'aime, jaloux de son propre fils, ce monstre! Il lui vint une brusque envie de se jeter sur son mari, de le frapper, de le griffer, de lui jeter les reproches qui lui montaient aux lèvres. Comment osait-il lui arracher la seule personne qu'elle aimait et qui l'aimait?

Elle s'essuya subrepticement les yeux et se retourna vers Adam, prête à se défendre pied à pied. Mais un seul regard à sa mine implacable la fit reculer. Elle allait une fois de plus se briser contre un roc.

« Comme vous voulez, Adam, dit-elle enfin d'une voix tremblante. Mais je tiens à vous dire que je ne donne mon accord à ce projet ridicule et condamnable que parce que Edwin lui-même a manifesté le désir de revoir ses camarades. Il n'empêche que vous prenez de graves risques avec sa santé, à le faire ainsi voyager par le froid. Ce n'est encore qu'un enfant, Adam, un enfant qui vient d'être très malade, ajouta-t-elle d'un ton suppliant. Vous êtes trop dur pour lui!

— Edwin n'est plus un enfant, Adèle! Et je ne veux pas le voir grandir comme une femmelette. Il est plus que temps de lui faire quitter les jupons de sa mère. C'est un miracle que ce garçon n'ait pas encore mal tourné... »

Adèle poussa un cri horrifié et rougit :

« Vous êtes injuste et cruel, Adam! Edwin n'a jamais été fourré dans mes jupons, comme vous le dites si vulgairement! Comment l'aurait-il pu? Vous avez été assez dur pour le mettre en pension à... à onze ans, le pauvre petit, dit-elle avec des larmes dans la voix. Si je l'ai peut-être un peu favorisé par moments, c'est uniquement parce qu'il a toujours été rudoyé par Gerald. »

Adam haussa un sourcil étonné et esquissa un sourire ironique :

« Vous êtes plus perspicace que je ne le croyais, ma chère Adèle. Je suis heureux d'apprendre que vous vous êtes rendu compte des brimades révoltantes auxquelles

Gerald soumet ce pauvre Edwin. Raison de plus pour l'éloigner de cette maison et le mettre à l'abri de la brutalité de son frère. Jusqu'à ce qu'il soit capable de se défendre seul, il sera bien mieux au collège, croyez-moi. »

Cette brève discussion avait déjà épuisé les forces d'Adèle qui entendit à peine les dernières paroles prononcées par son mari. La tête lui tournait, elle sentait la nausée revenir et ne souhaitait plus que d'être seule, en paix avec ses rêves et ses fantasmes.

« Eh bien, soit, faites ce que bon vous semble, Adam. Mais de grâce, laissez-moi. J'ai une migraine atroce et vous avez sûrement mieux à faire qu'à rester me tourmenter, dit-elle d'une voix plaintive.

— C'est en effet exact », répondit Adam sèchement.

Un soudain élan de pitié lui fit regretter la dureté qu'il venait de manifester.

« Je suis navré de vous avoir imposé cette pénible conversation, dit-il d'un ton radouci. Je pensais trop au bien de notre fils et pas assez au vôtre. Au revoir, mon amie.

Il s'inclina courtoisement et s'apprêtait à sortir quand il se ravisa au dernier moment. Se croyant seule, Adèle avait fermé les yeux et laissé sa tête rouler sur le dossier de la bergère. Elle était livide. Adam fronça les sourcils, saisi d'inquiétude.

« Adèle ? » dit-il doucement.

Elle sursauta et tourna vers lui un regard vitreux.

« Vous n'êtes pas malade, au moins ? » reprit Adam.

Elle poussa un soupir et ses mains se crispèrent sur les accoudoirs.

« Si, Adam, je me sens mal, je vous l'ai déjà dit.

— Soignez-vous jusqu'à ce soir, ma chère. Vous savez que nous avons des invités et je compte sur votre présence à table...

— Quoi ? Ce soir ? s'écria-t-elle.

— Mais oui, vous ne l'avez quand même pas oublié ! Je dois recevoir Bruce McGill, cet éleveur australien avec qui je suis en affaires. Olivia vous en a parlé elle-même il y a deux jours », précisa Adam en contenant son agacement.

Adèle se passa la main sur le front et frissonna.

« Non, je n'ai pas oublié, Adam. Ce dîner est prévu pour samedi et Olivia m'en avait prévenue. Je ne suis pas folle à ce point ! »

A cette protestation, proférée d'un ton hystérique, Adam serra les dents.

« C'est aujourd'hui samedi, Adèle... »

Elle eut un nouveau sursaut, pâlit et rougit tour à tour.

« Bien sûr, bien sûr, samedi... Où avais-je donc la tête ? dit-elle à voix basse. Oui, Adam, comptez sur moi. J'irai sûrement assez bien pour paraître à table.

— Vous m'en voyez fort heureux, dit-il avec un sourire froid. Allons, je vous quitte. J'ai une journée chargée devant moi. A ce soir, donc.

— A ce soir, Adam. »

Adam referma doucement la porte derrière lui. Il n'en revenait pas encore de la facilité avec laquelle il avait obtenu sa victoire et était parvenu à arracher Edwin aux griffes de sa mère. La manière même dont Adèle lui avait opposé un simulacre de résistance l'avait surpris car, d'habitude, leurs discussions sur ce sujet se déroulaient dans des torrents de larmes, des évanouissements, des reproches incohérents et des crises d'hystérie dont il sortait brisé et qu'il redoutait plus que tout. Aujourd'hui, tout s'était relativement bien passé.

Dans la chambre à coucher, Emma n'avait pu faire autrement que d'entendre la conversation, bien qu'elle n'eût jamais volontairement écouté aux portes comme le faisaient tous les autres domestiques, Murgatroyd en tête. Son seul réflexe avait été d'oublier ses griefs contre Adèle pour la plaindre et se sentir de nouveau pleine de pitié envers elle. Tout en finissant de faire le lit, les dents serrées et une moue amère aux lèvres, elle marmonnait : la malheureuse femme ! Etre livrée à cette brute qui la maltraite comme il brutalise tout le monde ! C'est un monstre...

Car la haine aveugle, irraisonnée et sans aucun fondement vouée par Emma à Adam Fairley ne s'apaisait pas avec le temps, bien au contraire. Elle n'avait d'égale que le dégoût hargneux que lui inspirait Gerald, qui avait pris le relais de Murgatroyd en la harcelant à tout propos. Elle n'éprouvait, en revanche, aucune animosité envers Edwin, qui lui prodiguait toujours des marques de courtoisie et de gentillesse, et elle ne cherchait plus à réprimer son admiration et son respect pour Olivia Wainright. La scène dont elle venait d'être témoin l'incitait donc à revenir sur sa condamnation hâtive d'Adèle Fairley. Non, se dit-elle en tirant sur la courtepointe, la malheureuse femme n'est pas responsable de son état et je ne peux pas lui en vouloir. C'est lui qui l'a rendue ainsi par ses mauvais traitements. Si elle oublie tout, si elle donne parfois l'impression d'être folle, elle a de bonnes excuses. Il ne faut pas l'accabler...

Ainsi rassérénée par cette preuve de sa grandeur d'âme, Emma se mit à chantonner gaiement en arrangeant la coiffeuse. Dans le miroir, elle vit alors Adèle entrer dans la chambre. Hagarde, les yeux cernés, elle avançait en titubant et dut s'appuyer à une chaise. La panique l'avait saisie à la perspective du dîner où il lui faudrait ce soir faire bonne figure et elle en oubliait son besoin maladif de chercher refuge dans le monde apaisant de ses rêves et du whisky. Elle ne pouvait plus que penser à la terreur que lui inspirait Adam, ce qui la ramenait, bon gré mal gré, sur le chemin de la raison. Ce soir, quoi qu'il lui en coûte, il fallait qu'elle dissimule à tous le trouble de son esprit, il fallait qu'elle apparaisse telle qu'elle avait été, calme, à l'aise et pleine de charme.

Un sourire vint soudain la transfigurer : pleine de charme... Oui. Mais surtout éblouissante! Car Adèle savait posséder encore un imbattable atout, sa beauté. Quand elle se donnait la peine de se mettre en valeur, elle tournait à coup sûr la tête de tout le monde. On l'admirait trop pour s'arrêter à des détails, se poser des questions sur son regard vague, ses propos laissés en suspens, ses caprices incompréhensibles. Si, ce soir, elle surgissait devant tous ces gens dans toute sa splendeur, elle serait tranquille, protégée par cette beauté même qui constituait sa meilleure arme.

Stupéfaite, Emma avait vu la métamorphose qui s'opérait en Adèle. En un clin d'œil, la femme pitoyable et brisée, trop faible pour faire quelques pas sans soutien, traversa la chambre en courant presque et ouvrit toutes grandes les portes de la garde-robe qu'Emma venait à peine de remettre en ordre.

Celle-ci sentit son cœur cesser de battre au souvenir de l'amas de robes qu'il lui avait fallu trier et ranger. Elle se précipita au-devant d'Adèle :

« J'ai tout bien rangé, Madame ! s'écria-t-elle. Y a-t-il une robe que vous cherchez en particulier ? »

Adèle sursauta, car elle n'avait même pas remarqué la présence de sa femme de chambre.

« Emma ? Vous êtes encore ici ? Tant mieux... Oui, je me demandais ce que je pourrais mettre pour le dîner de ce soir. Il y a des invités de marque, paraît-il... »

Elle interrompit soudain ses recherches et se tourna vers Emma, le visage de nouveau décomposé :

« Vous serez ici, au moins, pour m'aider à m'habiller ? Je ne sais pas ce que je ferais sans vous, Emma...

— Oui, je serai ici, Madame. Exceptionnellement, à cause de ce dîner, Mme Wainright m'a demandé de ne pas passer le week-end chez moi.

— Oh ! Dieu soit loué ! »

Le soulagement d'Adèle était si profond qu'on aurait cru qu'on lui rendait la vie. Emma s'abstint de toute réflexion sur le fait qu'elle était ainsi privée de son dimanche en famille. En ce moment précis du moins, l'égoïsme enfantin d'Adèle Fairley lui inspirait presque autant de compassion que les souffrances de sa mère.

Ragaillardie, Adèle avait repris ses recherches et s'arrêta finalement sur une robe qu'elle soumit à l'avis d'Emma. Elle ne pouvait décidément plus se passer de l'aide et des conseils de sa jeune femme de chambre.

« Regardez, Emma. Croyez-vous qu'elle soit assez belle ? Ce soir, il faut que je sois éblouissante ! »

Emma plissa les yeux et examina attentivement la robe ainsi soumise à son jugement. Elle savait qu'elle sortait de chez Worth et avait coûté cher. C'était une toilette somptueuse, en satin blanc rehaussé de dentelles, avec de savants plissés. Mais elle ne convenait pas à Adèle Fairley, décida la jeune fille. La robe elle-même attirait l'attention, pas celle qui la portait.

« Je crois qu'elle est... comment dire, trop pâle pour le teint de Madame, si Madame me permet de parler franchement. Elle ne fait pas assez ressortir le teint de Madame et ses cheveux blonds. Il faudrait quelque chose de plus simple et de plus foncé, peut-être... »

L'expression ravie s'effaça du visage d'Adèle :

« C'est idiot ce que vous dites, ma petite ! C'est une robe toute neuve, que j'ai fait faire exprès... Je n'ai rien d'autre à me mettre, vous le savez bien ! »

Emma s'abstint de sourire à la vue de la centaine de toilettes alignées sous ses yeux et fit mine de n'avoir pas entendu la remarque désobligeante de sa maîtresse.

« Comme je disais à Madame, il faudrait quelque chose d'à la fois simple et élégant, pour mettre Madame en valeur... Tenez, je sais exactement ce qu'il faut ! »

Pendant qu'elle parlait, Emma voyait défiler devant ses yeux les gravures de mode et les magazines qu'elle lisait avidement, le soir, dans sa mansarde. Une subite inspiration venait de la saisir et elle se dirigea sans hésiter vers la garde-robe d'où elle sortit une robe de velours noir.

C'était en effet le vêtement idéal pour mettre en valeur le teint blanc et la chevelure claire d'Adèle Fairley. Mais Emma fronça les sourcils, dépitée devant sa trouvaille. Adèle la regardait, les yeux écarquillés par la surprise mais attendant avec confiance le verdict de sa conseillère.

Ce qui avait motivé le premier mouvement de recul d'Emma devant la robe était une parure de roses rouge sang en satin qui, partant d'un gros bouquet posé sur une épaule, formait une guirlande qui descendait tout le long de la robe. Elle examina de plus près les ornements importuns et son visage s'éclaira.

« Oui, c'est bien ce que je pensais ! s'écria-t-elle. Il suffit de découdre ces roses...

— Découdre les roses ! s'écria Adèle, horrifiée. Mais vous n'y pensez pas, Emma ! Cela va abîmer le velours et la robe aura l'air sinistre, sans la parure.

— Que Madame me fasse confiance, répondit Emma avec décision. Ce sont ces roses qui abîment la robe, au contraire. Sans elles, vous verrez comme elle sera élégante. Je coifferai Madame avec les cheveux relevés à la Pompadour et Madame mettra son collier de diamants avec les boucles d'oreilles assorties... Oh ! Madame verra ! Ce sera ravissant ! »

Adèle ne parut pas convaincue par l'enthousiasme dont Emma faisait preuve et s'assit, l'air renfrogné, tandis que la jeune fille entreprenait séance tenante de découdre les fleurs qui avaient offensé son goût. Insensible aux protestations de sa maîtresse, elle la força à se lever pour appliquer la robe sur elle et juger de l'effet. Adèle fit une réprobation :

« C'est bien ce que je pensais, cette robe est triste...

— Si Madame y tient, je pourrai toujours recoudre les roses. En attendant, que Madame essaie ses bijoux un instant. Madame pourra juger par elle-même si la robe a toujours l'air triste. »

Sans attendre la réponse d'Adèle, elle sortit d'un tiroir de la coiffeuse un écrin de cuir rouge d'où elle tira un somptueux collier de diamants, un bracelet et des boucles d'oreilles assortis. Adèle prit machinalement le collier, le tint à hauteur de son cou, posé contre la robe noire, et se regarda dans la glace.

Elle ne put retenir un cri de surprise. Se détachant sur le velours, le collier étincelait de mille feux éblouissants qui avivaient son teint et la faisaient resplendir, malgré ses cheveux épars et son absence de maquillage. Elle resta plongée un long moment dans sa contemplation, incapable de s'en arracher.

Oui, Emma avait raison. Cette robe allait la faire apparaître si belle, ce soir, qu'Adam en serait stupéfait. Plus jamais il n'oserait la rudoyer, après cela. Elle retrouverait sa place, elle serait à nouveau la seule maîtresse de Fairley Hall.

Avec un sourire ravi, elle se tourna vers Emma et lut avec plaisir, dans les yeux de la jeune fille, le reflet de l'admiration qu'elle venait de ressentir envers elle-même.

1905

13

Peu avant cinq heures de l'après-midi, Emma monta son thé à Adèle Fairley. Celle-ci avait prétexté sa migraine pour ne pas descendre déjeuner; en fait, elle s'était recouchée après son bain, suivant en cela les conseils d'Emma. La terreur que lui inspirait Adam, sa volonté obstinée de mettre tous les atouts de son côté pour apparaître ce soir dans toute sa beauté l'en avaient aisément convaincue. En dormant, elle résisterait également à la tentation de chercher dans l'alcool un réconfort illusoire. Un simple coup d'œil dans son miroir lui confirma, au réveil, combien elle avait eu raison.

Emma la trouva encore étendue sur son lit. Avec un sourire, elle déposa devant elle le plateau chargé des friandises qui, espérait la jeune femme de chambre, exciteraient l'appétit capricieux de sa maîtresse et lui redonneraient les forces dont elle avait le plus grand besoin.

« Madame a très bonne mine! dit Emma en la saluant.
— C'est vrai, Emma, je suis contente d'avoir suivi vos conseils. Ce repos m'a fait le plus grand bien. »

Tout en arrangeant les assiettes de petits fours, Emma scrutait anxieusement le visage d'Adèle. Les plis qui, ce matin, se creusaient autour de sa bouche avaient disparu. Sa pâleur avait cédé devant une légère coloration qui faisait paraître encore plus délicate la transparence de sa peau. Les cernes qui entouraient ses yeux rougis et gonflés n'étaient plus qu'un souvenir. Emma ne put s'empêcher d'admirer la beauté fragile mais radieuse d'Adèle Fairley et n'en fut pas peu fière, car elle était responsable de son retour.

Quand elle se fut assurée que « sa malade » était confortablement installée et commençait à grignoter son repas, Emma demanda la permission de rester pour vérifier si la robe était en bon état et n'avait pas besoin de menues réparations. Adèle l'avait à peine portée deux ou trois fois, mais en l'examinant avec sa minutie coutumière, Emma remarqua qu'un ourlet de la traîne était légèrement défait et qu'il restait des fils à enlever à l'endroit de la guirlande de roses qu'elle avait décousue le matin. Elle se mit donc diligemment à l'ouvrage, ravie de cette occasion de s'asseoir enfin car les préparatifs de la réception lui avaient donné un lourd surcroît de travail. Il fallait ensuite qu'elle aide Murgatroyd à servir le dîner, à débarrasser la table, à ranger l'argenterie. Elle pouvait donc prévoir encore de longues heures debout.

Elle était surtout contente d'échapper à l'ouragan qui, depuis le matin, balayait la cuisine. Annie, la jeune bonne à tout faire, assistait la cuisinière sans désemparer et on avait même dû engager sa mère comme extra. Car le menu prévu par Olivia Wainright avait plongé la bonne Mme Turner dans une véritable crise de nerfs. Emma ne put s'empêcher de sourire en évoquant la stupeur de la digne femme à la pensée des recettes exotiques qu'on exigeait d'elle, qui ne brillait de tout son savoir que tant qu'elle pouvait s'en tenir aux bonnes recettes campagnardes du Yorkshire et pour qui le summum de l'art culinaire consistait à rôtir à point un gigot. Bon gré mal gré, elle avait dû se soumettre et Emma, qui s'apercevait une fois de plus et non sans plaisir qu'elle en savait autant, avait été mise à contribution pour la préparation des sauces. Elle s'en était tirée brillamment en suivant scrupuleusement les indications de Mme Wainright. Mais à mesure que l'heure tournait, l'humeur de la cuisinière empirait et elle avait été heureuse de fuir cette atmosphère épuisante.

Grâce aux encouragements que lui prodiguait la nouvelle maîtresse de maison, Emma avait fait des progrès considérables dans ce domaine. Elle se constituait surtout peu à peu un véritable trésor de recettes, amassait les indications les plus insignifiantes en apparence, comme les marques de thé ou les crus des vins. Elle avait appris et continuait à se familiariser avec les subtilités de la gastronomie, les plats compatibles avec d'autres dans la composition d'un menu, la variété des sauces pouvant accommoder un même mets, l'ordonnance des vins. Tout cela était consigné à mesure dans un cahier d'écolier acheté au village, et, sans qu'elle sache encore quand ni comment, lui servirait un jour et contribuerait à l'accomplissement de son Plan — avec un grand P —, ce Plan dont la pensée ne la quittait jamais. Elle amassait aussi des gravures de mode, des articles de magazines, recopiait des pages de livres, transcrivait les secrets des soins de beauté de Mme Fairley ou des tours de main appris auprès de Murgatroyd dans ses bons jours, pour l'entretien de l'argenterie et la manière d'en reconnaître le titre et les poinçons. Cette somme de connaissances pratiques avait à ses yeux autant de valeur que les piécettes qui s'accumulaient dans ses boîtes de tabac.

Pendant ce temps, Adèle finissait sa collation. Bientôt, le bruit calme de sa respiration apprit à la jeune fille que sa maîtresse s'était rendormie, ce dont elle ne fut pas fâchée car elle aurait ainsi le temps de finir ses autres tâches et de se changer avant de revenir l'habiller. Elle termina ses derniers points, raccrocha silencieusement la robe dans la penderie et s'éloigna sur la pointe des pieds.

Dans le corridor, elle rencontra Edwin qui se dirigeait vers l'appartement de sa mère. Emma l'arrêta en posant un doigt sur ses lèvres :

« Monsieur Edwin ! Madame se repose. Faites attention de ne pas la réveiller.

— Merci de m'avoir prévenu, Emma. Je voulais en effet passer quelques instants avec elle. »

Edwin lui adressa un sourire plein de cordialité qui fit rougir Emma.

« Si vous vouliez, monsieur Edwin... reprit-elle en hésitant.

— Oui, Emma ?

— Il faut que je reprenne mon service et je ne pourrai pas remonter m'occuper de Madame avant sept heures. Vous pourriez rester à côté d'elle, en attendant qu'elle se réveille ou bien si elle se réveille bavarder avec elle, lui faire la lecture. Elle se fait du souci pour la réception de ce soir et il vaudrait mieux la distraire, l'empêcher de trop y penser.

— Vous avez parfaitement raison, Emma, répondit Edwin gravement. Je sais combien elle peut changer d'humeur... »

Il s'interrompit pour poser impulsivement la main sur le bras de la jeune fille :

« Merci pour tout, Emma. Vous prenez si bien soin de ma mère que je ne sais pas comment vous exprimer ma gratitude. »

Edwin la dépassait d'une tête et Emma dut lever les yeux pour le regarder. Ces paroles de reconnaissance la touchaient d'autant plus qu'elles étaient inattendues.

« C'est gentil de me dire ça, monsieur Edwin. Je fais de mon mieux, vous savez... »

Gênée, elle compléta sa phrase par un sourire.

Edwin réprima un cri de surprise. Dans la lumière sourde qui baignait le couloir en cette fin d'après-midi, le visage d'Emma levé vers lui semblait irradier un éclat éblouissant. Etait-ce le sourire lui-même, qui lui illuminait ainsi les traits en les transfigurant ? N'était-ce pas plutôt la lumière qui émanait de cet incroyable regard d'émeraude, à la fois profond et étincelant ? Hypnotisé, Edwin était incapable de s'arracher à la contemplation de la merveille soudain révélée à ses yeux. Une seule pensée l'assaillait : qu'elle est belle ! Comment ai-je pu être assez aveugle pour ne pas le voir plus tôt ?

Dans son innocence, Edwin ne comprenait pas pourquoi son cœur battait si fort, pourquoi sa gorge était serrée d'une émotion dont il ignorait tout. Les yeux dans les yeux, ils restèrent ainsi longtemps, un instant ou une éternité, perdus dans leur contemplation, attirés par une force d'un magnétisme si puissant qu'ils étaient hors d'état d'y résister. Le temps et l'espace s'étaient évanouis autour d'eux. Le silence était si intense qu'il semblait vibrer.

Bouleversé, Edwin enregistrait chaque pore de la peau, chaque courbe du visage, chaque cheveu de la coiffure d'Emma, comme s'il voulait les graver à jamais dans sa mémoire. Elle rosissait peu à peu, sentant qu'il se produisait quelque chose d'extraordinaire mais incapable d'en comprendre la nature. L'égarement presque douloureux qu'elle distinguait dans les yeux d'Edwin finit par transpercer l'extase semi-consciente où elle se sentait flotter. Edwin eut obscurément conscience que sa vie venait de franchir une étape décisive. Mais c'était une impression trop fugace et trop floue pour qu'il en saisît la véritable portée. Il était trop jeune pour comprendre qu'il contemplait en ce moment la seule femme qu'il aimerait jamais d'amour. Celle dont le souvenir le hanterait jusqu'à son dernier souffle. Celle dont le nom serait le compagnon de ses jours et de ses nuits et qui serait sur ses lèvres à ses derniers instants...

Il sentit tout à coup des larmes lui monter aux yeux sans savoir pourquoi et, gêné, il se détourna à la hâte. Il toussota pour se donner une contenance, soudain gauche et intimidé devant cette jeune fille qui avait mystérieusement provoqué en lui un si profond bouleversement. Malgré ses efforts pour ne plus la regarder, ses yeux étaient irrésistiblement attirés par elle.

Emma lui faisait un sourire plein de douceur amicale. Il la vit si menue, si fragile qu'il dut faire un violent effort pour ne pas tendre la main et l'attirer vers lui d'un geste protecteur, la serrer contre lui...

Il s'éclaircit la gorge, baissa enfin les yeux.

« Vous êtes bonne, Emma, dit-il d'une voix étranglée. Je vais rester avec ma mère, comme vous me l'avez demandé. Jusqu'à ce que vous reveniez. »

Incapable de rester plus longtemps devant elle, il tourna hâtivement les talons et courut presque jusqu'à la porte. Parvenu sur le seuil, il dut s'arrêter et se retenir au montant, accablé par un insoutenable sentiment de vide et de solitude. Il se retourna : Emma était toujours au même endroit, immobile. Leurs regards se croisèrent. Dans le sien, sans en être conscient, Edwin mettait une prière où la tristesse se mêlait à l'espoir. Emma le regardait calmement, gravement. Peu à peu, sa gravité devint de la compréhension.

Ce fut elle, cette fois, qui brisa le charme prêt à renaître. Elle esquissa un sourire et disparut dans le corridor.

La cuisine avait retrouvé un semblant de calme et la cuisinière, maintenant que l'orage était passé, se rengorgeait sans pudeur :

« Pff ! Ce n'est rien du tout, ces fameuses recettes françaises ! La prochaine fois, je ferai tout ça les yeux fermés, c'est moi qui te le dis !

— Sûrement, Madame Turner, répondit Emma en se retenant de rire. Vous n'avez plus besoin de moi ?

— Plus rien à faire, ma petite fille ! Si cette polissonne d'Annie se donnait la peine de préparer les plats, depuis le temps que je le lui demande... »

Emma s'éclipsa sans attendre la fin de la tirade. Elle venait de finir d'aider Murgatroyd à dresser le couvert dans la grande salle à manger. Il lui restait à se changer avant d'aller habiller Mme Fairley. Les quelques instants qu'elle venait d'économiser à couper court aux bavardages lui permettraient peut-être de soigner sa propre toilette.

Elle grimpa l'étroit escalier des mansardes et pénétra

en coup de vent dans sa chambre. Une fois dévêtue, elle se débarbouilla, se brossa les cheveux et en fit, comme à l'accoutumée, un gros chignon bas reposant sur la nuque. Elle mit enfin l'uniforme du soir qu'elle s'était récemment fait elle-même. C'était une longue robe de lainage noir, coupée droit avec des manches longues ajustées, dont l'allure sévère était cependant égayée par un col blanc, des manchettes de dentelle ainsi que par le tablier d'organdi et le bonnet, eux aussi garnis de dentelle.

Quand Emma eut fini de nouer les cordons de son tablier autour de sa taille fine et posé le bonnet sur la masse de ses cheveux châtains aux reflets roux, elle se contempla dans la glace et ne put retenir un sourire satisfait. Souvent, Blackie lui avait dit qu'elle était jolie, mais elle n'y avait pas prêté attention outre mesure. Or il semblait bien que Monsieur Edwin fût maintenant du même avis, si l'on en croyait du moins les drôles de regards qu'il lui avait jetés tout à l'heure.

Vite reprise par sa routine, Emma avait chassé de son esprit l'étrange trouble qu'elle avait ressenti en présence d'Edwin. Elle ignorait tout de l'amour et ne pouvait le concevoir qu'entre, par exemple, son père et sa mère ou elle-même et ses frères. Paralysée par l'éducation rigide reçue de ses parents et son antipathie pour tout ce qui touchait aux maîtres, il ne lui serait jamais venu à l'idée qu'un sentiment quelconque pût se former entre Edwin et elle. Le jeune homme, sans doute, avait été troublé en sa présence et Emma avait fini par ressentir elle aussi quelque chose d'inattendu. Mieux valait, cependant, ne pas s'attarder sur des questions gênantes et qui ne pouvaient qu'entraîner des complications.

Ce soir, pourtant, elle se reprit à penser à Edwin. Il ne ressemblait vraiment pas aux autres Fairley, celui-là, pensa-t-elle en restant aveugle à la ressemblance frappante qui existait entre Adam et son fils cadet. Gerald était un porc, une brute repoussante, tandis qu'Edwin était toujours gentil et aimable avec elle. A l'idée qu'il allait repartir le lendemain pour son collège, elle éprouva un pincement de tristesse inattendu. Leurs rencontres quotidiennes dans les couloirs, ponctuées de sourires et de paroles aimables, allaient lui manquer. Edwin manquerait cruellement aussi à sa mère. En fait, il était sans doute le seul à Fairley Hall dont l'absence créerait un vide, car il était le seul à toujours être de bonne humeur et à savoir réconforter Adèle. Sans lui, qu'allait-elle devenir ?

Emma se reprit. Ce n'était pas le moment de se perdre dans des rêveries. Il fallait aller chez Mme Fairley et l'aider à s'habiller, à être la plus belle. Si elle reprenait confiance en elle, peut-être sortirait-elle pour de bon de ces crises de tristesse qui serraient le cœur d'Emma.

« Etes-vous sûre que ma coiffure tiendra ? »

Adèle interrogeait son miroir, un pli d'inquiétude entre les sourcils. Emma s'était surpassée. Elle avait rassemblé l'opulente chevelure blonde d'Adèle Fairley pour la relever en une coiffure bouffante « à la Pompadour », qui constituait la dernière mode à Londres et, disait-on, à Paris. Non contente de se conformer au modèle, Emma y avait ajouté quelques variantes de son cru dont l'effet était particulièrement spectaculaire. Elle contempla son œuvre avec un sourire satisfait et hocha la tête.

« Madame n'a pas d'inquiétude à se faire. Si je pouvais quand même ajouter quelques épingles ici et là. Surtout pour tenir le diadème de Madame... Allons, bon !

— Qu'y a-t-il, Emma ? demanda Adèle. Quelque chose ne va pas ? »

Devant le ton angoissé de sa maîtresse, Emma eut un sourire rassurant :

« Non, Madame. Je m'aperçois simplement qu'il n'y a plus d'épingles à cheveux dans la boîte. Que Madame ne touche à rien, je vais courir en demander à Mme Wainright. Je serai revenue dans une minute pour termi-

ner la coiffure. Après, Madame pourra passer sa robe.
— Faites vite, Emma, pour l'amour du Ciel! Je vais être en retard... »

Emma reposa son attirail sur la coiffeuse, esquissa une rapide révérence et s'en fut en courant. Pour aller dans la chambre d'Olivia Wainright, il lui fallait traverser le château dans toute sa longueur, enfiler des couloirs, traverser des paliers et des antichambres, monter et descendre des escaliers reliant les ailes hétéroclites et de niveaux différents. Aussi était-elle hors d'haleine en frappant à la porte de la jeune femme.

En entendant la voix mélodieuse d'Olivia, Emma ouvrit la porte et resta respectueusement sur le seuil. Tout en reprenant son souffle, elle admira la chambre qui, avec la cuisine, était la seule pièce de Fairley Hall où elle se sentît à l'aise. Olivia Wainright était assise à son secrétaire et dut se retourner pour voir qui la demandait.

« Ah! c'est vous, Emma? dit-elle en souriant. Que puis-je pour vous, mon enfant? »

Emma s'était avancée de quelques pas et s'apprêtait à faire sa révérence habituelle quand elle s'immobilisa soudain et pâlit. Olivia n'était encore ni maquillée ni habillée. Le visage nu, simplement couverte d'un peignoir sur sa robe d'intérieur, elle avait l'air lasse. Dans son visage naturellement pâle, ses yeux turquoise paraissaient encore plus grands et plus lumineux qu'à l'accoutumée et la lumière de la lampe, qui tombait sur elle de trois quarts, accentuait les lignes de sa physionomie, lui donnait un flou d'irréalité. Fascinée, Emma ne pouvait en détacher les yeux.

Elle devint tout à coup consciente de l'énorme incorrection de son comportement, car on ne dévisage pas les gens ainsi. Mais elle était incapable de s'arracher à la fascination de ce qu'elle voyait. Le visage dénudé et vulnérable d'Olivia, ses cheveux défaits, son regard un peu noyé, Emma ne les avait jamais vus ainsi. Mais elle reconnaissait ces traits. Ils lui étaient familiers...

Pendant ce temps, surprise du comportement inattendu de sa jeune visiteuse, Olivia la considérait en fronçant les sourcils.

« Qu'y a-t-il, Emma ? dit-elle enfin. Vous êtes pâle et vous me regardez comme si vous aviez vu un fantôme. Vous ne vous sentez pas bien ? »

Emma secoua la tête et fit un effort pour reprendre pied dans la réalité.

« Je présente toutes mes excuses à Madame... J'ai eu un malaise, mais c'est déjà passé. J'ai dû courir trop vite pour venir ici...

— Toujours à courir, Emma ! Ce n'est pas raisonnable, voyons. Vous finirez par tomber ou avoir un accident, si vous continuez. Voulez-vous vous étendre et vous reposer jusqu'à l'arrivée des invités ?

— Oh! non, Madame. Je vais beaucoup mieux, je vous assure. Et je n'aurais pas le temps, il faut que je finisse d'habiller Mme Fairley. C'est d'ailleurs pour cela que j'étais venue voir Madame, pour lui demander si elle n'aurait pas quelques épingles à cheveux à me prêter.

— Bien sûr, Emma. Tenez, prenez ce qu'il vous faut sur ma coiffeuse, là-bas. »

Olivia Wainright suivit Emma des yeux pendant qu'elle allait se servir à l'autre bout de la pièce. Quand la jeune fille revint devant elle pour prendre congé et lui faire sa révérence habituelle, elle l'arrêta, le regard soucieux.

« Vous en faites beaucoup trop, Emma. Je suis plus que satisfaite de vous, je vous l'ai déjà dit maintes fois. Il est inutile de vous tuer à la tâche, mon enfant. Ce soir, j'exige que vous restiez assise à la cuisine ou dans votre chambre jusqu'à l'heure du dîner. Dites-le de ma part à Murgatroyd. Et ne courez plus pour retourner chez ma sœur, voulez-vous ?

— Oui, Madame. Merci, Madame... »

Rouge de confusion, Emma bafouilla sa réponse et s'éclipsa le plus vite qu'elle put. Elle sentait les larmes lui monter aux yeux et, dès qu'elle eut refermé la porte derrière elle, elle dut s'appuyer à une console pour ne pas vaciller.

Mais ce n'était pas la rapidité de sa course qui était responsable de son malaise. C'était l'émotion, une émotion si vive et si inattendue qu'elle avait eu le plus grand mal à ne pas y succomber. Les yeux fixés sur la porte qu'elle venait de refermer, le cœur battant la chamade, Emma tentait de remettre de l'ordre dans les pensées absurdes qui se bousculaient dans sa tête. Car ce n'était pas Olivia Wainright qu'elle venait de voir. Ou plutôt, si c'était elle, c'était le vivant portrait de sa mère, Elizabeth !

Olivia Wainright, qu'Emma avait toujours vue élégamment vêtue, maquillée et coiffée, était ainsi apparue aux yeux de la jeune fille parée de son autorité qui interdisait tout rapprochement. Mais une fois dépouillée des attributs artificiels de la femme chic et aristocratique, la ressemblance était frappante au point de provoquer un malaise. Etait-il possible que deux êtres, que ne liait aucune parenté, pussent être aussi semblables ? Il y avait là un phénomène surnaturel qui laissait Emma stupéfaite et profondément émue. Certes, Elizabeth Harte ne possédait plus que l'ombre de sa beauté de naguère. Mais Emma l'avait retrouvée intacte chez Olivia Wainright. Comment ne l'avait-elle pas découvert plus tôt ? Une chose était certaine : l'admiration qu'elle éprouvait pour Olivia, l'affection que celle-ci lui vouait avec sincérité ne pouvaient pas être le seul fruit du hasard.

Emma parvint enfin à se reprendre et se mit pensivement en route vers l'autre bout du château. En l'attendant, Adèle avait commencé à se maquiller, ce qu'elle faisait rarement, et de manière si discrète qu'on distinguait à peine une touche de fard aux pommettes, un soupçon de rouge pour rehausser les lèvres. Le résultat était spectaculaire.

Mais Emma, encore trop absorbée dans ses pensées, le remarqua à peine et reprit silencieusement sa place auprès de sa maîtresse pour terminer son œuvre. Adèle en suivait les progrès dans le miroir avec satisfaction.

« Dites-moi, Emma, demanda-t-elle soudain, quelle robe va donc porter Mme Wainright, ce soir ? »

Emma cligna des yeux pour masquer sa surprise.

« Je ne sais pas, Madame. Mme Wainright n'était pas encore habillée quand je l'ai vue.

— Vous n'avez pas vu sa robe sur le lit, ou pendue quelque part ? insista Adèle.

— Non, Madame, je n'ai rien vu. »

Le ravissant visage d'Adèle fut brièvement enlaidi par une grimace de dépit. Elle aurait pourtant bien aimé savoir ce qu'Olivia porterait ce soir. Depuis toujours, les deux sœurs faisaient assaut d'élégance et de beauté et Olivia, selon Adèle et sa jalousie maladive, s'arrangeait toujours pour être la plus belle. Mais pas ce soir ! se reprit-elle avec un sourire de triomphe. Ce soir, ce serait elle qui éclipserait Olivia. Il le fallait.

« Voilà, c'est terminé ! s'écria Emma en tendant un miroir à Adèle. Si Madame veut regarder par-derrière... »

Adèle prit le miroir et s'observa longuement. Son sourire s'élargissait à mesure qu'elle détaillait le chef-d'œuvre accompli par la jeune fille.

« C'est sublime, Emma ! s'écria-t-elle. Divin ! Une véritable œuvre d'art ! Vous êtes une vraie petite fée. Grâce à vous, je vais être belle à ravir. »

Emma rougit de plaisir et aida sa maîtresse à enfiler la robe qu'elle avait tenue prête sur une chaise. Quand elle eut fini de boutonner le dos, elle tendit ses escarpins à Adèle et la mena devant la grande psyché pour qu'elle se regarde et juge du résultat.

« Madame n'a plus qu'à mettre ses bijoux... commença-t-elle.

— Un instant, Emma ! » interrompit Adèle.

Elle était littéralement en extase devant le spectacle qu'elle offrait. La longue robe de velours noir faisait admirablement ressortir sa taille fine et svelte et mettait en valeur son teint clair. Le profond décolleté, le corsage ajusté qui allait en s'évasant au-dessous de la taille faisaient un effet irrésistible. Malgré elle, Adèle s'admirait comme si elle avait vu une étrangère de rêve. La suppression des roses avait suffi à transformer une toilette quelconque en cette merveille de grâce et d'élégante simplicité. Cette petite a décidément un goût parfait, pensa-t-elle avec gratitude.

Laissant Adèle à sa contemplation, Emma était allée chercher l'écrin des diamants et tendit les pièces de la parure. Adèle fixa ses boucles d'oreilles, passa deux bracelets à ses poignets pendant qu'Emma attachait le clip du collier. Quand ce fut fini, Emma ne put retenir un léger cri d'admiration qui fit sourire Adèle.

« Que Madame est belle !

— Merci, Emma. Mais ce sont les bijoux qui sont beaux. Monsieur m'offrait de bien beaux bijoux, naguère ! » ajouta-t-elle avec un soupir de regret.

Cette réflexion éveilla un mouvement d'amertume au cœur d'Emma. Il pouvait bien offrir des bijoux à sa femme et gaspiller des fortunes gagnées par le travail des autres, et même par le travail des jeunes enfants, comme son frère Frank...

Adèle était trop profondément noyée dans son extase pour avoir remarqué l'éclat de colère dans les yeux d'Emma. Elle plongea la main dans un autre écrin et en sortit une grosse broche de diamants qu'elle commença à fixer en haut du drapé de son épaule. Emma en oublia ses griefs et se gratta la gorge, atterrée :

« Euh... Si Madame me permet, je ne crois pas que cette broche soit très heureuse à cet endroit...

— C'était celle de ma mère ! » protesta Adèle.

Emma hésita, embarrassée :

« Dans ce cas... Si Madame veut la mettre pour des raisons sentimentales... »

Ce bijou heurtait son sens de la mesure et des proportions. Trop gros, mal placé, il détruisait l'harmonie de ce qu'elle avait essayé de créer pour faire d'Adèle une perfection.

Ebranlée, cependant, celle-ci se regardait pensivement dans la glace. Pour des raisons sentimentales... Oh ! non, il ne fallait surtout pas y attacher de valeur sentimentale ! Ce soir moins que jamais, elle ne voulait afficher un souvenir de sa mère. Il n'était pas non plus question de la rappeler à la mémoire d'Olivia. Sa sœur avait toujours dit qu'elle était folle, comme leur mère. Adam aussi, car il était son complice. Adam et Olivia. Depuis toujours, ces deux-là s'entendaient sur son dos, complotaient contre elle. Adam et Olivia. Tous les jours, elle les surprenait à se chuchoter des choses mystérieuses dans les coins de cette horrible maison, sa prison. Ils voulaient en faire sa tombe...

Elle défit la broche et la remit dans l'écrin. Alors, ses yeux tombèrent sur Emma. Elle lui agrippa le bras, la tira vers elle, se pencha.

Emma sursauta, effrayée par le regard fébrile d'Adèle. Elle tenta doucement de se dégager :

« Madame veut quelque chose ? » murmura-t-elle.

Adèle la dévisageait toujours de ses yeux fous :

« Il faut partir, Emma ! Il faut quitter cette maison. Partez avant qu'il soit trop tard, petite fille ! Cette maison est malfaisante. Il faut partir, vous m'entendez ? »

Stupéfaite, apeurée par cette soudaine explosion, Emma avala sa salive et pâlit :

« Qu'est-ce que... Qu'est-ce que Madame veut dire ? »

Adèle éclata de rire, un rire dément, hystérique, dont les éclats stridents donnèrent à Emma la chair de poule.

« Je veux dire que ce sont des monstres ! Tous ! Et que cette maison est maudite, m'entends-tu ? Maudite ! Maudite !

— Chut ! Pas si fort, Madame ! »

Dans son affolement, Emma ne releva même pas le caractère effrayant des imprécations d'Adèle, qui correspondaient pourtant si bien à ses propres effrois. Elle ne pensait qu'au devoir qui lui incombait de ramener sa maîtresse à la raison et de la préparer à descendre rejoindre les invités. Comment la faire sortir de cette nouvelle crise ?

Adèle était redevenue livide. Les épaules secouées de sanglots, elle répétait à mi-voix des mots sans suite, agitait la tête au risque de déranger sa savante coiffure. Avec fermeté, Emma la fit asseoir. La situation la dépassait. Mieux valait appeler quelqu'un à la rescousse, Mme Wainright ou peut-être M. Edwin. D'instinct, tandis qu'elle serrait entre ses mains celles d'Adèle pour en calmer les tremblements, elle sentit que ce serait une grave erreur. C'était à elle et à elle seule d'intervenir.

« Madame ! chuchota-t-elle. Madame, écoutez-moi. Il faut que vous m'écoutiez ! Vos invités vont arriver d'une minute à l'autre. Il faut vous ressaisir, Madame, il faut être calme et belle pour aller les recevoir. C'est pour votre bien que je parle, Madame ! Vous m'entendez ? »

Adèle semblait sourde et insensible à tout ce qui l'entourait, murée dans son inconscience. Elle dirigea sur Emma un regard vitreux qui la traversa comme si elle n'existait pas. La jeune fille frissonna et, malgré elle, serra si fort les mains glacées de sa maîtresse qu'elle y imprima des marques rouges.

« Madame ! reprit-elle plus fort d'une voix vibrante d'autorité. Madame, secouez-vous ! Ne restez pas comme cela ! Reprenez-vous, tout de suite ! Tout de suite ! Allons ! »

Mais Adèle ne réagissait toujours pas. Sous les yeux étincelants de la jeune fille, elle demeurait absente, prostrée, enfermée dans quelque rêve maladif dont elle ne voulait plus sortir.

Désespérée, Emma se demanda si elle n'allait pas être forcée d'éveiller Adèle malgré elle en la giflant. Le seul scrupule qui la retint fut qu'elle risquait de ruiner le délicat maquillage et de laisser de vilaines marques sur la peau tendre d'Adèle. Elle se contenta de la prendre aux épaules et de la secouer en poursuivant ses objurgations.

Un long moment plus tard, le regard d'Adèle perdit de sa fixité. Une lueur de raison y reparut, sa respiration se fit moins saccadée. Emma poussa un soupir d'intense soulagement mais ne relâcha pas sa pression ni l'insistance de sa voix :

« Remettez-vous, Madame. Il faut descendre, recevoir tout le monde. Tout de suite, vous m'entendez! Avant qu'il soit trop tard. C'est vous la maîtresse. Le maître vous attend, il a besoin de vous... »

Adèle semblait vouloir replonger dans sa torpeur. Emma faillit se décourager, tenta une dernière intervention :

« Regardez-moi, Madame! Regardez-moi! dit-elle en dardant l'éclat de ses yeux verts sur le regard mort d'Adèle. Vous n'êtes plus une enfant! Vous n'avez pas le droit de faire ce que vous faites. Si vous continuez, vous allez provoquer un scandale, vous m'entendez? Et vous en serez la seule victime! Réveillez-vous! »

A travers le fracas qui lui remplissait la tête, Adèle saisit quelques bribes de mots, assez pour distinguer l'autorité qui s'y faisait jour. Peu à peu, le bruit de cauchemar qui l'assourdissait diminua. Les contours vagues et flous que percevaient ses yeux se précisèrent, sans former encore d'image cohérente. La voix ferme d'Emma fut le premier élément de la réalité à lui parvenir et à l'arracher à son délire.

« Je serai là si vous avez besoin de moi. Vous n'aurez qu'à me faire signe, je m'occuperai de vous. Vous m'entendez, Madame? Secouez-vous, pour l'amour du Ciel! On ne pourra pas servir si la maîtresse de maison n'est pas là... »

Adèle sursauta et se redressa sur sa chaise si brusquement qu'Emma chancela. Que venait-elle d'entendre? Il était question d'une maîtresse. La seule. C'était vrai ce que disait la voix...

Elle se passa la main sur le front, ferma les yeux, les rouvrit. Sa vision devenait plus nette. Devant elle, la forme agenouillée qui lui parlait si fermement, c'était Emma, sa femme de chambre, qui la préparait pour une réception.

« Voulez-vous un verre d'eau? » demanda Emma.

Adèle baissa les yeux vers elle et la reconnut. Autour d'elle, sa chambre redevenait familière sous les lampes. Elle voyait le velours noir de sa robe, les diamants de ses bracelets. Contre sa peau nue, elle sentait le poids du collier.

C'est d'un ton redevenu parfaitement normal qu'elle répondit à la question inquiète de la jeune fille :

« Non, merci, Emma, je n'ai besoin de rien. »

Elle la regarda dans les yeux, l'air grave :

« Pardonnez-moi, Emma, je ne sais pas ce que j'ai eu. Une affreuse migraine, sans doute, qui m'a saisie tout d'un coup... Ces maux de tête sont horribles, vous savez. Mais c'est fini, maintenant. C'est bien fini.

— Madame en est-elle sûre ? demanda Emma avec sollicitude.

— Oui, oui, parfaitement. Mon Dieu, l'heure tourne, il faut que je descende... »

Adèle se leva, encore tremblante, et se dirigea vers la psyché d'un pas mal assuré. Emma resta à côté d'elle, prête à la soutenir, et lui parla d'une voix exagérément réconfortante, comme on s'adresse à un enfant convalescent :

« Regardez, Madame, comme vous êtes belle ce soir ! C'est Monsieur qui va être fier de vous ! Tout le monde va vous admirer, c'est sûr... »

Adam ! A cette pensée, Adèle pâlit de nouveau. Si elle ne descendait pas tout de suite, si elle laissait sourdre le moindre indice de son récent malaise, Adam l'écraserait encore de sa colère et, cette fois, elle ne pourrait pas y résister. Non, elle n'allait pas donner à Adam et Olivia le plaisir de s'acharner sur elle. Elle leur montrerait que c'était elle la plus forte, la plus belle. La seule maîtresse de Fairley Hall.

Dans le miroir, son image lui apparut avec une soudaine netteté qui lui tira presque un cri. Devant elle, il y avait une femme qu'elle croyait reconnaître, une femme d'une beauté parfaite, sublime, éblouissante. Et cette femme, c'était elle. Sa beauté était sa meilleure arme, son meilleur abri. Derrière cette beauté, elle pouvait se permettre de rester elle-même. Adam n'y verrait rien, n'y comprendrait rien. C'était elle qui le tenait à sa merci, désormais.

Un sourire se forma sur ses lèvres. Sûre d'elle-même, Adèle lissa d'une main une mèche de cheveux légèrement déplacée, ajusta son collier, tira sur un pli de sa robe. Son maquillage était intact. La tête haute, elle se tourna vers Emma :

« Je suis prête, dit-elle posément.
— Madame veut-elle que je l'accompagne ?
— Non, merci, Emma. Je descendrai très bien toute seule. »

D'un pas ferme, Adèle Fairley quitta sa chambre, traversa son petit salon et ouvrit la porte pour s'engager dans le corridor. Huit heures sonnaient au cartel de la cheminée.

14

Le dîner touchait à sa fin et, au soulagement d'Adam Fairley, tout s'était jusqu'à présent déroulé à merveille. Un sourire de contentement aux lèvres, il s'appuya au dossier de sa chaise et contempla le spectacle qu'il avait sous les yeux.

Sous les lustres, la vaste salle à manger perdait son aspect caverneux. Le scintillement des cristaux et de l'argenterie, l'éclat du feu dans la cheminée, le brouhaha des conversations et des rires lui donnaient même une certaine chaleur joyeuse qui n'était pas sans grandeur. Depuis trop longtemps, pensa Adam, Fairley Hall n'avait pas retenti des bruits d'une fête, l'ambiance joyeuse et détendue lui faisait éprouver une sensation de bien-être oubliée. En l'honneur de Bruce McGill, le riche éleveur australien avec qui il venait de conclure des accords, il avait invité des châtelains des environs et d'importants filateurs de la région avec qui il entretenait des relations d'affaires et d'amitié. Les femmes avaient fait assaut d'élégance, les hommes de galanterie. La soirée se présentait agréablement.

Au début, cependant, Adam était tendu, rempli d'appréhensions justifiées par le comportement auquel Adèle l'avait accoutumé dans le passé. Mais ses craintes s'étaient dissipées et, à sa surprise, Adam avait même fini par se mettre au diapason de la bonne humeur générale en oubliant les idées noires qui l'assaillaient continuellement ces derniers temps.

Oui, se dit-il en savourant une gorgée de champagne frappé à point, le dîner est une réussite. Le menu était délicat et fin, les vins exquis, le service irréprochable — comme si Murgatroyd et Emma avaient l'habitude de tels dîners d'apparat. Mais rien de tout cela n'était l'effet du hasard. C'était à Olivia que l'on devait ce moment de perfection, Olivia dont le savoir-faire et le bon goût transparaissaient partout.

A l'autre bout de la table, Adèle tenait sa place en face de son mari. Adam l'avait attentivement surveillée et avait été stupéfait de son comportement. Pleine de charme et d'attention envers les invités, elle semblait être redevenue la femme idéale qu'elle avait été naguère. Elle avait surtout retrouvé sa beauté, plus éclatante que jamais. Bruce McGill subissait avec extase les prévenances dont elle l'entourait et qu'Adam observa avec amusement. Quelle comédienne! se dit-il. Car son entrée en scène avait été digne des plus grandes actrices.

L'Australien était arrivé avant les autres, pour mettre au point avec Adam les derniers détails de leurs affaires. Les deux hommes venaient de quitter la bibliothèque pour traverser le grand hall en direction du salon quand Adèle était apparue en haut de l'escalier. Consciente d'avoir été vue, elle avait fait une pause sur le palier puis, sûre de l'attention de son public, avait descendu les dernières marches comme une reine s'offrant à l'admiration des courtisans. Le souffle coupé, McGill avait contemplé cette vision surnaturelle en rougissant comme un collégien. Depuis, il n'avait pas réussi à perdre cette expression d'admiration béate et se troublait chaque fois qu'il posait les yeux sur l'épouse de son hôte. Assis à la gauche d'Adèle, il buvait ses moindres paroles et se délectait du moindre éclat de son rire cristallin qui tintait dans la pièce jusqu'aux oreilles incrédules d'Adam. Mais cette bonne humeur était trop affichée et sonnait faux. Il subsistait autour d'Adèle un halo d'irréalité et d'éloignement, visible au seul regard exercé de son mari. Une reine, oui. Mais la Reine des Neiges de la légende. Intouchable. Prête à fondre et s'évanouir dans le néant si l'on tendait la main vers elle.

Olivia, quant à elle, resplendissait d'une beauté au moins égale à celle de sa sœur. Sa robe de soie bleue, sa parure de saphirs faisaient ressortir le bleu profond et lumineux de son regard. En elle, rien d'éthéré ni de fragile. Tout, au contraire, respirait la paix, l'équilibre. Mais une paix trop profonde, peut-être. Si Adèle était la Reine des Neiges, Olivia évoquait plutôt la Belle au Bois Dormant. Pour s'animer tout à fait, il lui manquait le baiser du Prince Charmant, pensa Adam.

A peine formulée, cette pensée le troubla profondément. Le champagne était-il responsable de ses divagations ? Il se sentir rougir, vida sa flûte d'un trait, détourna son regard pour le poser sur les autres dîneurs. Il y avait, ce soir, quelques-unes des plus belles femmes du Yorkshire. Mais aucune n'arrivait à la cheville d'Adèle et d'Olivia.

Malgré lui, Adam se surprit à regarder encore Olivia. Il remarqua alors que, d'un sourire appuyé et d'un imperceptible hochement de tête, elle lui faisait signe qu'il négligeait ses obligations de maître de maison. Ainsi ramené à la réalité, Adam se rendit compte que les desserts étaient finis et qu'il était temps de se lever de table. C'était à lui d'en donner le signal.

Conformément aux usages, il s'excusa auprès de ses voisines et les hommes sortirent les premiers de la salle à manger pour se réunir dans la bibliothèque, où ils bavarderaient entre eux en fumant des cigares et en buvant les alcools préparés par Murgatroyd. Les dames iraient au grand salon. L'on ne se retrouverait qu'au moment du départ.

Tandis que les convives se regroupaient par affinités, Adam entraîna Bruce McGill vers la cheminée, où Murgatroyd vint s'enquérir de ce qu'ils voulaient boire. Agé d'une cinquantaine d'années, l'Australien était un homme grand et noueux. Il émanait de sa personne un charme auquel les femmes ne restaient pas souvent insensibles mais qui mettait aussi les hommes à l'aise.

« Mon cher Adam, dit-il en levant son verre, je bois à une longue amitié entre nous. »

Adam Fairley lui rendit son toast avec sincérité. Bruce McGill s'était montré rude en affaires mais d'une honnêteté qui avait forcé sa sympathie. Les accords qu'ils venaient de conclure, à l'issue du séjour de l'Australien en Grande-Bretagne, laissaient présager de longues et fructueuses relations.

« Je regrette sincèrement de vous voir nous quitter déjà, mon cher Bruce. Combien de temps comptez-vous rester à Londres ?

— Une quinzaine, tout au plus. Je dois rembarquer pour Sydney au début de mai. Pourquoi ne viendriez-vous pas passer quelques jours à Londres pendant mon séjour, Adam ? Nous irions au théâtre, je vous présenterais mes... amis, ajouta-t-il avec un sourire complice. Certains, ou plutôt certaines, sont tout à fait charmantes... »

Adam lui rendit son sourire et secoua la tête.

« J'ai bien peur, hélas ! de ne pas pouvoir accepter votre invitation, malgré tout le plaisir que j'en aurais. Les affaires me retiennent ici. Mais j'y compte sans faute à votre prochain passage.

— Pourquoi attendre si longtemps ? Venez donc me voir en Australie. Je vous montrerai ma propriété de Dunoon. Vous sauriez apprécier ce qu'est l'élevage des moutons à une telle échelle. »

Adam hocha la tête, séduit par la perspective du dépaysement. Peut-être ce voyage aux antipodes réussirait-il à chasser ses idées noires...

« Depuis mon veuvage, je vis seul avec mon fils Paul. Mais la maison est confortable et Sydney n'est pas loin, reprit McGill en s'animant. Ce n'est pas Londres, bien sûr, mais c'est une grande ville que vous trouverez intéressante, j'en suis sûr. »

Il but une gorgée de cognac, l'air soudain pensif, et prit Adam par le bras :

« Tenez, j'ai une bien meilleure idée encore. Pourquoi n'achèteriez-vous pas de la terre en Australie, Adam ? Ce serait un excellent investissement. Vous pourriez monter une exploitation, élever vos moutons et devenir votre propre fournisseur de laine, hein ? Je me chargerais d'embaucher le personnel et de le surveiller jusqu'à ce que vous soyez en mesure de le faire vous-même. Que dites-vous de cela, mon cher Adam ? »

Adam Fairley hocha la tête.

« Ma foi, Bruce, je n'y avais jamais songé mais j'avoue que votre idée est séduisante. Je vous promets d'y réfléchir et je vous en reparlerai d'ici la fin de l'année. Par écrit ou de vive voix... L'idée d'aller vous rendre visite me sourit de plus en plus. »

L'Australien eut un sourire épanoui, hésita, rougit un peu et se troubla :

« Si j'osais, je vous dirais bien de venir en compagnie de votre charmante épouse. Je n'ai jamais rencontré de femme plus belle ni plus charmante. Vous êtes un heureux homme, Adam ! »

Le sourire d'Adam Fairley se figea. Il tira sa montre de son gousset et feignit de la consulter :

« Diable, il se fait tard ! Venez que je vous présente à quelques amis, mon cher Bruce. Après cela, nous irons rejoindre ces dames, sinon elles s'imagineraient que nous les négligeons. »

Il prit le bras de son hôte pour le guider vers un groupe à l'autre bout de la bibliothèque. Mais les mots de Bruce McGill résonnaient à ses oreilles avec une cuisante ironie. Un heureux homme ! Si seulement il savait, se dit-il avec amertume. Oui, s'il savait...

Les invités étaient partis depuis longtemps. Adèle et Olivia avaient regagné leurs chambres et Adam s'était attardé dans la bibliothèque pour y boire un dernier whisky. Murgatroyd avait accepté en se rengorgeant les compliments du maître, en se promettant bien de ne pas transmettre à Emma ceux qui lui étaient destinés. Le silence était retombé dans la grande maison.

En arrivant quelques instants plus tard sur le seuil de sa chambre, Adam constata avec plaisir que le feu flambait dans la cheminée et égayait la pièce. Il alla s'adosser au manteau, les jambes écartées dans sa position favorite et se laissa envahir par la chaleur pétillante qui montait de l'âtre. Le regard absent, engourdi par le bien-être qui le gagnait, il s'abandonna aux pensées dont sa tête, ce soir, était remplie.

Un long moment, sans qu'il eût conscience du temps qui passait, il laissa son esprit vagabonder et sauter d'une chose à l'autre. Parfois il souriait, parfois il retrouvait sa mine sévère. La simplicité de sa chambre, qui évoquait la rigueur militaire de sa jeunesse, le réconfortait plus encore que la bibliothèque. Là, il se sentait vraiment chez lui, à l'abri des atteintes d'autrui. Il pouvait sans crainte se décharger de ses fardeaux, donner libre cours à ses pensées. Mais, ce soir, la vue des murs blancs, des poutres sombres du plafond et des quelques taches claires que faisaient les meubles rustiques en bois fruitier ne lui apportait pas l'apaisement habituel. En dépit des flammes joyeuses et de la lumière douce diffusée par la lampe posée sur la table de chevet, il trouvait à ce spectacle familier une allure inconnue, presque hostile. Peu à peu, son malaise grandit. La chaleur du feu lui devint insupportable et il eut la sensation d'étouffer. Il arracha sa cravate d'un geste brutal et, pour conjurer l'inexplicable panique qu'il sentait monter en lui, se mit à marcher de long en large.

Autour de lui, les murs semblaient se rapprocher, comme pour l'enserrer dans une cage. Il s'arrêta net dans ses allées et venues, se força à réprimer une pensée affolante : vais-je devenir fou, moi aussi ? Non, s'il était prisonnier, ce n'était que de lui-même. La cage, il l'avait élevée de ses propres mains. Pourquoi, grand dieu ? A quoi bon se bâtir un refuge pour s'y emprisonner ?

La sensation d'étouffement finit par devenir trop forte et Adam n'y tint plus. Il traversa la chambre, ouvrit la porte à la volée et s'engagea, courant presque, dans le couloir obscur où se glissaient des rayons de lune. Sans savoir comment il y était parvenu, il se retrouva dans la bibliothèque. On avait négligé d'en tirer les rideaux et le clair de lune y pénétrait à flots, illuminant la pièce d'une lumière froide et précise. Il ne prit pas la peine d'allumer une lampe et se dirigea sans hésiter vers la table où les bouteilles étaient encore alignées. Il en prit une au hasard, versa une large rasade dans un verre qu'il porta à ses lèvres. C'était du cognac, dont l'âcre puissance lui enflamma la gorge et lui fit monter les larmes aux yeux. Mais il vida son verre d'un trait, le remplit de nouveau et avala l'alcool avec une telle précipitation qu'il en renversa une partie sur sa chemise. Quand il reposa le verre, il vit que ses mains tremblaient.

Accroché au meuble, Adam se força à respirer profondément jusqu'à ce qu'il dominât ses nerfs et que les battements de son cœur s'apaisassent. Ce soir, plus encore que jamais, il se sentait terriblement solitaire. Il éprouvait le besoin presque désespéré de parler à quelqu'un, de partager ses craintes avec un ami, de sentir qu'on le comprenait. Un ami ! Il n'en avait aucun, dans cette maison sinistre et glacée. Sans Olivia, il serait seul, absolument seul au monde...

Olivia ! Oui, il avait Olivia ! Elle était pleine de sagesse et de compassion, elle le comprendrait. Elle saurait trouver les mots dont il avait tant besoin. Il fallait qu'il parle à Olivia, tout de suite.

Sans réfléchir davantage, il sortit en courant de la bibliothèque et s'engouffra dans l'escalier. Quelque part, une horloge sonna minuit et ce bruit arrêta net Adam Fairley dans sa course. Non, il ne pouvait pas faire irruption chez Olivia à une heure pareille. Elle ne le lui pardonnerait jamais. Il n'avait pas le droit...

Soudain abattu, voûté sous le poids de sa déception, il revint lentement sur ses pas. Arrivé devant sa porte, il hésita avant d'entrer. Alors, poussé par une force à laquelle il ne pouvait résister, il fit demi-tour. Au détour du couloir, il s'arrêta : un rai de lumière passait sous la porte d'Olivia. Sans plus tergiverser, car c'était là un signe d'encouragement, il se précipita. Avant qu'il eût le temps de frapper, la porte s'ouvrit devant lui. La silhouette d'Olivia se détachait en sombre, comme une apparition.

Muet de stupeur, Adam s'immobilisa devant elle.

Il devina, plutôt qu'il ne le vit, qu'Olivia lui faisait signe d'entrer et il obéit machinalement. Ce ne fut qu'au bout de quelques instants qu'il redevint conscient du caractère hautement inconvenant de sa présence à une pareille heure. Il se sentit soudain affreusement gêné de son débraillé, car il se souvint avoir arraché sa cravate et s'être ébouriffé les cheveux. Pour mettre le comble à sa confusion, il se rendit compte qu'il tenait toujours un verre vide à la main et que son haleine devait empester l'alcool. Pire encore, il était hors d'état de proférer un mot. Sa tête était vide de toutes les pensées qui s'y bousculaient peu auparavant et il était incapable de trouver une excuse à son inqualifiable conduite.

Olivia avait refermé la porte derrière elle et s'y était appuyée. Elle regardait son visiteur sans surprise apparente et avec sa douceur coutumière. Adam rougit de plus belle.

Il se gratta la gorge, eut un geste malhabile pour rajuster le plastron de sa chemise.

« Je suis navré, ma chère Olivia, parvint-il enfin à dire. Je n'arrivais pas à dormir et... et j'étais descendu boire quelque chose... En remontant, je me suis souvenu que... que j'avais négligé, tout à l'heure, de vous remercier de tout ce que vous aviez fait ce soir...

— Vous plaisantez, mon cher Adam. C'est la moindre des choses, voyons...

— Pas du tout, pas du tout, reprit-il en s'enhardissant. J'aurais été impardonnable de ne pas vous exprimer ma reconnaissance... »

Elle ne répondit pas et continua à l'observer avec surprise. Il avait sûrement beaucoup bu, assez pour se fourvoyer dans une situation dont il jaugeait le ridicule mieux que personne. Mais pas assez pour ne pas redevenir le parfait *gentleman* qu'il était toujours et tenter de se tirer d'un mauvais pas de la meilleure grâce possible.

Adam avait repris un peu d'assurance. Son excuse était peu plausible, sans doute. Mais il s'était au moins réservé une porte de sortie. Il ne lui restait plus qu'à se retirer avec autant de dignité qu'il en était encore capable.

Il eut un sourire embarrassé :

« Il vaut mieux que je m'en aille, ma chère Olivia. Je ne vous ai déjà que trop dérangée et... Je ne me serais pas hasardé à venir si je n'avais pas remarqué votre lumière. »

Mais Olivia ne s'écarta pas de la porte, contre laquelle elle restait appuyée. Toujours aussi calme en apparence, elle faisait un effort pour apaiser l'émotion qui l'agitait.

« J'avais cru entendre du bruit... » commença-t-elle.

Elle se retint d'ajouter qu'elle avait tout de suite deviné que c'était lui. Les yeux baissés, elle resta longtemps silencieuse. Elle releva enfin la tête et le regarda en face :

« Restez encore un peu, Adam, dit-elle. Je ne dormais pas et cela me ferait plaisir de bavarder un moment... A moins que vous ne vouliez vous retirer, bien entendu, se hâta-t-elle d'ajouter.

— Non, non, pas du tout ! »

Il se reprit, gêné de sa soudaine véhémence :

« Cela me ferait un grand plaisir de rester quelques instants, Olivia. J'ai du mal à m'endormir et... »

Elle hocha la tête et lui fit signe de s'installer devant la cheminée. Elle passa près de lui et il put respirer les effluves de son parfum sans chercher cette fois à combattre son trouble.

Olivia prit place sur une causeuse. Au lieu de s'asseoir

à côté d'elle, Adam s'installa volontairement sur une chaise en face d'elle. Un moment, ils se regardèrent sans parler, jusqu'à ce qu'Adam devînt encore une fois conscient de la fixité de son regard et baissât les yeux en rougissant légèrement. Jamais, depuis vingt ans qu'il la connaissait, Olivia ne lui avait paru plus belle que ce soir. Il fallait dire quelque chose pour dissiper la gêne...

« Qu'avez-vous pensé d'Adèle, ce soir ? demanda-t-il. Malgré tous ses efforts pour avoir l'air normale et à l'aise, je n'ai pu m'empêcher de ressentir... je ne sais comment l'exprimer.

— Je le sais, hélas! Elle jouait la comédie, comme elle le fait trop souvent. Quand elle doit faire face à une situation trop difficile pour elle, elle met un masque pour se protéger. »

Adam hocha la tête pensivement.

« C'est sans doute vrai. Je n'osais pas le penser.

— J'ai plusieurs fois essayé de l'aider ou de la faire parler depuis mon arrivée ici, mais sans succès. Elle me repousse brutalement ou élude mes questions. Vous savez, je me demande parfois si elle ne me soupçonne pas de vouloir lui faire du tort...

— J'ai la même impression. Elle recule devant moi, se ferme comme si je lui faisais peur. J'aurais sans doute dû vous en parler au moment de votre arrivée en février. Mais je ne voulais pas vous alarmer inutilement...

— Il aurait fallu vous confier à moi, Adam. Un fardeau comme celui-ci est trop lourd à porter seul. La dernière fois que j'ai vu Andrew Melton, d'ailleurs, il m'a fait part des inquiétudes que vous aviez eu au sujet d'Adèle et des conseils qu'il vous avait donnés. Je ne sais pas si, aujourd'hui, il ferait preuve du même optimisme. »

En entendant prononcer le nom de son ami médecin, Adam serra involontairement les dents et son regard se fit dur.

« Vous avez eu l'occasion de rencontrer Andrew ? » demanda-t-il sèchement.

Olivia fut étonnée de ce soudain changement de ton et leva vers lui un regard interrogateur :

« Bien sûr, voyons. Nous nous voyons très souvent à Londres. Je l'invite à mes réceptions et il m'a accompagnée plusieurs fois à l'opéra et au concert. Sachant qu'Adèle est ma sœur, il n'a pas cru trahir le secret en me parlant d'elle. Vous n'y voyez pas d'objections, j'espère ?

— Non, bien sûr que non... J'étais simplement surpris de vos rapports avec Andrew... »

L'évident désarroi qui perçait dans le ton d'Adam fit froncer les sourcils d'Olivia.

« C'est vous-même qui me l'avez présenté, mon cher Adam. Vous m'avez dit qu'il était votre meilleur ami. Je ne vois pas ce que...

— Vous n'avez pas à vous justifier, Olivia ! s'écriat-il avec brusquerie. Vous êtes libre de voir qui bon vous semble. »

Il était devenu cramoisi, autant de colère envers luimême que de honte de son comportement. Car il devait maintenant se rendre à l'évidence : il était jaloux, maladivement jaloux d'Olivia. Tout à l'heure, déjà, il avait ressenti des pincements au cœur en voyant les regards admiratifs que lui lançaient les autres hommes. Savoir qu'elle sortait fréquemment avec son vieil ami Andrew Melton, médecin réputé, célibataire et par conséquent prétendant possible à la main d'Olivia, veuve depuis de longues années, lui avait causé un choc difficile à surmonter. Il était jaloux alors qu'il n'en avait nullement le droit.

De son côté, Olivia l'observait sans rien dire. Ses joues se coloraient peu à peu sous l'effet d'une émotion dont, depuis longtemps, elle ne connaissait que trop bien la cause. Adam l'aimait, comme elle aimait Adam. Il n'osait pas encore se l'avouer et luttait contre l'élan qui l'emportait vers elle. Mais il venait de se trahir. Avait-elle le droit de l'encourager, lui, son beau-frère, le mari de sa propre sœur ?

Incapable de soutenir plus longtemps la torture que

lui infligeait le regard d'Olivia, Adam se leva d'un bond et lui tourna le dos, les yeux fixés sur les flammes. Il essayait de retrouver son calme. Il fallait qu'il parte immédiatement, qu'il quitte cette chambre où sa présence constituait un scandale. Il fallait qu'il parte pendant qu'il était encore capable de se dominer, avant de succomber à la tentation de prendre Olivia dans ses bras et de la couvrir de baisers. Il fallait qu'il parte avant de se déshonorer et, surtout, de la compromettre, avant d'abuser de la faiblesse de cette femme qui habitait sous son toit... A la honte, il allait ajouter le péché.

Il parvint enfin à s'arracher à la cheminée, à laquelle il se cramponnait, et traversa la chambre d'un pas de somnambule. En le voyant partir, Olivia se dressa. Elle était devenue pâle et tremblait, incapable de se dominer plus longtemps.

« Adam ! Où allez-vous ? Pourquoi me quittez-vous ? Vous ai-je offensé ? »

Arrivé presque à la porte, il s'arrêta net, hésita, le dos tourné. Enfin, lentement, comme à regret, il pivota pour lui faire face mais garda les yeux baissés.

« Non, Olivia, dit-il d'une voix sourde, si je m'en vais c'est parce que je vous ai offensée, moi. Ma présence ici est injustifiable. Je vous demande pardon d'être venu dans de telles conditions. »

En deux pas, elle l'avait rejoint et, d'un geste d'affection instinctive, avait posé sa main sur le bras d'Adam. A travers l'étoffe de sa chemise, il sentit le contact de ses doigts lui brûler la peau et réprima un frisson.

Il ouvrit la bouche, mais aucun son ne put sortir de sa gorge serrée. Alors, comme un noyé qui se raccroche à une branche, il lui prit la main, lui défit les doigts et pressa la paume contre ses lèvres, s'attarda en un long baiser si plein de passion qu'elle crut défaillir. Le temps avait cessé de couler tandis qu'il se grisait au goût de cette chair tendre et parfumée. Les joues lui brûlaient, son cœur battait à se rompre. Olivia poussa enfin un faible cri qui l'arracha à son délire et lui fit relever les yeux.

Il recula d'un pas en laissant retomber la main qu'il tenait encore. Olivia était devant lui, les yeux agrandis et assombris par une passion égale à la sienne, et dont il faisait la découverte avec une stupeur qui laissait peu à peu la place à une joie sauvage. Debout l'un contre l'autre, proches à se toucher, ils restèrent ainsi plongés dans leur contemplation, submergés de sentiments contradictoires qui les retenaient encore au seuil d'un inconnu où ils hésitaient à s'enfoncer.

Soudain, sans qu'ils en soient conscients, ils furent enlacés, leurs lèvres unies avec une passion d'autant plus forte qu'elle avait été longtemps contenue. En un éclair, les derniers vestiges de leurs principes furent balayés par le besoin impérieux qu'ils avaient l'un de l'autre et qu'ils avaient si cruellement réprimé. Rendu fou par son désir, exacerbé par des années de continence et de maîtrise de soi surhumaine, Adam se vit comme en rêve soulever Olivia et l'emmener vers le lit. Les yeux clos, elle se laissa emporter dans les bras du seul homme qu'elle ait jamais aimé depuis le premier jour où elle l'avait vu, de celui qui avait peuplé ses longues nuits de solitude, dont elle avait trop longtemps rêvé sans espoir.

Elle rouvrit les yeux en sentant qu'il la déposait sur le lit avec douceur. Penché vers elle, il la contemplait d'un air grave où elle crut deviner une dernière hésitation. Son cœur cessa de battre.

« Depuis vingt ans, Adam, murmura-t-elle. Je t'attends depuis vingt ans. Ne m'abandonne pas. »

Un sourire apparut sur les lèvres d'Adam. D'un geste recueilli, il lui prit le visage entre ses mains et l'embrassa longuement, avec une douceur infinie.

« Non, mon amour, je ne t'abandonnerai pas. Jamais. Nous nous sommes retrouvés et nous ne nous quitterons plus. »

Un instant plus tard, il se détourna pour souffler la lampe.

Assise à la table de la cuisine, Emma était en train de coudre un col de dentelle sur un chemisier de soie donné par Olivia Wainright. Celle-ci lui avait également fait cadeau d'une robe et d'un bon châle de laine, précieuses additions à la maigre garde-robe d'Emma qui n'avait désormais plus de réticences à reconnaître ouvertement l'affection que lui inspirait Olivia.

Il faisait bon dans la vaste cuisine. Les rayons du soleil jetaient de grandes plages de lumière dans la pièce en faisant luire les cuivres. En ce dimanche après-midi, l'atmosphère était particulièrement paisible. Murgatroyd était parti à Pudsey voir sa sœur. Annie, la jeune bonne, mettait la table pour le dîner, selon les instructions d'Emma. Devant la cheminée où flambait un bon feu, les ronflements sonores de Mme Turner concurrençaient les craquements et les sifflements des bûches. L'horloge rythmait tranquillement le passage des minutes et, de temps en temps, un coup de vent venait ululer devant les fenêtres pour mieux faire apprécier la douceur de la température qui régnait à l'intérieur. Car, s'il faisait beau dehors, on n'était qu'en avril et le soleil était encore impuissant à réchauffer la lande.

Concentrée sur son ouvrage, Emma admirait la qualité de sa soie et l'élégance de la coupe. Le chemisier était d'ailleurs presque neuf, d'un bleu tendre de la couleur du ciel. Ou plutôt, pensa-t-elle, de celle des yeux de maman. Cette dernière réflexion la décida à faire cadeau du vêtement à sa mère quand elle retournerait chez elle, dans le courant de la semaine. L'idée de pouvoir lui offrir une si belle chose dessina sur son visage un sourire radieux, vite évanoui cependant. Car Emma s'était déjà replongée dans ses pensées qui, plus que jamais, tournaient autour de Leeds, de la fortune qu'elle pourrait y gagner et de la mise en application de son Plan, avec un grand P.

La tranquillité fut soudain brisée par le fracas de la porte extérieure qui s'ouvrait bruyamment et, poussée par le vent, allait rebondir contre le mur. Emma sursauta et était prête à se lever pour aller la refermer quand une silhouette s'encadra dans l'ouverture qu'elle occulta presque complètement. Au-dessus des larges épaules, elle vit un visage joyeux surmonté de folles boucles noires qui dansaient dans le vent, une bouche largement fendue dans des joues tannées comme le cuir, une paire d'yeux noirs étincelants. Elle n'avait pas encore eu le temps de s'étonner qu'une voix sonore éclata, pleine d'intonations rocailleuses et musicales auxquelles il était impossible de se tromper :

« Eh bien, c'est le château de la Belle au Bois Dormant, ma parole ! Holà ! mesdames, vous ne refuserez pas un abri à un malheureux baladin perdu sur la lande en ce jour de grand froid ! Il me faudrait bien au moins un bol de thé, pour faire fondre la glace qui me gèle les os ! »

Réveillée en sursaut, la cuisinière poussa un grognement féroce qu'Emma ne remarqua même pas.

« Blackie ! »

Avec un cri de joie, elle traversa la cuisine en trois bonds, dans un grand frou-frou de jupe. Son visage rayonnait de plaisir et Blackie, qui avait déjà descendu les marches à sa rencontre, la saisit au vol dans ses bras musclés. En la serrant contre sa poitrine, il la fit tournoyer jusqu'à ce qu'elle crie grâce et la reposa avec délicatesse, en la tenant par les épaules pour qu'elle se remette de son étourdissement.

« Ma foi, s'écria-t-il en la contemplant, tu deviens plus jolie à chaque fois que je te vois, *mavourneen* ! Tu n'as pas ta pareille dans tout le Yorkshire et dans toute l'Angleterre, et c'est la vérité du Bon Dieu ! »

Emma rougit de plaisir au compliment :

« Tais-toi donc, Blackie ! Tu deviens bien effronté ! »

Pendant ce temps, Mme Turner se frottait les yeux en poussant des exclamations indignées.

« Ce n'est que moi, ma chère madame Turner. Je

suis venu tout exprès pour vous apporter un petit cadeau. »

Avec un grand salut, il tira un sac en papier de sa poche et le tendit à la cuisinière qui, en le reconnaissant, avait quitté sa mine revêche pour l'accueillir en souriant de toutes ses rides.

« Oh! Blackie, il ne fallait pas, une vieille bête comme moi! » minauda-t-elle.

Elle défit le paquet avec impatience et jeta un coup d'œil à l'intérieur. Son sourire s'élargit et elle poussa un petit cri de joie gourmande :

« Des *toffees*, mes préférés! Tu es un bon garçon, Blackie. Et ton cadeau arrive juste à point : Murgatroyd ne sera pas là pour nous gâcher notre plaisir! »

Blackie s'était retourné vers Emma. Depuis sa dernière visite à Fairley Hall, la jeune fille s'était incroyablement épanouie. Sa silhouette était déjà celle d'une femme et, dans son visage plein et reposé, les yeux verts brillaient d'un éclat si pur qu'ils éclipsaient presque la douceur laiteuse de sa peau et l'opulence dorée de sa chevelure. Toujours souriant, le jeune Irlandais plongea une nouvelle fois la main dans sa poche et tendit un petit paquet à Emma.

« Tiens, *mavourneen*. Celui-ci est pour toi. »

Surprise, Emma alla s'asseoir à sa place et posa le paquet sur la table, devant elle, sans oser y toucher.

« Qu'est-ce que c'est? demanda-t-elle en hésitant.
— Juste un petit rien, un cadeau pour ton anniversaire. »

Les yeux noirs de Blackie pétillaient de plaisir devant la réaction d'Emma qui faisait des efforts visibles pour maîtriser sa curiosité.

« Mais... Mon anniversaire n'est qu'à la fin du mois! » dit-elle en prenant enfin le paquet.

Elle le tournait et le retournait dans ses doigts. Il était presque trop joli pour qu'elle osât le défaire, avec son emballage en papier d'argent et son ruban doré... Jamais de sa vie elle n'avait encore reçu de pareil cadeau et le cœur lui battait à grands coups.

« Je connais bien la date de ton anniversaire, répondit Blackie. Mais mon oncle Pat m'envoie à Harrogate pour un chantier qui va durer un mois et j'ai préféré te faire ton cadeau avec un peu d'avance. »

Rouge de plaisir et de confusion, Emma hésitait encore :

« Tu es sûr que je peux l'ouvrir maintenant ? Il ne faut pas attendre le jour...

— Bien sûr que non, puisque c'est moi qui te l'offre ! Tu vas me faire croire que tu n'aimes pas les cadeaux, ma parole ! »

Emma se décida enfin. Elle défit précautionneusement le ruban, déplia le papier en prenant bien soin de ne pas le déchirer. Elle contempla un instant une petite boîte noire dont elle souleva le couvercle d'une main tremblante.

« Oh ! Blackie... murmura-t-elle. C'est trop beau ! »

Fascinée, elle regarda avec des yeux écarquillés avant d'oser prendre une petite broche qu'elle leva lentement dans un rayon de soleil. C'était un nœud de rubans en métal doré parsemé de pierres vertes qui se mirent à scintiller. Dans la main d'Emma, ce bijou de pacotille prenait une beauté qui laissa Blackie stupéfait.

Revenue de son extase, Emma poussa un cri de joie :

« Oh ! Madame Turner, regardez, venez voir ! »

Elle courait déjà montrer la merveille à la cuisinière qui, trop occupée avec son sac de bonbons, n'avait d'ailleurs pas la moindre intention de se lever. Elle admira de bon cœur et hocha la tête en signe d'appréciation :

« C'est superbe, ma petite fille ! dit-elle la bouche pleine. En as-tu de la chance d'avoir un si beau cadeau pour tes quinze ans ! C'est un ange, notre Blackie. »

Blackie se gratta la gorge :

« Ce n'est que du verre teinté, dit-il. Mais quand je l'ai vu dans une des boutiques de Leeds, sous les arcades, je me suis dit que c'était juste de la couleur des yeux d'Emma et je l'ai tout de suite acheté... Mais sois tranquille, *mavourneen*, poursuivit-il en s'animant.

Quand je serai millionnaire, comme j'ai l'intention de le devenir, je t'achèterai exactement la même avec des vraies émeraudes. Je te le promets, foi d'Irlandais !

— Ce n'est pas la peine, Blackie ! s'écria Emma. C'est la plus belle broche que j'ai jamais vue et je la garderai toute ma vie, je te le jure. Je n'aurai jamais besoin d'émeraudes tant que j'aurai celle-ci. Merci, Blackie, merci mille et mille fois. »

Et elle ponctua ses remerciements avec un baiser sur la joue du jeune homme qui la serra dans ses bras.

« Je suis si content que ça te fasse plaisir, Emma. »

Elle se rassit et remit délicatement la broche dans son écrin, sans toutefois le refermer pour continuer à admirer le bijou.

Pendant ce temps, rassasiée de *toffees*, Mme Turner se levait pesamment.

« Allons, il est grand temps de prendre un peu de bon thé bien chaud, mes enfants ! La bouilloire est sur le feu et je m'en vais vous préparer ça en un rien de temps, c'est moi qui vous le dis... »

Tandis qu'elle s'affairait devant le fourneau, Blackie s'installa sur une chaise en face d'Emma.

« Comment se fait-il que tu sois ici un dimanche, *mavourneen* ? Je comptais m'arrêter chez tes parents après avoir donné ses bonbons à Mme Turner et je ne m'attendais pas à te trouver au château.

— Les maîtres ont donné une grande réception hier soir et Mme Wainright m'a demandé exceptionnellement de rester pour aider. Mais je rentrerai jeudi et Mme Wainright m'a donné quatre jours, jusqu'à lundi matin, tu te rends compte ? Elle est si bonne, Blackie, je ne pouvais pas lui refuser. Les choses ont bien changé, ici, depuis qu'elle s'occupe de la maison.

— Je m'en rends bien compte, *mavourneen*, répondit-il. Ainsi, il y a eu une grande réception ? Avec plein de belles dames et de beaux messieurs, j'imagine. Ah ! oui, c'est bien bon d'avoir de l'argent ! ajouta-t-il en s'étirant avec un sourire épanoui.

— Mais dis-moi, Blackie, tu as l'air d'un beau monsieur toi aussi, aujourd'hui. C'est un costume neuf que tu portes ? »

Blackie se redressa sur sa chaise et passa une main caressante sur les revers de son complet de serge noire.

« Tu as vu, hein ? dit-il en se rengorgeant. Et la cravate aussi, en soie je te prie ! Tu ne t'imagines quand même pas que j'allais venir te rendre visite dans mes vieux vêtements de travail ! Mais ne t'inquiète pas, *mavourneen*. Je te vois déjà habillée avec des belles robes comme il y en a sur les gravures de mode accrochées dans les devantures, à Leeds. Foi de Blackie, tu seras encore plus belle que Mme Fairley et que Mme Wainright ! »

Emma rougit et haussa les épaules.

« Ne dis donc pas de bêtises, Blackie ! Parle-moi plutôt de Leeds. Dis-moi ce qui se passe en ville. Raconte-moi ce que tu as fait, depuis qu'on ne s'est vus. »

Blackie remarqua tout de suite la mine sérieuse d'Emma, le regard impatient et avide qui apparaissait dès qu'il était question de Leeds et de ses rêves de faire fortune. Il préféra ne pas exciter davantage l'imagination de la jeune fille et répondit avec prudence :

« Bah ! pas grand-chose de neuf depuis la dernière fois, tu sais. Je n'ai pas eu beaucoup de temps pour me promener, tant nous avons du travail, mon oncle Pat et moi. En fait, on est presque obligés d'en refuser. Je peux bien te dire que c'est grâce à ton maître, M. Fairley, qui nous recommande partout. Pour nous, Emma, nous ne pouvons nous plaindre. Les affaires marchent bien. »

En entendant mentionner le *Squire*, Emma ne put réprimer un ricanement amer :

« Il vous recommande donc ? Qu'est-ce que ça lui rapporte, je me le demande ? »

Blackie n'avait pas remarqué le brusque changement de ton d'Emma et éclata de rire de bon cœur.

« Rien du tout, voyons ! Comment peux-tu avoir des idées pareilles, petite Emma ?

— Parce que je le connais, le *Squire*. Il n'est pas le

genre à faire quelque chose pour rien. Tout le monde le sait dans le pays, il n'y a pas plus dur en affaires que lui...

— Emma, Emma ! s'exclama le jeune homme. Tout le monde n'est pas un usurier, dans ce monde ! Ton M. Fairley, c'est un gentilhomme, et si je te le dis, tu peux me croire, *mavourneen*. Il sait que nous travaillons bien, avec mon oncle Pat, et je crois aussi qu'il nous aime bien...

— Ah ! oui ? » coupa Emma sèchement.

Blackie se pencha par-dessus la table et prit le ton de la confidence :

« Tu sais pourquoi ? dit-il en baissant la voix. Ce n'est pas seulement parce qu'il nous aime bien, si tu veux tout savoir. C'est parce que mon oncle Pat lui a sauvé la vie, il y a bientôt trois ans. Et M. Fairley lui en est toujours reconnaissant. Voilà la vérité.

— Lui a sauvé la vie, au maître ? dit Emma incrédule. Et comment ça ?

— Eh bien, un jour, M. Fairley passait en voiture du côté de Briggate, je crois bien, et son cheval a pris peur et s'est emballé. Mon oncle Pat, qui se trouvait là, a eu la présence d'esprit de s'accrocher aux rênes du cheval. Et il paraît qu'il a réussi à l'arrêter, mais après une course folle et une de ces batailles que c'en était effrayant à voir, comme ont raconté tous ceux qui y étaient... Tu sais, mon oncle Pat n'est pas une mauviette, poursuivit Blackie en se redressant et en jouant des épaules. Il est encore plus grand et plus fort que moi. Mais il a fallu qu'il y mette toutes ses forces pour mater le cheval ! Sans lui, le *Squire* serait mort, c'est sûr ! Même l'oncle Pat a failli rester sous les sabots du cheval et aurait bien pu être estropié pour la vie... »

Emma écoutait avec froideur le récit des exploits de l'oncle Pat et des dangers courus par son maître. Blackie la regardait, étonné de sa réaction.

« Bref, reprit-il, tout s'est bien terminé et le *Squire* était tellement reconnaissant envers mon oncle Pat et si impressionné par sa force qu'il a voulu le récompenser.

Mais mon oncle Pat n'est pas un homme à accepter de l'argent! poursuivit Blackie fièrement. « Il n'y a que les « païens qui se fassent payer pour sauver la vie d'un « homme! » a répondu mon oncle Pat à M. Fairley, tel que je te le dis! Alors, ton maître a voulu quand même lui manifester sa gratitude et, depuis, il nous recommande à tous ceux qu'il connaît et nous donne tout le travail qu'il peut. Et voilà toute l'histoire, *mavourneen*, conclut Blackie. Et nous en sommes bien contents, parce que le travail ne nous fait pas peur. »

Emma avait écouté Blackie, la bouche pincée, l'air froid.

« J'espère bien que ton oncle Pat le fait payer cher, lui et les autres qu'il lui recommande... »

Blackie laissa échapper une exclamation sincèrement horrifiée :

« Emma, comment peux-tu dire des choses pareilles! Ma parole, tu vas tourner usurière, un de ces jours, si tu continues! Il paraît qu'on en trouve beaucoup dans le Yorkshire », ajouta-t-il en hâte, un peu gêné de sa rebuffade.

La cuisinière fit heureusement diversion avant que la conversation prenne un tour gênant.

— Le thé est prêt! cria-t-elle à la cantonade. Emma, viens donc dresser le couvert pour nous trois. Prends les belles tasses et les belles assiettes et mets la nappe de dentelle. Aujourd'hui, c'est fête puisque nous avons de la visite. »

Tout en parlant, elle déposa sur la table un plateau lourdement chargé, bientôt suivi d'un autre.

« Madame Turner! s'exclama Blackie. Je n'ai jamais vu d'aussi belles choses de ma vie! Je savais bien que vous étiez un vrai cordon-bleu! »

De fait, la cuisinière s'était surpassée. Les assiettes croulaient de sandwiches au jambon et au veau froid, de pâtés, de friands chauds à la saucisse, le tout flanqué de jarres de cornichons, d'oignons et de betterave confits, sans oublier les traditionnels *scones* chauds dégouttants de beurre, que devaient accompagner les confitures de groseille, de mûre et d'orange dont les pots formaient l'arrière-garde.

Un éclair de malice s'alluma dans le regard de la cuisinière, qui affecta cependant de bougonner pour rester fidèle à son personnage :

« On a bien raison de dire que les Irlandais sont de fieffés menteurs ! Allons, mon garçon, au lieu de débiter tes fariboles, occupe-toi plutôt la bouche plus utilement et avale-moi tout ça, je ne veux pas voir de restes. »

Blackie était en train de s'attabler sans se faire prier quand Annie apparut au bas des marches. La jeune bonne était une robuste campagnarde fraîche et rose, dont la carrure, les joues rebondies et l'air innocent auraient pu servir d'enseigne à une laiterie modèle. Emma, qui finissait de poser les tasses et les soucoupes, lui fit un sourire :

« Tu as bien tout fini là-haut, Annie ? »

La jeune fille hocha lentement la tête sans répondre. Sa mine habituellement placide l'avait abandonnée et elle paraissait si bouleversée qu'Emma sentit immédiatement qu'il avait dû se passer quelque chose d'extraordinaire.

« Viens te laver les mains à l'évier, dit-elle avec autorité. Tu vas prendre ta collation avec nous. »

Quand les deux jeunes filles furent isolées dans un coin de la cuisine et hors de portée des oreilles indiscrètes, Emma se tourna vers Annie :

« Que se passe-t-il, Annie ? Tu as cassé quelque chose ?

— Non, Emma, pas du tout. J'ai fait bien attention, comme tu m'avais dit.

— Alors, qu'est-ce qui ne va pas ? insista Emma. Tu as l'air malade, comme si tu avais rencontré un fantôme. »

L'autre hésita et se jeta finalement à l'eau.

« C'est la maîtresse, Emma. Mme Fairley. Elle m'a fait une de ces peurs... J'en tremble encore. »

Emma fronça les sourcils, soudain inquiète. Elle ouvrit en grand le robinet de l'évier et affecta de se savonner soigneusement les mains, pour mieux couvrir leur conversation.

« Raconte-moi ce qui s'est passé, chuchota-t-elle.

— Eh bien, je suis montée voir si elle n'avait besoin de rien, comme tu m'avais dit. Quand j'ai frappé à sa porte, elle n'a pas répondu. Alors, je suis entrée. Et elle était là, dans son salon, assise dans le noir en train de parler toute seule... Oui, toute seule, insista Annie, de plus en plus terrorisée. Elle parlait à sa chaise, je te dis !

— Allons, allons, tu te fais des idées. Si la lumière n'était pas allumée, c'est que tu n'as pas bien vu. Peut-être que Mme Wainright était assise à côté d'elle... »

Malgré les explications qu'elle essayait de trouver, Emma se doutait que le récit d'Annie n'était pas inventé. Adèle avait-elle une nouvelle crise ?

« Tu sais bien que Mme Wainright est à Kirkend depuis ce matin, objecta Annie. En tout cas, quand la maîtresse m'a vue, elle s'est arrêtée net. Alors, je lui ai demandé bien poliment si elle avait besoin de quelque chose et elle m'a répondu qu'elle ne voulait rien pour le moment mais qu'elle sonnerait plus tard pour qu'on lui monte à dîner dans sa chambre. »

Maintenant qu'elle était à l'abri dans la cuisine, Annie se rassérénait à vue d'œil. Mais l'inquiétude d'Emma ne faisait que croître.

« Il vaudrait mieux que j'y monte tout de suite, dit-elle.

— Ce n'est pas la peine. Elle m'a dit qu'elle était fatiguée et qu'elle allait se coucher. Je l'ai même aidée à se mettre au lit. A l'heure qu'il est, elle doit déjà dormir... Dis, Emma... »

Annie s'était interrompue, son affolement revenu encore plus complet qu'avant.

« Oui ? Qu'est-ce qu'il y a encore ?

— La maîtresse... Eh bien, elle sentait une drôle d'odeur, quand je l'ai couchée. En fait, elle sentait le... whisky, si tu veux que je te dise... »

Emma réprima une grimace et prit sur elle pour avoir l'air aussi naturel que possible.

« Le whisky ? Allons, tu rêves !
— Non, je te jure !
— D'abord, tu sais comment ça sent, le whisky ? Ton père n'a jamais bu que de la bière ! Non, je vais te dire, moi, ce que tu as senti. Mme Fairley prend un médicament spécial qui a une drôle d'odeur. Elle venait sûrement d'en avaler une cuiller quand tu es arrivée, un point c'est tout. Ne va pas encore te faire des idées, tu entends ?
— Si c'est toi qui le dis, Emma... »

Elle éprouvait pour Emma un grand respect mêlé de crainte qui l'empêchait de la contredire. Son honnêteté fut cependant plus forte et elle ajouta :

« En tout cas, elle parlait toute seule. Ça, il n'y a pas à s'y tromper et je sais bien ce que je dis. »

Emma haussa les épaules.

« Elle se faisait peut-être la lecture à haute voix...
— Dans le noir ?
— Oh ! et puis ça suffit comme ça, Annie ! Tu ne dis que des bêtises. Je ferais mieux de monter voir moi-même Mme Fairley. Elle va m'en raconter de belles sur ton compte ! »

Sous le regard furieux d'Emma, la jeune bonne pâlit et fit un pas en arrière.

— Non, non, n'y va pas, je te dis qu'elle dort ! Tu vas la déranger et...
— Qu'est-ce que vous fabriquez à bavarder dans votre coin comme deux conspiratrices ? tonna soudain la voix de Mme Turner. Venez donc pendant que c'est chaud ! »

Exaspérée par ce long aparté, la cuisinière dardait sur les coupables un regard vengeur. Emma glissa un dernier conseil à l'oreille d'Annie :

« Pas un mot devant Mme Turner, tu m'entends ? Sinon... »

Laissant planer la menace, elle prit son temps pour fermer le robinet et se sécher les mains, car il fallait qu'elle se ressaisisse avant de rejoindre les autres. Ainsi, se dit-elle, Annie a fini par remarquer l'odeur du whisky. Qu'y faire? Un jour, elle parlera et tout le monde sera au courant. Pauvre Madame... Au moins, elle dormait. C'était ce qu'elle pouvait faire de mieux en ce moment. »

Son abattement ne dura guère. Sous l'influence de Blackie et de son rire communicatif, Emma parvint à oublier Adèle Fairley et à se divertir autant que les convives de cette petite fête improvisée. A la grande joie de Blackie, qui la trouvait toujours trop sérieuse pour son âge, Emma éclatait de rire à tout bout de champ. Mme Turner et lui faisaient assaut de plaisanteries.

Quand les assiettes de friandises, et la grosse théière se trouvèrent enfin vides et que la gaieté bruyante se fut un peu calmée, Emma proposa à Blackie de les régaler d'une chanson.

« Ça n'est jamais de refus, *mavourneen*! Que désirez-vous entendre, mesdames? dit-il en s'inclinant galamment.

— J'aime bien la complainte de *Danny Boy* », suggéra la cuisinière.

Blackie venait à peine de se lever et de s'éclaircir la voix que la porte de la cuisine s'ouvrit à grand bruit, comme elle l'avait fait plus tôt sous la poussée du jeune Irlandais. Tout le monde tourna la tête. A sa vive surprise, Emma reconnut son jeune frère Frank. Le garçonnet claqua la porte derrière lui et descendit les marches en courant, en faisant sonner ses bottines cloutées sur le dallage. Emma s'était déjà levée pour se précipiter à sa rencontre.

« Frank! Qu'y a-t-il? »

Il était livide et temblait de tous ses membres, autant de crainte que de froid. Hors d'haleine, il resta incapable de répondre et Emma l'attira vers le feu pour qu'il se calme en se réchauffant.

« Alors, Frank, que se passe-t-il? demanda-t-elle, de plus en plus inquiète.

— C'est notre père, Emma... dit-il enfin d'une voix entrecoupée. Il m'a envoyé te dire qu'il faut que tu rentres, tout de suite. »

Emma sentit son cœur cesser de battre. Affolée, se doutant déjà de la raison de cet appel, elle vit des larmes apparaître dans les yeux de Frank.

« Pourquoi, Frankie ? murmura-t-elle malgré elle.
— C'est maman, Emma. Papa dit qu'elle est encore plus malade. Le docteur est à la maison. Viens, viens vite ! »

Emma était devenue blanche et ne sentait même pas la main impatiente de son frère qui la tirait par la manche. Elle resta un instant près de lui, comme paralysée. Enfin, elle se leva d'un bond, défit son tablier et courut vers le placard sous l'escalier pour y prendre son manteau et son écharpe, incapable de dire un mot. Blackie et Mme Turner échangeaient des regards angoissés.

« Allons, ma petite fille, ne te fais donc pas tant de mauvais sang, dit enfin la cuisinière de son ton le plus rassurant. Ce n'est sûrement rien de grave. Tu sais bien que ta maman allait mieux, depuis quelque temps. Le docteur est déjà là, il va la tirer de ce mauvais pas... »

L'inquiétude qui se lisait sur ses traits démentait ses paroles. Emma ne la regardait heureusement pas. Les yeux baissés, elle devait faire un effort pour retenir ses larmes. Blackie s'était levé et l'aidait à passer son manteau.

« Mme Turner a raison, *mavourneen*. Ce n'est sûrement rien d'autre qu'une petite crise. Quand tu arriveras, tu verras qu'elle ira déjà mieux. Veux-tu que je t'accompagne ? »

Emma hocha la tête et lui décocha un regard si malheureux que Blackie sentit son cœur fondre de compassion. Il l'attira contre lui et la serra contre sa poitrine.

« Il faut avoir confiance, petite Emma », dit-il avec douceur en lui caressant la joue.

Emma ravala ses larmes et se redressa avec effort.

« Merci, Blackie. Reste ici, il serait trop tard pour que tu rentres à Leeds. Excusez-moi de partir si vite, Madame Turner, ajouta-t-elle en se tournant vers la cuisinière. Je ferai de mon mieux pour rentrer à temps pour le dîner, mais je ne peux rien vous promettre. Au revoir à tous... »

Elle prit la main de Frank et courut jusqu'aux marches. Sur le seuil, elle se retourna, fit un signe d'adieu et sortit en hâte. La porte claqua bruyamment derrière elle.

Mme Turner se laissa lourdement retomber sur sa chaise et poussa un soupir.

« Pauvre enfant... murmura-t-elle d'un ton tragique. Quand je pense qu'elle s'amusait si bien, pour une fois. Quel malheur !

— Allons, ce n'est peut-être qu'une fausse alerte, dit Blackie sans conviction. Il ne faut pas toujours voir le mauvais côté des choses, madame Turner. »

Les yeux écarquillés, la jeune Annie avait assisté à la scène sans dire un mot et sans vraiment comprendre ce qui arrivait. Mais, dans sa simplicité, elle finit par se douter qu'il devait se passer quelque chose de grave. Car l'expression sombre de Blackie et de la cuisinière ne laissait aucun doute sur leurs craintes. Alors, sans savoir pourquoi, elle fondit en larmes.

Une fois dehors, Emma n'essaya même pas de questionner Frank. Son père ne l'aurait pas envoyé chercher si l'état de sa mère n'était pas désespéré.

La main dans la main, Frank et elle traversèrent en courant la cour des écuries, parcoururent le sentier qui longeait la pelouse et dépassèrent bientôt le petit bois de chênes pour s'engager dans le champ du Baptiste. Du même pas, ils gravirent la pente qui menait à la lande et au chemin du village. Mais Frank n'arrivait déjà plus à suivre le train rapide que lui imposait sa sœur en le tirant par la main. Il avait beau protester, elle accélérait son allure au lieu de ralentir.

Quand il trébucha et tomba, Emma ne s'arrêta pas. Elle ne se retourna même pas et continua de le traîner à plat ventre en le faisant douloureusement rebondir sur les mottes de terre dure, sourde à ses cris et à ses sanglots.

Finalement, ralentie dans sa course, elle s'arrêta et se retourna vers lui pour le tirer brutalement et le remettre sur ses pieds.

« Lève-toi, Frank, tu m'entends ! lui cria-t-elle d'un ton presque hystérique. Il n'y a pas de temps à perdre avec tes pleurnicheries ! »

Le petit garçon, épuisé, se laissa retomber à genoux en pleurant de plus belle.

« Je n'arrive pas à te suivre, Emma !
— Eh bien, débrouille-toi pour me rattraper ! »

Elle le lâcha et repartit en courant, sans se retourner. Une force surhumaine la poussait, la rendait insensible à la fatigue ou à la pitié envers son petit frère. Elle n'avait plus qu'une seule obsession, elle ne pouvait plus que formuler une prière, une incantation qui revenait sans trêve sur ses lèvres et rythmait ses pas : mon Dieu, faites que maman ne meure pas !

Arrivée à Ramsden Ghyll, elle s'arrêta brièvement, hors d'haleine, et jeta un coup d'œil par-dessus son épaule. A plusieurs dizaines de mètres derrière elle, elle vit la silhouette de Frank qui la suivait tant bien que mal, en trébuchant sur les bruyères. Elle ne l'attendit pas et reprit sa course, plongeant dans la cuvette encombrée de pierres et de racines traîtresses qu'elle ne voyait même pas. Elle buta contre un obstacle puis un autre, battit des bras pour ne pas tomber, se redressa à temps sans pour autant ralentir son allure, les yeux toujours fixés droit devant elle comme si, par l'esprit, elle voulait déjà être arrivée à la chaumière. L'après-midi touchait à sa fin et il faisait déjà sombre dans Ramsden Ghyll, où les rochers arrêtaient les derniers rayons du soleil et projetaient de grandes ombres noires. Mais Emma n'avait ni le temps ni l'envie de frissonner à leurs formes menaçantes. Elle atteignit bientôt le versant opposé qu'elle gravit comme elle put, se raccrochant des deux mains à la moindre aspérité ou aux racines. Quand elle parvint au sommet, dans la lumière encore vive du soleil couchant, elle était épuisée, haletante. Mais elle ne s'arrêta ni ne ralentit.

225

Elle courait toujours plus vite, comme portée par la crainte qui lui serrait le cœur et crispait son visage. Les larmes coulaient sur ses joues, ses épaules étaient secouées de sanglots. Aveugle, sourde et insensible à tout ce qui l'entourait, Emma courait toujours.

Aux rochers de Ramsden Crags , elle faillit s'écrouler. Les poumons en feu, le regard voilé par un rideau de sang, elle dut s'appuyer à un roc pour ne pas tomber. Alors, mêlé aux battements de son cœur, elle crut entendre le bruit des sabots d'un cheval lancé au galop. La surprise lui fit tourner la tête dans la direction d'où elle était venue. Un instant plus tard, elle vit un cheval et deux silhouettes. C'était Blackie qui maintenait Frank devant lui, sur l'encolure.

Quand la monture s'arrêta devant elle, elle reconnut Russet Dawn, la jument alezane d'Edwin. Déjà, Blackie se penchait vers elle du haut de la selle et lui tendait la main pour l'aider à monter.

« Saute, Emma! cria-t-il. Prends appui sur mon pied et saute en croupe, vite! Et tiens-toi bien à ma taille! »

Machinalement, Emma obéit et se retrouva à califourchon sur la croupe de la jument qui repartit au galop. Un instant plus tard, elle vit se profiler le clocher du village.

La cuisine paraissait déserte quand Emma et Frank y pénétrèrent. Emma ferma sans bruit la porte derrière elle et parcourut la pièce du regard. Les derniers rayons du soleil lui donnaient une allure désolée. Le feu était éteint, l'âtre plein de cendres grises et froides. Il flottait dans l'air une odeur de brûlé où l'on reconnaissait des remugles de choux et d'oignons. Papa a encore gâté le dîner, pensa-t-elle malgré elle. Elle se força à remuer, ôta son manteau et son écharpe qu'elle pendit au crochet derrière la porte. Le silence était si profond, presque menaçant, qu'elle en frissonna en se dirigeant vers l'escalier. L'angoisse qui l'avait soutenue le long du chemin s'abattit sur elle de tout son poids et faillit la terrasser.

Dans la mansarde, son père était penché sur le lit de la malade, dont il essuyait le visage couvert de sueur avec un chiffon propre. A gestes malhabiles mais pleins de tendresse, il s'efforçait de remettre de l'ordre dans la chevelure éparse d'Elizabeth. Suivie de Frank, Emma pénétra dans la chambre sur la pointe des pieds et son père tourna vers elle un regard chargé de tristesse et de désespoir. Son visage durci et rendu inexpressif par la douleur était de la couleur des cendres.

« Papa, que s'est-il passé ? » chuchota Emma.

Le Grand Jack avala sa salive.

« Le docteur dit que c'est une rechute. Ces derniers jours, elle s'était beaucoup affaiblie et elle n'a plus même la force de lutter... Le docteur vient de partir. Il n'y a plus d'espoir... »

Il s'interrompit et se mordit les lèvres pour retenir ses sanglots.

« Il ne faut pas dire ça, papa ! protesta Emma. Où est Winston ?

— Je l'ai envoyé chercher tante Lily. »

Il s'interrompit en voyant Elizabeth remuer en gémissant et lui épongea de nouveau le visage.

« Tu peux venir à côté d'elle, Emma, reprit-il à voix basse. Mais fais bien attention de ne pas la réveiller. Elle se repose enfin... Tu sais, elle t'a souvent demandée. »

Il se leva pour céder à Emma le tabouret sur lequel il était assis. La jeune fille prit la main de sa mère et la trouva glacée et inanimée. Au contact de la main d'Emma, sa mère ouvrit péniblement les yeux et tourna la tête vers elle, au prix d'un violent effort. Un instant, elle regarda dans sa direction sans paraître la voir.

« Maman, murmura Emma. Maman, c'est moi... »

Elle dut s'arrêter, la gorge serrée, les yeux pleins de larmes. Le visage de sa mère avait perdu ses couleurs pour prendre un aspect cireux et lustré. De vilaines taches pourpres lui marbraient les paupières tandis que ses lèvres étaient blanches. Elizabeth dirigeait toujours sur sa fille un regard vitreux et vidé de toute vie. A la fin, Emma n'y tint plus et serra la main de sa mère d'un geste convulsif :

« Maman, dit-elle à voix basse. Maman, c'est moi, Emma ! »

Elizabeth Harte eut enfin un pauvre sourire tandis qu'une lueur s'allumait dans son regard.

« Emma, c'est toi, ma chérie... » murmura-t-elle.

Elle fit un effort pour lever la main et caresser la joue d'Emma mais n'eut pas la force de terminer son geste.

« Je t'attendais, mon Emma, reprit-elle. Je voulais te voir... »

Sa voix était à peine audible. Sous l'effort, elle dut s'arrêter, haletante, et eut un frisson qui fit trembler le lit de fer.

« Maman, je suis là. Vous guérirez, maintenant, j'en suis sûre ! dit Emma en s'efforçant de faire passer son courage dans la main qu'elle tenait toujours.

— Tu es une bonne fille courageuse, Emma, répondit Elizabeth en essayant de sourire. Promets-moi de t'occuper de Winston et de Frank, et de ton père aussi...

— Il ne faut pas dire ça, maman ! s'écria Emma d'une voix tremblante.

— Promets-moi, Emma. »

Dans son regard à demi mort, Elizabeth fit passer une prière muette qui serra le cœur d'Emma.

« Oui, maman, je vous le promets », murmura-t-elle.

Incapable de retenir ses larmes, elle se détourna brièvement pour les essuyer de sa main libre. Puis, se penchant sur le lit, elle posa ses lèvres sur la joue glacée de sa mère et laissa retomber son visage au creux de l'oreiller.

« Où est Frank ? Et mon Winston ? murmura Elizabeth. Venez près de moi... John, John... »

Emma se redressa et fit signe à son père de s'approcher. Il s'assit sur le lit et prit sa femme dans ses bras, la serra contre lui avec désespoir. Elle lui chuchota quelques mots à l'oreille et il hocha la tête en silence, incapable de proférer un mot. Il sentait une lame lui déchirer le cœur, le rendre inconscient à tout ce qui n'était pas la douleur que provoquait en lui l'agonie de la femme qu'il aimait.

Elizabeth s'était laissée retomber sur l'oreiller. Mais dans son visage cireux, ses yeux grands ouverts irradiaient une lumière de joie qui le bouleversa. Alors, à la stupeur d'Emma, il repoussa le drap et souleva Elizabeth dans ses bras.

Pour le Grand Jack, la moribonde ne pesait pas plus qu'une plume. Avec une infinie délicatesse, il la serra contre lui et traversa la chambre vers la fenêtre, qu'il ouvrit toute grande. La brise du soir fit voleter les rideaux avant de venir jouer dans les mèches d'Elizabeth. Son visage exprimait un ravissement surnaturel, ses yeux étincelaient d'un bonheur infini. John la sentit aspirer profondément l'air frais. Son corps émacié se tendit d'un dernier effort pour lever la tête et contempler la lande.

« Le Sommet du Monde », dit-elle.

Sa voix avait résonné claire et forte; John et Emma en eurent un sursaut. Mais déjà, elle retombait dans les bras de John, sa tête roulait sur son épaule. Un sourire plein de tendresse apparut sur ses lèvres. Elle respira une dernière fois l'air du soir, poussa un soupir si profond que tout son corps en trembla. Puis elle ne bougea plus.

Incrédule, John la dévorait des yeux, incapable de comprendre qu'il ne serrait déjà contre lui qu'une morte.

« Elizabeth! » cria-t-il enfin d'une voix brisée.

Les sanglots l'étouffèrent. Inondant de ses larmes les cheveux d'Elizabeth, il la serra contre sa poitrine, la berça dans ses bras comme une enfant. Frank s'appuyait contre la tête du lit. Il se mordait les lèvres et fermait les yeux pour essayer de ne pas pleurer. Emma était restée assise, aussi pâle que la morte.

« Maman! Maman! »

Elle poussa enfin un cri déchirant et se leva d'un bond, pour aller à son tour la serrer dans ses bras.

Blottie contre la poitrine de sa mère, le visage enfoui dans l'épaule de son père, elle se mit à sangloter. John la repoussa d'un geste plein de douceur.

« Elle est partie, mon enfant, dit-il. Partie... »

Il alla la reposer sur le lit, recouvrit son corps avec les draps. Puis il lui prit les mains qu'il croisa sur sa poitrine et lissa ses cheveux autour de son visage avant de lui fermer les paupières. Dans la mort, Elizabeth avait retrouvé la sérénité et la beauté.

Quand il eut fini, John se pencha et déposa un baiser sur les lèvres glacées. Emma sanglotait, agenouillée au chevet du lit. Son père la releva et l'attira dans ses bras en lui caressant les cheveux.

« Ne pleure plus, Emma. Regarde, Frank ne pleure pas. Elle est enfin libre. Délivrée de ses souffrances et de sa misère. C'est la volonté de Dieu. »

Ils restèrent longtemps embrassés, secoués par les mêmes sanglots, unis par la même douleur. Enfin, John écarta Emma et essuya ses joues trempées de larmes.

« C'est la volonté de Dieu », répéta-t-il à voix basse.

Debout devant son père, Emma se raidit. Les poings serrés, le visage rouge d'une soudaine colère, elle leva vers lui son visage trempé de larmes. Ses yeux se mirent à lancer des éclairs :

« La volonté de Dieu! s'écria-t-elle avec une amertume pleine de haine. Il n'y a pas de Dieu! Je le sais maintenant, Dieu n'existe pas. S'il y avait vraiment un Dieu, il n'aurait pas laissé maman souffrir pour rien tout ce temps! Il ne l'aurait pas laissé mourir! »

John dévisagea sa fille d'un air horrifié, comme s'il avait eu une soudaine vision de l'enfer. Avant qu'il ait repris ses esprits, Emma avait quitté la chambre en courant. Il l'entendit descendre l'escalier et claquer la porte d'entrée. Ecrasé de douleur, rendu inconscient par le désarroi — Frank était sorti et John ne s'en était pas même rendu compte —, il baissa machinalement les yeux vers le corps inerte d'Elizabeth. Un nouveau sanglot l'étouffa et il se sentit plonger dans l'obscurité. Comme un automate, il alla jusqu'à la fenêtre ouverte.

A travers les larmes qui lui brouillaient la vue, il distingua la silhouette d'Emma qui remontait la ruelle en courant dans la direction de la lande. Dans les derniers rayons du soleil, le ciel au couchant virait du safran à l'écarlate. Le profil des collines se détachait en noir sur la féerie des couleurs. Comme le faisceau d'un phare, un rayon plus puissant que les autres embrasa l'horizon tout entier, faisant se détacher avec une clarté quasi surnaturelle la silhouette tourmentée de Ramsden Crags.

Bouleversé, John Harte contempla ce spectacle sublime.

« Le sommet du Monde, murmura-t-il. Voilà où elle se trouve, mon Elizabeth. Voilà où elle a été emmenée avant de monter au Paradis. »

16

Dans la soirée de dimanche, en rentrant de Worksop où il avait été raccompagner Edwin au collège, Adam Fairley trouva Olivia seule dans la bibliothèque. Son visage s'éclaira d'un sourire joyeux tandis qu'il se hâtait de traverser la pièce pour la rejoindre. Les émotions de la nuit précédente avaient gommé la sévérité qui jusqu'alors marquait ses traits et la découverte que son amour était partagé l'avait régénéré et rajeuni. Ses yeux brillaient, son pas était plus léger et son comportement entier trahissait son bonheur tout neuf.

Mais quand elle eut levé les yeux vers lui, il se figea, sa joie soudain balayée par la pâleur d'Olivia et le désarroi qui se lisait dans son regard. Après une brève hésitation, il lui saisit les mains pour la faire lever du sofa où elle restait assise et l'attira contre lui sans mot dire. Sous ses baisers passionnés, elle détourna la tête pour l'enfouir au creux de l'épaule d'Adam, frémissante, le corps secoué de sanglots mal réprimés.

« Qu'y a-t-il, Olivia ? murmura-t-il tendrement. Pourquoi ce chagrin qui me bouleverse autant que vous ? »

Elle secoua la tête et le repoussa doucement. Ses yeux bleus étaient assombris par la douleur, ses épaules voûtées sous le poids d'un tourment trop lourd. Sans un mot, elle se rassit, les mains crispées sur ses genoux, les yeux baissés. Adam se laissa tomber près d'elle et lui prit une main qu'il serra avec transport avant de la porter à ses lèvres.

« Parlez, Olivia ! s'écria-t-il. Qu'avez-vous, mon amour ? »

A peine l'eut-il posée qu'il regretta sa question. Le tour pris par leurs rapports depuis la veille était manifestement ce qui troublait Olivia. S'il avait su faire taire ses propres scrupules, il n'en était vraisemblablement pas de même pour elle. Fallait-il donc qu'il lui fasse dire ce qu'il redoutait déjà d'entendre ?

« Je ne peux plus rester ici, Adam, dit-elle à mi-voix. Je dois partir immédiatement. Dès demain. »

Il sentit son cœur cesser de battre et le sang se retira de son visage.

« Pourquoi Olivia ? s'écria-t-il. Pourquoi ?
— Vous le savez, Adam. Je ne peux plus rester sous votre toit après... ce qui s'est produit la nuit dernière. Ma situation est devenue intenable.
— Mais... Vous m'avez dit que vous m'aimiez, Olivia. »

Elle se tourna vers lui avec un sourire triste :

« Je vous aime, Adam. Je vous aime depuis de longues années et je vous aimerai toujours. C'est bien pourquoi je ne puis plus rester ici, dans cette maison où vit ma sœur, votre femme... Je ne peux pas nous abaisser, vous et moi, à poursuivre dans de telles conditions une aventure clandestine. Ne me le demandez pas, Adam.
— Mais Olivia, pourquoi cette hâte ?
— Il y a plus grave que les convenances, Adam, interrompit-elle d'une voix ferme. Hier soir, nous avons commis un péché grave. Nous n'avons pas le droit... »

Il lui coupa la parole :

« Je suis seul coupable d'adultère, Olivia ! Devant la loi, vous êtes innocente. Laissez-moi donc débattre cette question avec ma propre conscience. Vous n'y êtes pour rien.

— Devant Dieu, nous sommes tous deux également coupables, Adam », répondit-elle avec douceur et fermeté.

La gravité de son expression bouleversa Adam. Il ne pouvait pas admettre de la perdre alors qu'ils venaient à peine de se retrouver. Il ne pouvait pas s'incliner devant des scrupules qui lui paraissaient vains. Il ne pouvait pas se résigner à voir s'évanouir un bonheur à peine né, au bout de toutes les années de solitude qu'ils avaient tous deux subies, lui pris au piège d'un simulacre de mariage, elle dans le désert d'un veuvage stérile. Il lui fallait donc éviter de la choquer en l'affrontant. Il fallait la convaincre de laisser parler son cœur. Comment ? Jamais encore Adam Fairley n'avait eu à résoudre situation plus délicate, exigeant une intuition et une expérience qu'il était loin de posséder. Mieux valait sans doute être sincère. Après une dernière hésitation, il se jeta à l'eau :

« Je vous comprends, Olivia. Vous êtes trop droite pour admettre la dissimulation, vous avez trop le sens de l'honneur pour accepter le compromis... Hier soir, j'étais pris moi aussi dans un dilemme qui me torturait et vous savez combien j'ai dû combattre mon amour et mon désir avant d'y succomber. Ce que nous avons fait, poursuivit-il en lui caressant la joue, est peut-être un péché. Mais nous ne causons de tort à personne, à Adèle moins qu'à toute autre. Aujourd'hui, pas plus qu'hier, je n'éprouve de remords ni de regret. A quoi bon vous sentir coupable, Olivia ? Nous ne pouvons pas défaire ce que nous avons fait. Je vous aime, Olivia, bien plus profondément que je n'ai jamais aimé aucune femme.

— Je sais, Adam, répondit-elle tristement. Mais nous n'avons pas le droit de ne penser qu'à nous-mêmes et de nous conduire en égoïstes. Il faut placer notre devoir avant tout. Ce serait vous faire injure que de vous croire capable de lâcheté, Adam. »

Elle avait prononcé ces derniers mots en levant vers lui des yeux pleins de larmes où il put lire l'intensité de son amour pour lui.

« Même si tout ce que vous dites est vrai, Olivia, je refuse de continuer à vivre sans vous! Je ne pourrais pas, non, je ne pourrais pas... »

Il s'interrompit, étranglé par l'émotion et la regarda d'un air implorant.

« Ne partez pas, restez ici au moins jusqu'en juillet. C'est ce qui était prévu et vous me l'aviez promis, hier soir. Je vous jure que, de mon côté, je ne ferai rien qui puisse vous offenser. Je ne chercherai pas à m'imposer à vous. Je saurai me montrer digne de votre confiance, Olivia. Mais ne m'abandonnez pas, je vous en conjure! poursuivit-il en lui prenant la main. Je me soumets d'avance à toutes vos exigences, je suis prêt à vous jurer de ne plus m'approcher de vous. Mais, de grâce, ne me laissez pas de nouveau seul dans ce tombeau, ne me rejetez pas dans une solitude pire que la mort, maintenant que je sais ce qu'est l'amour... »

Elle fut si profondément émue par ce plaidoyer passionné qu'elle resta quelques instants sans pouvoir répondre. Son amour pour Adam Fairley était sans doute exacerbé par le sentiment des injustices que la vie lui avait infligées, par la lourde épreuve de son mariage. Avait-elle le droit de le laisser retomber dans un gouffre dont son affaiblissement ne lui permettrait peut-être plus de sortir? A mesure qu'elle contemplait son visage ravagé par la terreur de la perdre, elle sentait fondre sa résolution de couper court à leur aventure et de rentrer à Londres. Elle savait aussi pouvoir faire aveuglément confiance à sa parole. Son départ précipité éveillerait probablement des soupçons et, dans ces conditions, son intransigeance aurait pour conséquence le scandale qu'elle souhaitait précisément éviter. A tous points de vue, il était donc préférable de poursuivre comme prévu son séjour à Fairley Hall.

Elle se tourna vers lui avec un sourire qui lui rendit l'espoir :

« Soit, je resterai, Adam, dit-elle. Mais à la condition expresse que vous respecterez scrupuleusement les engagements que vous avez dit vouloir prendre... »

D'un mouvement impulsif, elle se rapprocha et lui prit le visage entre les mains pour lui donner un baiser sur les lèvres.

« Ce n'est pas parce que je vous désire moins, mon amour, reprit-elle à voix basse. Le ciel m'est témoin qu'il n'en est rien... Mais nous ne pouvons pas continuer à être amants dans cette maison...

— Olivia, la seule chose qui importe en ce moment est que vous acceptiez de rester près de moi », murmura-t-il.

Le froid qui, depuis quelques minutes, le paralysait jusqu'au cœur recula peu à peu pour faire place à un sentiment de légèreté euphorique qui lui donna un bref sentiment de vertige. Poussé par une joie irraisonnée, il la prit par les épaules et l'attira contre lui en lui caressant les cheveux.

« J'ai tant besoin de toi, chuchota-t-il à son oreille. Ta présence m'est plus indispensable que l'air que je respire. Pour mériter le bonheur de te voir, je te jure solennellement que je ne ferai jamais rien qui puisse te compromettre aux yeux d'autrui ni même t'offusquer quand nous serons seuls. Je saurai me contenter de te voir, de te savoir près de moi, de te parler. Cela te convient-il ?

— J'accepte tes promesses, Adam, malgré ce qu'elles me coûtent, à moi aussi... Pour préserver notre amour, nous n'avons pas le droit d'afficher nos sentiments. »

Elle se dégagea de son étreinte et alla s'accouder à l'autre bout du canapé en souriant :

« Comme maintenant, par exemple, reprit-elle avec une bonne humeur forcée. Ce serait extrêmement gênant si Gerald ou un domestique entrait sans prévenir et nous surprenait comme nous étions il y a une seconde.

— C'est vrai », répondit-il avec un rire gêné.

Il se releva précipitamment, les joues chaudes, les yeux brillants et fit quelques pas pour reprendre contenance.

« Eh bien, ma chère, dit-il en affectant la désinvolture, puisque dorénavant nous devons nous tenir bien, je vous propose de prendre un sherry, il est presque l'heure. Nous pourrons nous asseoir en face l'un de l'autre et bavarder comme des voisins de campagne en visite...

— Excellente idée, mon cher Adam ! »

Ils échangèrent un sourire et il s'éloigna vers la table de chêne où Murgatroyd avait rempli les carafons de cristal et aligné des verres propres. En le suivant des yeux, en détaillant sa silhouette élégante et racée, Olivia ne put réprimer un pincement de tristesse. Serait-elle capable, elle, de respecter les termes de l'engagement qu'ils venaient de prendre ? Pourraient-ils vraiment dominer leurs émotions au point de se conduire comme des étrangers ? Elle fut tentée de maudire son sens du devoir...

Adam revenait déjà avec les deux verres. Il lui en tendit un et alla s'asseoir dans un fauteuil à distance respectable. Après qu'ils eurent trempé leurs lèvres dans le liquide ambré, il se gratta la gorge et eut une hésitation :

« Au fait, Olivia, je viens de penser... »

Elle haussa un sourcil en souriant :

« Oui, Adam ?

— Eh bien... Si nous sommes convenus de ne pas être amants dans cette maison, nous n'avons rien dit en ce qui concerne d'autres endroits. Ainsi, si je vous rencontrais par hasard à Londres, les circonstances seraient entièrement différentes, n'est-ce pas ? »

Elle eut un sourire amusé :

« Oh ! Adam, vous êtes impossible ! Je ne sais que répondre, poursuivit-elle en redevenant grave. Cela ne changerait rien à notre... péché. Vous me prenez par trop au dépourvu, Adam. Laissez-moi y réfléchir. »

En la voyant rougir et se troubler, il eut conscience de sa maladresse et se hâta de la rassurer :

« Pardonnez-moi, Olivia, je suis un mufle ! Faites comme si je n'avais rien dit, je vous en supplie. Cependant, puis-je vous poser une dernière question ?

— Bien sûr. Si elle n'attente pas à la morale, dit-elle en souriant.

— Quand j'irai à Londres, pourrai-je vous inviter à dîner et vous accompagner au théâtre ? Consentirez-vous à me voir... comme un de vos nombreux soupirants ? conclut-il avec une ironie mal déguisée.

— Bien entendu, Adam ! répondit-elle en haussant les épaules. Nous nous sommes toujours vus pendant vos séjours à Londres, il n'y a pas de raison de changer nos habitudes. Mes amis s'étonneraient au contraire de ne plus vous voir. »

Il hocha la tête et se leva pour aller tisonner le feu, tant pour se donner une contenance que pour éviter de raviver en la regardant les souvenirs trop présents de la passion à laquelle ils s'étaient abandonnés la nuit précédente.

Olivia rompit la première le silence qui menaçait de s'éterniser :

« Dites-moi, Edwin était-il content de rentrer au collège ? »

Adam se redressa et s'adossa à la cheminée, dans sa position préférée.

« Ravi, répondit-il. Ce pauvre Edwin était littéralement excédé d'avoir été si longtemps enfermé ici sous la coupe d'Adèle. Elle le dorlote vraiment de façon ridicule... »

Il se gratta la gorge et rougit avant de poursuivre :

« Une dernière chose, Olivia. Vous savez, je crois, qu'Adèle et moi... n'avons pas eu de rapports conjugaux depuis près de dix ans.

— Oui, Adam, je suis au courant », répondit-elle à mi-voix.

Elle se leva et, d'un geste impulsif, alla lui donner un rapide baiser sur les lèvres avant de s'écarter aussi vivement.

« Votre verre est vide, reprit-elle. Cette fois, laissez-moi vous servir. »

Adam Fairley la suivit des yeux et un sourire lui monta aux lèvres tandis qu'il détaillait sa silhouette gracieuse qui semblait voler à travers la pièce. Une bouffée de joie lui réchauffa le cœur : Olivia était là, avec lui. Elle ne le quitterait pas avant l'été. Elle ne le quitterait sans doute plus jamais. Car sans elle il était désormais incapable de supporter la vie de ténèbres et de malheur qui avait été la sienne jusque-là. Il ignorait encore ce que l'avenir lui réservait, et ce qu'il serait en mesure de faire pour en influencer le cours, mais il avait une certitude. Jamais plus il ne se séparerait d'Olivia.

17

« Je ne comprends pas ! s'écria John Harte. Comment Winston a-t-il pu nous faire une chose pareille ? Quitter la maison comme un voleur, sans même dire adieu, à peine sa pauvre mère avait-elle rendu le dernier soupir...

— Il vous a laissé un mot, papa ! répondit Emma vivement. Ne vous faites donc pas de souci pour lui, c'est un grand garçon qui sait se défendre. Il ne peut rien lui arriver de mal dans la marine. »

Emma se pencha et serra la main de son père à travers la table, avec un sourire qu'elle voulait rendre rassurant.

« C'est peut-être bien vrai qu'il sait se servir de ses poings. Mais ça n'excuse pas qu'il soit parti comme ça, en plein milieu de la nuit, avec son ballot... Jamais je ne l'aurais cru capable de ça, ce chenapan ! Et puis, ce n'est pas tout, poursuivit John avec un grognement où il y avait autant de colère que de désarroi. Je me demande comment il a pu faire pour s'engager dans la marine sans ma signature! Car il n'a pas l'âge, tu le sais bien, Emma. Il lui aurait fallu mon autorisation. »

Emma poussa un soupir de lassitude. Depuis trois jours, son père remâchait sa rancœur et la même conversation revenait interminablement et presque dans les mêmes termes. Elle avait d'abord partagé la stupeur de son père. Maintenant, elle s'irritait devant son entêtement.

Avant qu'elle ait pu placer la riposte définitive qui, espérait-elle, mettrait fin aux récriminations, la voix fluette de Frank se fit entendre :

« Il a sûrement imité la signature de papa, je serais prêt à le parier, oui! Sans ça, comment aurait-il pu se faire accepter au bureau de recrutement? »

Furieuse de cette intervention, alors qu'elle s'était efforcée de garder pour elle des soupçons identiques, Emma jeta à son jeune frère un regard foudroyant :

« Tais-toi donc, Frank! s'écria-t-elle avec colère. Un gamin de ton âge ne parle pas de ce qu'il ne connaît pas! »

Frank ne daigna pas lever la tête de son cahier, où il griffonnait furieusement comme à son habitude, et répondit avec calme :

« Tu te trompes, Emma. Je sais un tas de choses, moi. Tu sais bien que je lis tous les journaux et les magazines illustrés que tu rapportes du château.

— Puisque c'est comme ça, je n'en rapporterai plus! Si ça ne sert qu'à te gonfler la tête et à te donner des idées idiotes.

— Laisse donc ce gamin tranquille, Emma! grommela son père en tirant sur sa pipe. Je crois bien qu'il a raison, ce petit. Winston a certainement dû imiter ma signature, plus j'y pense...

— Bon, je veux bien, dit Emma. Mais ce qui est fait est fait et on n'y peut plus rien, maintenant. A l'heure qu'il est, il doit déjà être loin d'ici, en route pour le port ou la garnison où on l'a envoyé.

— Eh oui, c'est probable. »

Tirant machinalement sur sa pipe éteinte, John se laissa aller contre le dossier de sa chaise et retomba dans le silence. Emma l'observa à la dérobée, les sourcils froncés et la mine soucieuse. Depuis bientôt cinq mois qu'Elizabeth était morte, John Harte avait fait de son mieux pour dissimuler à ses enfants le chagrin qui le minait. Il ne mangeait presque plus rien, avait beaucoup maigri et sa peau se ridait sur son grand corps voûté. Déjà peu loquace pendant la maladie de sa femme, il s'était complètement replié sur lui-même. Quand il se croyait seul, Emma voyait de grosses larmes sourdre de ses paupières et son visage émacié prenait une expression de détresse pitoyable et inquiétante. Témoin de cette inguérissable douleur, Emma se détournait, impuissante à secourir son père et plongée à nouveau dans la désolation dont, le reste du temps, elle se sortait à grand-peine. Mais elle se sentait le devoir de se dominer plus que jamais. Il fallait qu'il reste au moins une personne capable de porter le poids des responsabilités familiales, que son père laissait désormais échapper complètement de ses mains. Le lent mais inexorable glissement de John dans l'hébétude soulevait en Emma des bouillonnements de sentiments contradictoires. Et maintenant, comme un coup de grâce, la fuite de Winston venait lui assener une commotion qui risquait de lui être fatale.

Emma s'en trouvait elle aussi la victime. Car elle avait dû suspendre indéfiniment l'exécution de son Plan et surseoir à son départ pour Leeds, tant que son père et Frank auraient besoin d'elle. Elle conservait précieusement ses économies qui se montaient maintenant à la somme fabuleuse de cinq livres, amplement assez, croyait-elle, pour financer son démarrage à Leeds et fonder sa fortune. Il n'était plus question, pour le moment du moins, de penser à elle et d'abandonner son père, qui devenait prématurément un vieil homme, et son frère Frank, trop jeune encore pour se lancer seul dans la vie. Winston, au moins, s'était tiré d'affaire... Mais en égoïste.

Avec un soupir, Emma se remit à sa tâche. Elle profitait de ses jours de congé pour compléter ses cahiers et était en train d'y coller des recettes d'Olivia Wainright. Elle prit un chiffon qu'elle trempa dans de la colle de farine et en enduisit un rectangle de papier qu'elle colla soigneusement sur une page blanche. En la lissant d'une main précautionneuse, elle admira une fois de plus l'écriture d'Olivia, une anglaise élégante, avec des pleins et des déliés qui coulaient harmonieusement et se fondaient les uns dans les autres comme une guirlande. Depuis plusieurs mois déjà, Emma s'efforçait de la copier pour réformer sa propre écriture, heurtée et malhabile, tout comme elle faisait de grands efforts pour corriger sa diction. Blackie lui répétait souvent qu'un jour elle deviendrait une grande dame. Aussi fallait-il qu'elle parle comme une grande dame et non plus comme une petite paysanne, avec son accent du Yorkshire épais et rocailleux.

Une exclamation de Frank vint soudain briser le silence qui régnait dans la petite cuisine :

« Hé, papa ! Je viens de penser à quelque chose. Si Winston a contrefait votre signature, son engagement n'est pas valable, n'est-ce pas ? »

John Harte se redressa, stupéfait que Frank, ce gamin, avance une idée à laquelle il n'avait même pas pensé, lui le père. Décidément, Frank ne cessait pas de l'étonner depuis quelque temps ! Le Grand Jack en était parfois mal à l'aise, tant le garçonnet paraissait accumuler de savoir et laissait tomber de sa bouche enfantine des commentaires bien au-dessus de son âge.

« Il y a quelque chose de vrai dans ce que tu dis, mon garçon, dit lentement John Harte. Il y a du vrai...

— Et alors, qu'est-ce que ça change ? » dit Emma avec brusquerie.

Elle, d'habitude si protectrice et maternelle envers Frank, le regardait avec colère. La fugue de Winston devait être oubliée une bonne fois pour toutes car en reparler sans cesse ne ferait que contrarier davantage leur père. Mais Frank, tout à son idée, affecta de négliger l'avertissement muet décoché par sa sœur et insista pour développer son argument :

« Tu ne comprends donc pas, Emma ? Si son engagement est illégal, la marine sera bien forcée de le libérer. On ne veut pas de faussaire dans la Royal Navy, voilà ! conclut-il d'un ton de triomphe.

— Frank a raison, Emma », intervint John.

Il s'était redressé sur sa chaise et reprenait espoir à vue d'œil. Emma ne se laissa pas intimider :

« Frank a beau avoir raison, déclara-t-elle, comment allez-vous vous y prendre pour faire sortir Winston de la marine ? Allez-vous écrire au Premier Lord de l'Amirauté pour lui parler d'un matelot de deuxième classe ? Ce n'est pas sérieux, tout ça... »

Elle ponctua sa phrase d'un ricanement dédaigneux. Certes, son jeune frère faisait preuve d'intelligence et de raisonnement. Mais, dans ce cas-ci, il en faisait bien mauvais usage. A quoi bon bouleverser encore la famille par des idées absurdes.

Frank ne s'avouait toujours pas vaincu et il récidiva :

« Vous savez quoi, papa ? Vous devriez aller demander conseil au *Squire*. Il doit savoir quoi faire, lui. »

John parut vivement intéressé par la suggestion mais, avant qu'il ait pu réagir, Emma intervint d'un ton strident :

« Aller demander conseil au *Squire* ? Ça, jamais ! Il ne faut rien lui demander, à ce grippe-sou ! On n'a pas le droit de s'humilier à lui mendier quoi que ce soit, pas même une parole, m'entendez-vous ? »

Mais le Grand Jack, perdu dans ses réflexions, n'avait pas même entendu l'apostrophe haineuse de sa fille.

« Je sais bien ce que je pourrais faire, dit-il posément. Je vais aller à Leeds trouver l'officier du bureau de recrutement et lui demander où Winston a été envoyé, ils doivent bien le savoir. Et puis je lui dirai ce qu'il a fait pour s'engager en imitant ma signature et en quittant la maison sans prévenir... »

Emma se dressait déjà sur sa chaise, l'air redoutable. Elle interrompit son père d'une voix ferme :

« Maintenant, écoutez-moi bien, papa ! Vous ne ferez rien du tout de ce que vous venez de dire. Winston avait depuis longtemps envie d'aller dans la marine et il a enfin fait ce qu'il voulait. Il est sûrement bien mieux et bien plus heureux là où il est maintenant qu'à continuer à travailler comme il le faisait à la briqueterie Fairley, dans la poussière et dans la boue. Pour son bien, laissez-le tranquille... »

Elle s'interrompit et, pour adoucir la brutalité de ce qu'elle venait de dire, adressa à son père un long regard autant chargé d'affection que d'inquiétude.

« Tranquillisez-vous, papa. Quand il sera installé, il nous écrira. Je le connais bien, notre Winston. S'il est heureux là où il est, il ne faut pas le ramener ici. Un jour ou l'autre, il reviendra de lui-même, croyez-moi. Et puis, ajouta-t-elle en hésitant, il est tiré d'affaire, lui au moins... Ne soyez pas cruel avec lui. »

John Harte baissa les yeux en soupirant. Il avait toujours eu confiance dans le jugement d'Emma et elle venait de lui donner une nouvelle preuve de sa sagacité.

« C'est vrai, ma chérie, dit-il enfin. Il y a du bon sens dans ce que tu dis. Je sais bien que Winston rêvait depuis longtemps de quitter Fairley et je ne peux pas dire que je le lui reproche... Mais il n'aurait pas dû partir comme il l'a fait, en se cachant comme un voleur. Ce n'est pas bien, voilà tout.

— Voyons papa, répondit Emma en souriant, vous savez parfaitement que vous lui auriez refusé votre permission s'il vous l'avait demandée. Il a préféré s'en aller avant que vous ne puissiez l'en empêcher. C'est normal. »

Elle se leva vivement et fit le tour de la table pour aller serrer son père dans ses bras et lui posa un baiser sur la joue.

« Allons, papa, du courage, voyons ! Ne vous laissez

pas abattre pour un oui ou un non. Tenez, pourquoi ne pas aller passer une heure ou deux au pub et boire une bière avec vos amis ? Cela vous changerait les idées... »

Elle avait suggéré cette distraction sans y croire, s'attendant à ce que le Grand Jack la repousse comme il le faisait régulièrement depuis son veuvage. Aussi fut-elle heureusement surprise quand il acquiesça et se leva docilement.

Quand leur père fut parti pour le Cheval-Blanc, le seul pub de Fairley, Emma se tourna vers Frank qui griffonnait toujours dans un coin de la pièce.

« Toi, Frankie, écoute-moi bien, maintenant. Tu n'aurais pas dû raconter tout ça sur Winston et donner à notre père l'idée qu'il pouvait lui faire quitter la marine. Promets-moi que tu ne vas plus parler de Winston quand je serai repartie au château, tu m'entends, Frankie ? »

Décontenancé par la semonce de sa grande sœur, Frank baissa piteusement la tête en se mordant les lèvres.

« Oui, Emma, je te le promets. Je ne pensais pas à mal, tu sais. Ne te fâche pas.

— Je ne suis pas fâchée, Frankie. Je te demande seulement de réfléchir un peu avant de parler quand tu seras tout seul avec papa, tu comprends ?

— Oui, je comprends. Et puis, Emma...

— Oui, Frankie ?

— Ne m'appelle plus Frankie ! »

Devant l'air sérieux du garçonnet qui voulait tant se donner l'illusion d'être une grande personne, Emma retint le sourire amusé qui lui venait aux lèvres.

« D'accord, *monsieur* Frank Harte, je ne recommencerai plus, dit-elle gravement. Et maintenant, je crois qu'il est grand temps que tu te prépares à aller te coucher. Il est huit heures passées et il faut que nous nous levions de bonne heure demain matin. Et ne passe pas encore la moitié de ta nuit assis dans ton lit à lire je ne sais quoi ! Pas étonnant que les chandelles filent si vite, à ce train-là ! Allons, plus vite que ça ! reprit-elle devant le mouvement de protestation esquissé par Frank. Je monterai dans une minute voir si tu es couché. Si tu es bien sage, je t'apporterai un verre de lait et une pomme cuite. »

Frank lui décocha un regard furieux :

« Non mais, pour qui me prends-tu, Emma ? Je ne suis plus un bébé ! Je n'ai pas besoin de toi pour me border, tu sais ! »

Il ramassa ses livres et son cahier et commença à faire une sortie pleine de dignité. Mais, arrivé à la porte, il se retourna et fit un sourire timide :

« Je mangerai quand même bien la pomme, si tu insistes... »

Emma lui répondit par un éclat de rire. Quand il eut quitté la pièce, elle lava et essuya rapidement la vaisselle et s'assura que tout était bien rangé avant de monter le rejoindre. Comme elle s'y attendait, Frank était assis dans son lit et noircissait les pages de son cahier. Emma posa la pomme et le verre de lait sur la table de nuit et vint s'asseoir au pied du lit.

« Qu'est-ce que tu écris avec autant d'application, depuis tout à l'heure ? » demanda-t-elle en souriant.

Elle éprouvait autant de surprise et d'admiration que leur père pour l'intelligence dont Frank faisait constamment preuve et pour son imagination qui, souvent, les dépassait. Il paraissait également doué d'une mémoire prodigieuse.

Il prit le temps de terminer une phrase et leva vers elle un regard sérieux.

« J'écris une histoire que j'invente tout seul, dit-il fièrement. Une histoire de fantômes, tu sais « Hoouu ! Hoouu ! » poursuivit-il sans pouvoir garder son sérieux. Tu veux que je te la raconte ? Elle te fera mourir de peur...

— Ah ! bien non, merci beaucoup ! s'écria Emma en affectant la frayeur. D'abord, je n'aime pas les fantômes... »

En fait, malgré sa force de caractère et sa maturité, Emma répugnait à admettre devant son jeune frère que la seule mention du mot fantôme lui donnait la chair de poule. Pour reprendre l'avantage, elle s'affaira quelques instants à tirer les couvertures et border les draps et prit un air supérieur :

« Veux-tu me dire à quoi cela peut bien te mener de passer ton temps à gribouiller tes histoires ? On ne gagne pas d'argent en alignant des mots les uns derrière les autres. C'est une perte de temps...

— C'est pas vrai ! s'écria Frank avec tant de véhémence qu'Emma en resta saisie. Je vais te dire, où ça va me mener, mes gribouillages comme tu les appelles. Quand je serai grand, je travaillerai dans un journal, voilà ! J'irai peut-être même au *Yorkshire Morning Gazette*, si tu veux tout savoir ! Maintenant, mets ça dans ta poche et ton mouchoir par-dessus, *mademoiselle* Emma Harte ! »

Interloquée, Emma ne savait plus s'il fallait rire ou s'indigner des songes creux de son frère. Mais, le voyant sérieux comme la grande personne qu'il se croyait déjà, elle hocha gravement la tête :

« Je vois, dit-elle d'un ton pénétré. Mais il est encore un peu tôt pour y penser sérieusement, Frank. On en reparlera dans quelques années, d'accord ? »

Son indignation calmée, Frank mordait avec appétit dans sa pomme.

« D'accord, Emma... Mmm ! C'est délicieux, dis donc ! Merci, Emma. »

Elle se pencha vers lui en souriant et lui ébouriffa affectueusement les cheveux en lui donnant un baiser maternel. Frank reposa précipitamment sa pomme sur la soucoupe et mit ses bras autour du cou de sa sœur.

« Tu sais, je t'aime beaucoup, Emma, lui souffla-t-il à l'oreille.

— Moi aussi, Frankie, répondit-elle en le serrant contre sa poitrine. Allons, couche-toi. Tu as besoin de sommeil.

— Promis, Emma. Je finis juste une phrase et j'éteins dans cinq minutes. »

Elle referma doucement la porte derrière elle et

gagna sa chambre à tâtons. Parvenue au pied de son lit, elle trouva les allumettes et la chandelle dans son bougeoir de cuivre. Quand la flamme eut cessé de vaciller, elle alla poser le lumignon sur l'appui de la fenêtre et souleva le couvercle d'un grand coffre en bois, d'où s'échappa une forte odeur de naphtaline et de lavande séchée. Le coffre avait appartenu à sa mère qui l'avait spécialement légué à Emma avec tout son contenu. Jusqu'à présent, la jeune fille n'y avait jeté qu'un bref coup d'œil mais n'avait pas encore eu le courage d'inventorier le trésor qui évoquait par trop les douloureux souvenirs de la morte. Le cœur un peu serré, elle y plongea les mains.

Elle en sortit d'abord une robe de soie noire comme neuve et qu'elle se promit d'essayer le dimanche suivant. En dessous, elle trouva la simple robe de satin blanc dans laquelle sa mère s'était mariée et qu'elle caressa avec une émotion attendrie. La dentelle qui l'ornait au corsage était jaunie par l'âge mais d'une grande finesse. Dans les plis de la robe, enveloppé d'un morceau de soie bleue passée, elle trouva un bouquet de fleurs séchées qui tomba en poussière dans l'odeur un peu écœurante des roses. Emma se demanda un moment pourquoi sa mère l'avait conservé et si ces roses avaient une signification particulière. Elle n'aurait jamais plus de réponse à cette innocente question, et cette pensée poignante lui fit monter les larmes aux yeux.

Elle trouva ensuite quelques pièces de fine lingerie, probablement les vestiges du maigre trousseau d'Elizabeth, puis un châle noir brodé de roses rouges, un petit chapeau à brides de paille fine et craquante de sécheresse, orné de fleurs de soie. C'était là tout l'héritage de sa mère.

En levant la chandelle pour s'assurer qu'elle n'avait rien oublié, Emma découvrit cependant une petite boîte de bois tout à fait dans le fond du coffre, dans un angle. Cette boîte, Emma se souvenait l'avoir vue quand sa mère, en de rares occasions, en extrayait un bijou ou quelque objet de valeur. Le cœur battant, elle souleva le coffret et tourna la petite clef qui était restée dans la serrure.

Le couvercle levé, Emma reconnut d'abord la broche de grenats et les boucles d'oreilles assorties que sa mère portait toujours pour Noël et les grandes occasions. Emue, elle contempla longuement les petites pierres rouges qui, dans le creux de sa main, reflétaient la lumière de la chandelle avec l'éclat du rubis.

« Je ne me séparerai jamais de cette broche, murmura-t-elle. Maman l'aimait tant... »

Elle ravala ses larmes et continua sa fouille. Elle sortit un petit camée monté en broche et une bague en argent qu'elle examina avec curiosité. L'anneau d'argent, qu'elle passa à son doigt, lui allait à merveille et elle décida de le garder. Ensuite, elle souleva la chaîne et la croix d'or que sa mère portait toujours mais qu'elle laissa retomber avec une grimace de douleur et de colère. Non, elle ne voulait rien qui lui rappelât ce Dieu impitoyable auquel elle ne voulait plus croire, au point de ne plus mettre les pieds à l'église le dimanche. Ses doigts trouvèrent enfin un rang de grosses perles d'ambre, douces au toucher et d'un bel éclat doré sous la lumière. C'était un beau bijou à l'élégance discrète qui plut à Emma. Sa mère lui avait dit l'avoir reçu en cadeau d'une grande dame, jadis. Mais elle ne l'avait pas porté depuis longtemps et Emma en avait oublié l'existence.

Elle contempla quelques minutes ses nouvelles possessions étalées sur son lit. C'est en les remettant dans le coffret qu'elle sentit une bosse sous le velours qui en garnissait le fond. Un bref examen lui permit de se rendre compte que la garniture était décollée à un endroit et Emma la souleva sans peine. Elle vit alors apparaître un médaillon et une épingle, qu'elle examina avec d'autant plus de curiosité qu'elle ne se souvenait pas avoir jamais vu sa mère les porter.

Le médaillon était une très belle pièce ancienne en or massif délicatement gravé et ouvragé. Il était doté d'une charnière et d'une sorte de petit clip qu'Emma eut le plus grand mal à ouvrir. Quand elle y parvint, elle vit qu'il comportait deux moitiés symétriques et identiques. Dans l'une, il y avait une photographie de sa mère quand elle était encore une toute jeune fille. L'autre, protégée par un verre, semblait vide. Cependant, en y regardant de plus près, Emma s'aperçut que l'emplacement de la photographie était occupé par une petite mèche de cheveux.

Sa curiosité maintenant aiguillonnée, Emma essaya de faire sauter le verre. Mais elle abandonna bientôt en se rendant compte qu'elle risquait de le casser. A qui peuvent bien être ces cheveux ? se demanda-t-elle. Elle referma le médaillon, l'examina plus attentivement sous la flamme de la chandelle et découvrit alors une inscription gravée sur une des faces. Le cœur battant, elle se pencha, les yeux plissés par l'effort. Mais les lettres étaient presque effacées et Emma faillit abandonner.

Une soudaine inspiration lui fit mettre le médaillon presque à plat pour l'examiner sous une lumière rasante qui faisait ressortir le relief. C'est alors qu'elle fut capable de le déchiffrer et, malgré elle, la lut à haute voix : « De A. à E. — 1885. » Emma se répéta la date. Il y avait dix-neuf ans de cela. En 1885, sa mère avait donc quinze ans, comme elle. Que voulaient dire les lettres ? E. devait probablement désigner Elizabeth. Mais qui pouvait bien être A. ? Emma fouilla dans sa mémoire et ne put retrouver personne, dans la famille ou les proches, dont le nom commençât par un A. Finalement, elle haussa les épaules et décida de demander à son père, quand il rentrerait tout à l'heure du pub, s'il avait une idée sur la question.

Elle reposa soigneusement le médaillon dans le coffret et tourna son attention vers l'épingle. Elle fronça les sourcils, surprise : ce n'était pas un bijou féminin. Cela ressemblait plutôt à une épingle de cravate ou de plastron, comme en mettaient encore les hommes. En y regardant de plus près, elle constata même qu'elle était en forme de cravache, avec un fer à cheval orné de minuscules brillants à la place des clous. Comment se faisait-il que sa mère ait pu être en possession d'un pareil bijou, manifestement masculin et vraisemblablement destiné à une tenue de chasse ou d'équitation ? C'était en tout cas un ornement de valeur, car il était en or massif et les diamants avaient l'air vrais. Il n'aurait donc pas pu appartenir à son père...

De plus en plus perplexe, Emma poussa un soupir et, poussée par un instinct qu'elle n'aurait su expliquer, remit ses deux étranges découvertes dans leur cachette, sous la doublure de velours. Elle rangea ensuite méthodiquement les autres bijoux dans le coffret, replaça les vêtements soigneusement pliés dans la malle et en referma le couvercle. Non, elle n'allait pas en parler à son père. Car elle ne pouvait douter que le médaillon et l'épingle de cravate n'aient été volontairement mis par sa mère à l'abri des regards indiscrets, quelles qu'aient pu être ses raisons. Dans le doute, mieux valait donc poursuivre le désir de discrétion de sa mère et garder pour elle le secret de sa trouvaille. Elle hésita une dernière fois, haussa les épaules et tourna résolument le dos au coffre et à son mystère. Elle prit sa boîte à ouvrage, souffla sa chandelle et descendit s'installer dans la salle commune.

Elle avait en effet apporté avec elle des travaux de reprisage et de retouches à faire pour le château. Après avoir allumé la lampe à pétrole posée sur la cheminée, elle termina les quelques coutures qui lui restaient à faire à une blouse de Mme Wainright avant de s'attaquer à l'ourlet d'un jupon de Mme Fairley. Pauvre Madame ! soupira Emma. Elle est de plus en plus déconcertante. Un jour, elle est toute morose et ne desserre pas les dents. Le lendemain, voire une heure plus tard, elle babille comme une folle et rit pour un rien. Vivement que Mme Wainright revienne ! Elle était partie pour l'Ecosse depuis une quinzaine de jours, invitée chez des amis. Sans elle, le château n'était plus le même et Emma sentait une étrange nervosité la gagner de plus en plus fréquemment, ce qui la mettait mal à l'aise car elle n'en comprenait pas la cause.

Heureusement, le *Squire* était absent lui aussi, parti chasser le coq de bruyère, disait-on. Il ne devait pas revenir avant la fin de la semaine, ce qui était encore bien trop tôt au goût d'Emma. En ce moment, le château était donc au calme et, avec deux maîtres de moins à servir, Emma était considérablement soulagée dans son travail. C'est d'ailleurs pourquoi Mme Turner lui avait dit de prendre son vendredi, en plus du samedi et du dimanche : « Va donc un peu t'occuper de ton papa, Emma. Il a besoin de toi en ce moment, le pauvre homme ! » C'est ainsi qu'elle venait de passer trois jours pleins à la chaumière, à faire le ménage, la cuisine et la lessive pour Frank et son père. Tout se serait bien passé s'il n'y avait pas eu la subite disparition de Winston pendant la semaine. Pour l'esprit positif d'Emma, les interminables discussions que cela avait soulevées étaient aussi ridicules qu'inutiles, car ce qui était fait était fait et ce n'était pas d'en parler qui permettait de résoudre les problèmes.

A part ce drame familial, dont Emma se réjouissait secrètement pour son frère aîné, ces derniers temps avaient réservé à Emma quelques bons moments dont l'évocation la fit sourire de plaisir. Ainsi, ayant eu moins de travail au château, elle avait pu à plusieurs reprises s'esquiver discrètement pour aller passer quelques heures sur les rochers du Sommet du Monde en compagnie de Monsieur Edwin. Car ils étaient devenus amis depuis le retour d'Edwin pour les grandes vacances.

Emma jouait surtout le rôle de confidente. Edwin lui racontait toutes sortes de choses sur sa vie à l'école, sur ses amis et même sur sa famille. Il lui avait aussi confié des secrets qu'elle avait dû jurer de ne jamais répéter à âme qui vive. Ainsi, jeudi dernier, tandis qu'ils marchaient d'un bon pas sur la lande ensoleillée, Edwin avait révélé à Emma qu'un ami de son père allait arriver la semaine suivante et passerait quelques jours au château. C'était, paraît-il, un monsieur très important qui habitait Londres, un certain docteur Andrew Melton. Edwin était plein d'impatience de le voir car ce docteur Melton venait de faire un séjour en Amérique et avait des milliers de choses passionnantes à raconter. Quant à sa visite, c'était un tel secret que ni Murgatroyd ni la cuisinière n'en avaient été prévenus. Aussi Emma avait-elle levé la main droite et juré avec toute la solennité souhaitable qu'elle resterait muette comme la tombe.

Son père vint interrompre ses pensées en rentrant du pub comme dix heures sonnaient au clocher du village. En le voyant, Emma comprit du premier coup d'œil qu'il avait bu plus que d'habitude. Sa démarche était hésitante, son regard vague. Quand il enleva sa veste et voulut l'accrocher à la patère, derrière la porte d'entrée, il trébucha, fit tomber son vêtement et se rattrapa lui-même de justesse.

Emma posa en hâte son ouvrage sur la table et se leva :

« Je vais la ramasser, papa ! Venez donc vous reposer, je vais vous faire du thé.

— Pas la peine... j'ai besoin de rien », grommela John Harte en se redressant.

Il réussit à ramasser sa veste et à la pendre avant de s'avancer dans la pièce d'un pas saccadé. Soudain, il s'arrêta devant Emma et la dévisagea fixement.

« Tu ressembles quelquefois tellement à ta mère... » balbutia-t-il, l'air presque dégrisé.

A cette réflexion inattendue, Emma leva les yeux, surprise. Elle ne se trouvait, en effet, que très peu de ressemblance avec sa mère et ne s'expliquait pas la remarque de son père.

« Mais, Papa, maman avait les yeux bleus et les cheveux bien plus foncés que moi.

— C'est vrai, et elle n'avait pas ta pointe sur le front. Tu tiens ça de ma mère, ta grand-mère. Mais ça n'empêche pas qu'il y a des moments où tu es le portrait tout craché de ta pauvre maman, comme maintenant.

Quand elle était jeune fille, elle avait la même forme de visage, vois-tu, la même allure. Et la bouche, surtout... Oui, petite fille, plus tu iras, plus tu ressembleras à ta mère, tu verras.

— Mais maman était belle, pas moi ! » protesta Emma.

John Harte s'appuya lourdement au dossier d'une chaise et dévisagea sa fille avec plus d'attention

« Oui, pour être belle, elle était belle, Elizabeth. La plus belle fille qu'on ait jamais vue par ici. Il n'y avait pas un homme, ni un garçon, ni un vieillard qui n'ait jeté les yeux sur ta mère à un moment ou à un autre. Pas un, tu m'entends. Oui, tu serais bien surprise si tu savais... »

Il s'interrompit brusquement et se mordit les lèvres avant de grommeler quelques paroles incompréhensibles. Emma se tourna vers lui :

« Qu'est-ce que vous disiez, papa ? Je n'ai pas bien entendu.

— Rien, rien du tout. Rien de tout cela n'a plus d'importance, maintenant... »

Il fixait toujours sur Emma un regard pénétrant, d'où l'ivresse avait presque disparu.

« Je voulais te dire que tu es belle, toi aussi. Aussi belle que ta mère l'était à ton âge. Dieu merci, tu es plus solide qu'elle. Elizabeth était si fragile, la pauvre... Toi, tu es solide. Bâtie à chaux et à sable. »

John Harte secoua la tête avec tristesse, lâcha le dossier de la chaise où il se cramponnait et s'engagea dans la traversée de la pièce d'une démarche incertaine. Arrivé à la hauteur d'Emma, il s'arrêta brièvement pour l'embrasser sur le front, grommela un bonsoir et reprit sa marche en direction de l'escalier. Emma le suivit des yeux et le regarda monter les marches de pierre inégales en se raccrochant au mur. Il avait tant maigri qu'il donnait l'impression d'avoir littéralement fondu ou rétréci et Emma se demanda avec un serrement de cœur s'il mériterait de nouveau un jour son surnom de « Grand Jack ».

Elle se rassit, pensive, les yeux fixés distraitement sur la flamme de la lampe. Qu'allait-il devenir? Sans sa femme, il était littéralement comme une âme en peine et ne redeviendrait sans doute jamais tout à fait ce qu'il était, le solide gaillard toujours prêt à rire et mordant dans la vie à pleines dents. Cette pensée l'attristait d'autant plus qu'elle savait ne rien pouvoir faire pour lui. Personne au monde ne pourrait d'ailleurs alléger le fardeau de sa douleur ni rendre moins cruelle sa solitude. Il resterait en deuil et pleurerait son Elizabeth jusqu'au jour de sa propre mort...

Emma finit par s'arracher à ces réflexions et se remit à sa couture. Cette nuit-là, elle resta très tard à travailler pour tout finir avant de rentrer au château. Car cela représenterait un supplément de salaire, un nouveau dépôt dans ses boîtes de tabac. Plus que jamais, il lui fallait arrondir son magot et, dans ce but, elle ignorait le sommeil, méprisait la fatigue qui lui courbait le dos et lui raidissait les doigts.

Aussi était-il une heure largement passée quand elle souffla enfin la lampe et grimpa silencieusement l'escalier. Dans sa tête, elle calculait déjà le montant exact que Mme Wainright lui règlerait à son retour.

Une fois l'an, les landes du Yorkshire perdent leur aspect sauvage et désolé. Vers la fin du mois d'août et presque du jour au lendemain, la floraison des bruyères provoque une spectaculaire métamorphose où l'on voit les mornes ondulations et les collines désolées se couvrir d'un manteau somptueux, éclatant d'une débauche de couleurs. Toutes les nuances des rouges, des violets et des bleus se mêlent et se succèdent en vagues pressées, à perte de vue, pour créer par-dessus les sombres vallées industrielles un décor d'une beauté telle que l'œil le plus blasé ne peut s'en rassasier.

Cette féerie transfigure tout pendant le mois de septembre et ne disparaît que vers la mi-octobre. Durant ces quelques semaines, on croirait qu'un tisserand fou a jeté sur tout le paysage son étoffe la plus riche, où la pourpre et l'azur sont rehaussés çà et là de touches d'or et d'émeraude. Car, crevant par endroits le tapis de bruyère, les fougères, les campanules et les myrtilles prolifèrent comme des pierres précieuses au flanc des promontoires. Il n'est pas jusqu'aux arbrisseaux, dont le squelette rabougri et tordu ponctue la lande de graffiti lugubres, qui ne se parent alors de feuillages frais et tendres bruissant gaiement dans la brise.

Tout participe à cette fête. Dans l'air si pur qu'il vibre comme le cristal, les alouettes et les linottes se poursuivent en paraissant glisser sur les rayons du soleil. Si souvent alourdi de nuées grises et menaçantes, le ciel reste d'un bleu éblouissant, dispensant cette lumière, à la fois claire et précise, qui n'appartient qu'au nord de l'Angleterre. La nature entière sourit et se fait aimable. Dans les profondes vallées, comme dans les plus modestes vallons, les cours d'eau chantent ou tintent en se brisant sur les galets, scintillent en une poussière de diamant au bas des grandioses chutes d'eau. Pendant les mois d'été, le murmure de l'eau est partout et forme un contrepoint au chant des oiseaux, aux bêlements des moutons égarés et aux mille bruits dont le paysage est rempli. La vie éclate et règne dans toute sa majesté.

Comme sa mère, Emma Harte aimait profondément la lande, jusque dans ses moments les plus sinistres. Là-haut, au cœur de ces solitudes immenses, elle se sentait chez elle. Elle trouvait dans ces étendues en apparence si vides un réconfort paradoxal à tout ce qui la troublait. Elle s'émerveillait du passage des saisons et de leurs changements spectaculaires et, mieux encore, des modifications subtiles qui intervenaient, imperceptibles pour le profane mais que son œil exercé savait découvrir. Par-dessus tout, elle admirait la magnificence des bruyères en fleur à la fin de l'été.

Tandis qu'elle gravissait le sentier menant du village à la lande, en ce lundi matin d'août, Emma se sentait de bonne humeur. Le soleil pointait déjà au-dessus de l'horizon et jetait des reflets roses sur le vert tendre des pâtures semées de pâquerettes. Une légère brume bleuâtre voilait l'horizon et laissait présager une journée chaude, car il avait fait étouffant depuis le début du mois.

Pour la première fois peut-être, Emma était soulagée de quitter la chaumière familiale. La réaction de son père au départ de Winston l'avait déprimée mais elle savait qu'elle retrouverait son optimisme en passant par le Sommet du Monde. Seule là-haut, dans l'air vivifiant du matin, elle dominerait le paysage paré de sa robe de gala et y retrouverait sa liberté d'esprit et son équilibre. Ce contact avec la lande lui était aussi indispensable que l'air qu'elle respirait.

Petite, elle la parcourait déjà en toute liberté, courant çà et là des plateaux aux vallons, du sommet des collines au fond des cuvettes. Pour compagnons de jeux, elle avait les oiseaux et la foule timide des petites créatures qui peuplaient ce désert vivant. Il n'y avait pas un endroit, si secret fût-il, qu'elle ne connût intimement à des lieues à la ronde. Elle s'était ainsi choisi, au fil des années, ses retraites préférées au secret jalousement gardé, dans une crevasse de rocher ou au détour d'une ondulation. Là, elle savait trouver en toutes saisons une fleur sauvage oubliée par les frimas, un nid d'alouette ou même une source mystérieuse qui coulait en murmurant sur la mousse au plus fort du gel et où il faisait bon boire au creux de la main ou patauger, pieds nus, aux premières chaleurs du printemps.

En s'engageant dans son royaume, Emma oubliait déjà ses idées noires. Le long du sentier si familier, son pas s'accélérait, ses pensées se faisaient plus claires. Le départ de Winston lui faisait certes de la peine, car ils avaient toujours été très proches. Mais elle était contente pour lui et faisait taire son égoïsme. Lui, au moins, avait su trouver le courage nécessaire à son évasion de la médiocrité du village et de l'esclavage de la briqueterie. Il avait su agir avant qu'il ne soit trop tard. Le seul regret d'Emma était que son frère ait cru devoir garder le secret et ne l'ait pas mise au courant de ses projets, de peur sans doute qu'elle n'en prévienne leur père ou qu'elle ne cherche à l'en dissuader. Avec un sourire indulgent, elle maudit Winston de s'être si grossièrement mépris sur son compte. Bien loin de le retenir, elle aurait tout fait au contraire pour l'aider à réaliser son ambition. Car elle connaissait Winston, elle avait depuis longtemps compris qu'il n'était pas fait pour rester enfermé dans l'univers mesquin et étouffant d'une vie de travail abrutissant avec, pour seul dérivatif, les soirées au pub en compagnie d'autres esclaves assommés par l'alcool et la résignation.

Arrivée au sommet de la première éminence, Emma s'arrêta brièvement pour reprendre son souffle. Les majestueuses formations rocheuses de Ramsden Crags se dressaient devant elle, comme pour la défier d'en entreprendre l'ascension. Au lever du soleil, les roches prenaient plus que jamais l'aspect de chevaux mythiques cabrés contre le ciel. Terrifiants en hiver, quand ils se détachaient blanchis par le gel contre la grisaille menaçante des nuages, ils devenaient presque amicaux à la belle saison et semblaient inviter le passant à venir les enfourcher. Emma s'arrêta encore un instant pour admirer ce paysage dont elle ne se lassait jamais. La brume se levait et, en dépit de la brise qui franchissait les crêtes pour balayer la plaine, la chaleur se faisait déjà sentir. Mais Emma, grâce à la fraîche robe de coton donnée par Olivia Wainright, n'en était pas incommodée et jouissait du contact du vent sur ses mollets nus.

Quelques minutes plus tard, elle était à l'ombre de Ramsden Crags. Elle posa son panier de linge et s'assit sur une grosse pierre plate, comme elle le faisait presque toujours ces temps-ci. Car c'était là, au pied de ce Sommet du Monde, qu'elle retrouvait la présence de sa mère, bien plus sûrement que dans la petite chaumière. Emma la sentait encore vivre et respirer parmi ces rochers, en ce recoin abrité et paisible qu'elles aimaient tant toutes deux. Dans les ombres capricieuses adoucies par la brume, elle revoyait sans effort le beau visage qu'elle avait tant aimé, elle entendait tinter son rire cristallin dont l'écho s'amplifiait dans les anfractuosités. Ici, elle pouvait vraiment communier avec elle dans le silence rompu, de loin en loin, par le cri d'un oiseau ou le bourdonnement d'une abeille.

Adossée au rocher tiède, Emma se laissa aller en fermant les yeux pour mieux évoquer l'image de sa mère. Avec un léger sursaut, non de frayeur mais de joie, elle la vit soudain apparaître devant elle, bien vivante et réelle, proche à la toucher. D'instinct, Emma tendit les bras en murmurant un appel et ne rouvrit les yeux que pour voir la silhouette se dissoudre dans les dernières écharpes de brume. Elle fut tentée de céder à la tristesse poignante de cette trop brève apparition, si vite évanouie, mais se rassura en sachant la retrouver à tout moment. L'amour permet cette sorte de miracle et Emma y puisa le réconfort.

Quand elle se fut ressaisie, elle se leva et se mit résolument en route vers la cuvette de Ramsden Ghyll, enfouie dans l'ombre fraîche et où les rayons du soleil ne se frayaient pas encore un passage. Un lapin traversa le sentier sous ses pieds et disparut dans un fourré. Les blocs de rochers se dressaient, noirâtres et rébarbatifs, à peine égayés par des plaques de mousse. Le cœur d'Emma se mit à battre plus vite, comme toujours en ce lieu désolé où la belle saison ne parvenait jamais tout à fait à effacer l'hostilité de la nature et, pour se donner du courage, elle se mit à chanter une complainte irlandaise, apprise de Blackie. Dans le silence du matin, sa frêle voix de soprano s'élevait toute droite comme un filet de fumée. On aurait dit que tout, aux alentours, se retenait de respirer pour mieux l'entendre. Les oiseaux se turent, les lapins arrêtèrent leurs courses folles, les abeilles elles-mêmes se retinrent de butiner.

Quelques pas plus loin, essoufflée, Emma s'interrompit en souriant. La chanson lui rappelait Blackie et, comme toujours quand elle pensait à lui, la bonne humeur lui revenait. Cela ferait bientôt un mois qu'il n'était pas venu la voir au château. Certes, il y avait fini ses travaux depuis longtemps, mais il ne manquait presque jamais de faire un détour par Fairley Hall quand il se trouvait aux environs. Avoir pensé à lui le ferait peut-être réapparaître, à l'improviste comme à son habitude, toujours débordant de rires et de gaieté, souvent les poches pleines de menus cadeaux. Sa vie avait bien changé, depuis sa première rencontre avec Blackie. Il avait été pour elle une sorte de bon génie.

Sortie de la pénombre humide de Ramsden Ghyll, Emma respira plus librement. Autour d'elle, l'immensité ensoleillée de la lande se déroulait, plus somptueuse que jamais. Au loin, portée par la brise, la cloche du village égrena six coups et Emma pressa le pas. Elle allait encore être en retard et, malgré son nouveau statut au château et le travail allégé du moment, elle était sûre que Mme turner en profiterait quand même pour lui adresser des reproches. Souriant de plus belle, elle se mit à courir, entraînée par la pente douce qui menait au champ du Baptiste, et arriva bientôt à la lourde barrière, qu'elle manœuvra avec aisance et dont elle referma soigneusement la clenche.

Depuis plusieurs mois déjà, elle ne se balançait plus sur la barrière, jeu enfantin qui n'était désormais plus digne d'elle. Car elle avait eu quinze ans à la fin du mois d'avril. Elle était désormais une jeune fille, avant de devenir une grande dame, ce dont elle ne doutait plus. Et une jeune fille appelée à de si hautes destinées ne s'adonne pas à des distractions aussi frivoles.

En pénétrant dans la cour pavée, Emma s'arrêta net. Le cabriolet du docteur Malcolm était arrêté devant le perron, son cheval attaché à un anneau. La cour était plongée dans un silence inhabituel à pareille heure et on n'y voyait même pas Tom Hardy, le palefrenier, qui normalement faisait un bruit d'enfer en sifflant à tout rompre pendant qu'il envoyait à pleines fourches l'avoine dans les râteliers. Que pouvait-il bien se passer qui justifiât la présence du docteur au château à six heures du matin ? Il y avait sûrement quelqu'un de malade et Emma, avec une bouffée d'inquiétude, pensa immédiatement à Edwin. La semaine passée, il avait attrapé un mauvais rhume et risquait la bronchite à cause de sa poitrine délicate, comme avait dit Mme Fairley.

Angoissée, Emma se mit à courir et remarqua au passage que les marches de la porte de service n'avaient pas été balayées, ce qui ne fit qu'aggraver son inquiétude. Annie avait beau être une souillon sans cervelle, elle n'aurait jamais commis une si sérieuse entorse à ses devoirs sans raison grave.

A l'aspect de la cuisine, Emma comprit tout de suite qu'il s'était abattu une catastrophe sur la maison. Le feu flambait dans la cheminée, la bouilloire chantait. Mais la cuisinière était effondrée sur une chaise près du feu et oscillait d'avant en arrière. Les yeux clos, son imposante poitrine soulevée par les sanglots, de temps en temps elle essuyait ses joues trempées de larmes avec un coin de son tablier, dont l'humidité disait assez qu'il remplissait cet office depuis un certain temps déjà. Elle ne leva même pas la tête au bruit que fit Emma en entrant.

Assise devant la table, Annie paraissait en meilleur état que Mme turner et c'est vers elle que se dirigea tout d'abord Emma dans l'espoir d'en obtenir quelques éclaircissements. Mais, en s'approchant, elle constata que la jeune servante était encore plus bouleversée que la cuisinière. Elle ne pleurait pas. Mais ses bonnes joues rouges étaient devenues grises comme les cendres du foyer et elle était assise raide, comme paralysée par une sorte de catalepsie. Quand Emma lui toucha la main, sa peau était plus froide que la pierre des marches.

Affolée, Emma sentit son panier lui échapper des mains et l'entendit tomber à terre avec un bruit qui laissa les autres insensibles.

« Mais que se passe-t-il ? s'écria-t-elle. Pourquoi le docteur est-il ici ? Qui est malade ? C'est Monsieur Edwin, n'est-ce pas ? Edwin est malade ? »

Ses paroles résonnèrent dans la cuisine sans éveiller

la moindre réaction et Mme Turner ne sursauta même pas à l'inexcusable inconvenance dont Emma venait de se rendre coupable en appelant le jeune maître par son prénom. L'atmosphère de catastrophe où baignait la cuisine gagna alors Emma qui se sentit céder à la panique. A demi paralysée par la frayeur, elle parvint à lancer un appel étouffé à la cuisinière. Cette fois, elle obtint plus de succès. Mme Turner sortit un bref instant de son inconscience pour tourner vers Emma des yeux rouges et gonflés. Elle ouvrit la bouche, suffoqua comme un poisson hors de l'eau et sombra dans une nouvelle crise de larmes, plus violente encore, où ses sanglots étaient ponctués de gémissements d'agonie.

Malgré son affolement, Emma réussit à retrouver assez de présence d'esprit pour se rapprocher d'Annie et lui posa la main sur l'épaule. Mais Annie braqua sur Emma un regard vide de toute autre expression que la terreur. Elle cligna des yeux, ouvrit et ferma la bouche, tordit son visage en une affreuse grimace mais resta muette et s'évada à nouveau dans la léthargie.

Ce déploiement d'hystérie suffit à provoquer en Emma une réaction de colère plus forte que la peur. Déterminée à avoir enfin le fin mot de cette crise de folie collective, elle secoua Annie avec rudesse, lui cria des injures aux oreilles. En vain. La jeune bonne était redevenue insensible, sourde et muette. Quant à la cuisinière, elle remplissait toujours la pièce de cris et de sanglots et ne semblait pas prête à reprendre conscience.

Emma était décidée à partir à la recherche de Murgatroyd quand le majordome fit son apparition au haut de l'escalier de service. Son visage maigre était plus lugubre que jamais. Fait sans précédent, et qu'Emma remarqua instantanément, il portait sa redingote noire et son nœud papillon, alors qu'à cette heure matinale il aurait dû être en chemise avec son tablier vert. Il descendit l'escalier à pas lents et lourds, s'arrêta sur la dernière marche et s'appuya à la pomme de la rampe en une pose pleine d'emphase théâtrale. Alors, d'un geste large, il se passa la main sur le front et courba la tête, comme accablé sous le poids d'un chagrin indicible. Mais Emma se rendit compte qu'il avait perdu toute son arrogance et que ses affectations de cabotin étaient probablement la seule manière qu'il connût pour exprimer le désarroi où il était plongé.

De plus en plus ahurie, Emma s'approcha de lui :

« Il s'est passé quelque chose de grave, n'est-ce pas ? C'est Monsieur Edwin ? »

Murgatroyd consentit à rouvrir les yeux et la regarda d'un air funèbre.

« Non, c'est Madame.

— Elle est malade ? C'est pour cela que le docteur Malcolm est venu ?

— Elle est morte », laissa tomber le majordome.

Emma recula d'un pas, comme si elle avait reçu un coup en pleine poitrine.

« Madame... Morte ? balbutia-t-elle.

— Oui, morte », répondit Murgatroyd avec un trémolo lugubre.

Malgré le choc qu'elle venait d'éprouver, Emma ne put s'empêcher d'observer que la détresse de Murgatroyd paraissait sincère et que ses manières envers elle étaient, pour la première fois, dépourvues d'hostilité ou de condescendance.

« Mais... Elle n'était pourtant pas malade quand je suis partie jeudi soir, parvint-elle enfin à murmurer.

— Elle ne l'était pas davantage hier au soir... »

Il s'interrompit pour pousser un soupir qui fit taire le soufflet de forge de Mme Turner, à l'autre bout de la pièce.

« Elle est tombée dans les escaliers pendant la nuit, elle s'est cassé le cou, d'après ce que dit le docteur Malcolm. »

Emma dut se rattraper à la table pour ne pas chanceler. Les yeux écarquillés, elle fixait le majordome comme s'il avait été le messager de l'enfer. Mais celui-ci poursuivait son récit, faisant tomber ses mots comme un glas.

« C'est elle qui l'a trouvée à cinq heures et demie, reprit-il en désignant Annie d'un mouvement de menton. Elle allait vider les cendres dans les cheminées. Madame était déjà raide. Elle était couchée au pied du grand escalier, dans le hall d'entrée. En chemise de nuit... La malheureuse fille était folle de terreur. Elle est venue me chercher en hurlant, comme si elle avait vu un fantôme. »

Emma étouffa un sanglot et se cacha la figure dans les mains.

« Oui, c'était un bien horrible spectacle, poursuivit Murgatroyd plus sinistre que jamais. De voir notre malheureuse maîtresse couchée là, qui nous regardait avec les yeux grands ouverts, tout vitreux... Et la tête pliée comme celle d'une poupée cassée... Quand je l'ai touchée, j'ai tout de suite compris qu'elle était morte depuis des heures. Elle était froide comme le marbre. Comme le marbre... »

Annie restait toujours immobile, Emma ne disait rien.

« Je l'ai prise dans mes bras, reprit Murgatroyd, et je l'ai montée dans sa chambre, sans la cogner aux murs. Je l'ai couchée sur son lit... C'était comme si elle dormait tellement elle était belle, avec ses cheveux répandus sur l'oreiller... Il n'y avait que les yeux de gênants. Je ne suis pas arrivé à les refermer et j'ai dû y mettre des pennies jusqu'à l'arrivée du docteur. Pauvre Madame, pauvre Madame... »

Emma se laissa tomber sur une chaise. Elle essuya machinalement ses joues mouillées de larmes et se tassa sur son siège, vidée de ses forces, si choquée qu'elle était incapable de penser clairement. Une seule idée revenait la hanter, dans l'affection instinctive qu'elle avait vouée à Adèle Fairley : la maison était maudite, comme l'avait dit Adèle. Un jour, il devait s'y passer un drame. Adèle avait été la première victime...

Un violent grattement de gorge de Murgatroyd lui fit reprendre pied dans la réalité. Le maître d'hôtel s'arrachait à sa boule d'escalier comme s'il quittait le sein maternel pour se lancer dans un monde plein de mystères et de périls.

« Tous ces pleurs et ces gémissements ne ressusciteront pas cette pauvre Madame, dit-il d'une voix rauque. Allons, secouons-nous. Il y a du travail à faire, la famille dont nous devons nous occuper... »

Il n'avait adressé sa mercuriale à personne en particulier et semblait même s'être inclus dans ce rappel à l'ordre collectif. Emma n'en avait sur le moment retenu que son allusion à la famille.

« C'est vrai, les pauvres garçons, dit-elle en se mouchant. Sont-ils au courant ?

— Le docteur est en train de parler à Monsieur Edwin en ce moment dans la bibliothèque. J'ai informé Monsieur Gerald moi-même des événements, ce matin, après avoir mis Madame sur son lit et expédié Tom au village chercher le docteur. Celui-ci a envoyé M. Gerald à Newby Hall pour prévenir le maître.

— Et Mme Wainright ? » s'enquit Emma.

Murgatroyd retrouva d'un coup son sourire de supériorité méprisante :

« Me prendrais-tu pour un imbécile, ma petite ? J'y ai déjà pensé, bien entendu. Le docteur Malcolm a rédigé lui-même un télégramme et Monsieur Gerald va le faire partir du premier bureau de poste qu'il trouvera sur son chemin. Et maintenant, ma fille, assez fainéanté. Pour commencer, prépare du thé, le docteur en a bien besoin. La cuisinière aussi, d'ailleurs, à ce que je vois », ajouta-t-il avec un ricanement.

Emma hocha la tête sans répondre et se mit au travail, heureuse d'y trouver un dérivatif à son hébétude. Sans quitter sa position stratégique au pied de l'escalier, Murgatroyd haussa le ton pour se faire entendre de la cuisinière :

« Quant à vous, madame Turner, vous feriez bien de vous secouer un peu ! Il y a trop à faire pour continuer à se dorloter. »

La cuisinière tourna son visage en direction du majordome et lui décocha un regard haineux. En ahanant, elle se leva de sa chaise, sa vaste poitrine encore soulevée de sanglots.

« Je sais, Murgatroyd ! répliqua-t-elle d'un ton étonnamment ferme. Il y a les jeunes gens et le maître et la vie continue, je n'ai pas besoin de vos leçons. Le temps de changer mon tablier et je prépare le petit déjeuner. S'il se trouve quelqu'un dans cette maison d'assez sans-cœur pour manger quelque chose un jour comme aujourd'hui, ajouta-t-elle d'une voix vengeresse.

— Le docteur a peut-être faim, lui, répliqua Murgatroyd sèchement. Je monte voir s'il n'a besoin de rien. Je vais commencer à fermer les rideaux partout. Il faut montrer du respect pour les morts... »

La cuisinière méprisa cette dernière allusion et noua vigoureusement les cordons de son tablier neuf autour de sa taille imposante.

Comme Murgatroyd allait s'engager dans l'escalier, elle le héla sans daigner se retourner :

« Dites donc, avez-vous pensé à dire à Tom, puisqu'il allait au village, de demander à Mme Stead de venir faire la toilette des morts ? C'est elle la meilleure de la région...

— Naturellement ! dit le majordome en haussant les épaules. Heureusement que je sais garder la tête froide, moi. »

En entendant prononcer le nom de sa mère, Annie parut enfin émerger de la catalepsie où elle était restée plongée.

« Ma maman... Vous avez appelé ma maman ?

— Oui, Annie, lui répondit Murgatroyd d'un ton adouci. Elle ne va pas tarder et tu ferais bien de ne plus faire cette tête-là, elle aura bien assez de travail, la pauvre femme, sans avoir encore à s'occuper de toi. »

Apparemment satisfait de voir l'ordre se rétablir et

son autorité réaffirmée, Murgatroyd tourna les talons et disparut dans l'escalier. Emma, pendant ce temps, avait préparé une grande théière et les trois femmes s'assirent pour boire leur thé chaud. Ce fut Annie qui, la première, rompit le silence.

« Je regrette bien que tu n'aies pas été ici, Emma. C'est toi qui aurais trouvé Madame à ma place... »

Elle s'interrompit pour frissonner.

« Jamais, jamais ne n'oublierai cet air qu'elle avait. Comme si elle avait vu quelque chose d'horrible avant de tomber. »

Emma releva vivement les yeux et fronça les sourcils :

« Qu'est-ce que tu veux dire, Annie ?

— Ce que j'ai dit, tu sais... Comme si elle avait vu une de ces abominations qui marchent dans la lande, la nuit. C'est maman qui m'a raconté ces histoires...

— Tais-toi donc, petite sotte ! s'écria Mme Turner. Et que je ne t'y reprenne plus à nous débiter ces sornettes de fantômes dans cette maison ! Toutes ces superstitions de villageois, grommela-t-elle. Des bêtises, tout ça, c'est moi qui te le dis... »

Mais Emma avait à peine remarqué l'interruption indignée de la cuisinière.

« Je me demande ce que Madame pouvait bien faire dans l'escalier au milieu de la nuit, dit-elle à mi-voix comme se parlant à elle-même. Murgatroyd a dit qu'elle était morte depuis des heures... Il devait donc être vers deux, trois heures du matin quand elle a fait sa chute.

— Moi, je sais ce qu'elle faisait », intervint Annie.

Mme Turner et Emma se tournèrent vers elle, la mine stupéfaite.

« Et comment donc peux-tu le savoir, Annie ? demanda la cuisinière d'un air soupçonneux. A cette heure-là, si je ne me trompe, tu es censée dormir dans ta mansarde. Ne me dis pas que tu te promenais dans la maison !

— Non. Mais c'est moi qui ai trouvé Madame. Il y

avait plein de verre cassé autour d'elle, c'était un des beaux verres, je l'ai reconnu. Elle tenait encore le pied et il y avait du sang séché sur sa main, là où elle s'était coupée... »

Elle s'interrompit un instant pour frémir à ce souvenir.

« Avec un verre à la main, ce n'est pas compliqué de comprendre ce qu'elle faisait, reprit-elle. Je parie qu'elle descendait se verser un...

— Murgatroyd n'a jamais parlé de verre cassé ! interrompit Mme Turner en jetant à la jeune fille un regard courroucé.

— Non. Mais n'empêche que je l'ai vu se dépêcher de tout balayer. Il croit que je n'avais rien remarqué et que j'avais trop peur... »

Mme Turner hésitait entre l'incrédulité et la colère en apprenant cette nouvelle qui, pour elle, équivalait à un sacrilège. Mais Emma avait immédiatement compris qu'Annie n'avait pas menti. Adèle Fairley s'était tuée en allant se chercher à boire...

« Tu ne répéteras jamais rien de ce que tu as vu, tu entends, Annie ? lui dit Emma d'un ton sévère. Jamais rien à personne, pas même au *Squire* s'il te le demandait. Ce qui est fait est fait et moins on en parlera à tort et à travers, mieux cela vaudra. Tu m'as bien comprise ?

— Emma a raison, renchérit la cuisinière. Ce serait malheureux de lancer de vilaines médisances dans tout le village. Cette pauvre Madame a bien mérité de reposer en paix.

— Je vous le promets, je ne dirai rien », répondit Annie en rougissant.

Le silence retomba. Mme Turner digérait mal la découverte scandaleuse dont Emma avait confirmé la véracité. Annie était perdue dans un océan de terreurs dont elle ne voyait pas encore la fin. Quant à Emma, les sourcils froncés, elle était plongée dans des réflexions dont elle sortit enfin pour se tourner vers la cuisinière :

« Vous savez, madame Turner, c'est quand même curieux... D'abord, c'est Polly qui est morte. Après, ça a été le tour de ma mère. Et maintenant, c'est Madame. Toutes ces morts en à peine six mois... »

La cuisinière poussa un profond soupir et avala une rasade de thé pour se donner du courage :

« Dans ces parages, ma petite, on dit toujours que les malheurs arrivent par trois. Espérons que celui-ci sera le dernier... »

Les obsèques d'Adèle Fairley eurent lieu quelques jours plus tard. A cette occasion, on ferma la filature pour la journée afin que les ouvriers puissent assister à la cérémonie, ainsi que les serviteurs et les fermiers du château. Une foule considérable débordait du petit cimetière de Fairley où les villageois, les châtelains des environs et les amis et relations venus de tout le comté se pressaient pour rendre un dernier hommage à la maîtresse de Fairley Hall.

Deux jours après l'enterrement, Olivia Wainright partit pour Londres en compagnie de son neveu Edwin. Exactement huit jours plus tard, Adam Fairley s'en alla à son tour pour rejoindre son fils cadet, installé dans l'hôtel particulier de sa tante à Mayfair.

La filature fut confiée à son directeur, Ernest Wilson, à la plus grande joie de Gerald. Car le jeune homme, que la mort de sa mère avait laissé parfaitement indifférent, ne voyait dans tous ces bouleversements que les aguichantes perspectives qui s'ouvraient enfin à lui. Il comptait bien profiter de l'absence de son père, qu'il souhaitait la plus longue possible, pour se rendre indispensable à la filature et la mettre définitivement et exclusivement sous sa coupe. Enfin, détail à ses yeux non négligable, il se retrouvait seul maître au château. Pour Gerald Fairley, la vie s'annonçait parée des plus riantes couleurs.

18

Par un beau dimanche ensoleillé du mois de juin de l'année suivante, Edwin sortit de Fairley Hall pour prendre le chemin de la lande. Il portait d'une main un panier de pique-nique rempli des plus appétissantes friandises de Mme Turner et, de l'autre, un sac de toile contenant des outils de jardinage et autres ustensiles d'un usage obscur pour tout autre que lui.

Car Emma et lui devaient accomplir, à Ramsden Crags, un gros travail qu'ils avaient prévu et préparé depuis plusieurs semaines. L'inclémence du temps les avait forcés d'en ajourner la réalisation à plusieurs reprises. Cette fois, en revanche, plus rien ne semblait s'y opposer. L'avant-veille, vendredi, Edwin avait accompagné Emma jusqu'à Ramsden Crags. Ils s'étaient quittés en se promettant de s'y retrouver le dimanche à trois heures de l'après-midi si le temps le permettait.

Et le temps le permet, se dit Edwin en regardant le ciel. Encore pâle, le soleil jouait à cache-cache avec les nuages qui parsemaient le ciel bleu. Mais rien ne paraissait vouloir annoncer la pluie. Une faible brise jouait de temps en temps avec les feuilles des arbres. L'air était pur et clair et il faisait bon, presque chaud.

En quittant la maison, Edwin évita soigneusement de traverser la cour pavée des écuries. Quand il avait pris son panier à la cuisine, il avait remarqué Annie Stead et Tom Hardy, le palefrenier, en train de bavarder en riant dans un coin des bâtiments et la cuisinière, surprenant son regard curieux, s'était empressée de lui apprendre que « ... ces deux gamins-là se fréquentent, Monsieur Edwin, et à leur âge ça risque de mal tourner, c'est moi qui vous le dis ! » Les tourtereaux étaient probablement trop absorbés par leur badinage pour le remarquer mais Edwin préféra ne pas éveiller inutilement leur curiosité. Non qu'il fût étonnant de le voir partir pour la lande chargé d'un pique-nique, car il le faisait fréquemment. Mais le sac était inhabituel et pouvait éveiller l'attention. Edwin sortit donc du château par l'autre bout, traversa la roseraie close de murs qui le dissimulaient aux regards indiscrets et, de là, gagna le couvert des chênes. Il ne lui fallut plus que quelques instants pour atteindre la lisière du champ du Baptiste et gravir le sentier qui, à travers la lande, mène à Ramsden Ghyll et Ramsden Crags.

Arrivé au sommet, Edwin s'arrêta quelques instants pour respirer à pleins poumons. Il était complètement remis de sa dernière maladie et jamais il ne s'était senti aussi plein de vie et d'énergie. Il avait encore attrapé un rhume au début de mai et, par négligence, l'avait laissé dégénérer en une bronchite qui l'avait cloué quinze jours à l'infirmerie du collège. Le principal avait lui-même insisté pour qu'il passât sa convalescence chez lui, car la fin du trimestre approchait et il n'était pas question de compromettre sa santé déjà délicate.

La voiture qui était venue le chercher au collège était menée par Tom Hardy car son père était absent de Fairley Hall, ce qui se produisait de plus en plus fréquemment depuis quelque temps. En fait, Adam Fairley n'y faisait plus que des apparitions irrégulières quand sa présence y était indispensable. Le reste du temps, il vivait à Londres ou voyageait à l'étranger pour s'occuper, disait-il, d'affaires dont il s'abstenait de spécifier la nature. Il avait cependant engagé un précepteur pour qu'Edwin ne prît pas de retard dans ses études tant qu'il resterait à la maison. Car le jeune homme faisait preuve des meilleures dispositions. Etudiant consciencieux, capable de travailler seul en s'imposant une discipline rigoureuse, il n'avait pas de mal dans ces circonstances à maintenir le niveau élevé auquel il était parvenu au collège. Le père et le fils avaient décidé d'un commun accord qu'Edwin s'inscrirait à Cambridge quand il aurait dix-huit ans afin d'y entreprendre des études de droit au collège de Downing, l'un des plus réputés du Royaume-Uni. En attendant, Edwin terminait son année scolaire à Fairley Hall en compagnie de son précepteur.

Ils y vivaient pratiquement seuls, à l'exception de Gerald et des domestiques. Cette situation ne déplaisait pas à Edwin, bien au contraire. Il jouissait ainsi d'une liberté quasi totale en dehors de ses matinées consacrées au travail. Gerald l'ignorait et lui adressait à peine un mot de loin en loin, car il était lui aussi bien trop occupé pour s'intéresser à quoi que ce fût en dehors de son propre travail. Il assurait en effet la supervision des filatures de Stanningley et d'Armley en plus de celle de Fairley et s'y consacrait avec un rare acharnement. Les deux frères ne faisaient donc que s'apercevoir brièvement à l'heure des repas, quand Gerald les prenait au château, ce qui n'était pas toujours le cas. Car il lui arrivait fréquemment d'emporter, le matin, un repas froid qu'il consommait au bureau ou dans un atelier, idée qui paraissait abominable à Edwin.

Pour se rendre à Ramsden Crags, Edwin suivait la ligne de crête et marchait d'un bon pas sur l'étroit sentier en sifflant joyeusement. Le soleil lui caressait le visage, ses fins cheveux blonds dansaient dans la brise et il se réjouissait intensément d'aller à la rencontre d'Emma. Car il était sûr de lui prouver, cet après-midi-là, la justesse d'une théorie dont ils avaient longuement discuté et qu'il se proposait de démontrer en exécutant les mystérieux travaux pour lesquels il s'était muni de tout un attirail. Cet entêtement était peut-être un peu puéril. Mais qu'importe ! Ils étaient jeunes, après tout, et avaient bien le droit de se comporter ainsi.

Edwin, cependant, venait de célébrer son dix-septième anniversaire et aimait se considérer comme un adulte. De fait, il portait bien plus que son âge et les récents et tragiques événements qu'il venait de vivre l'avaient mûri. La mort de sa mère, qui avait laissé Gerald parfaitement froid, l'avait au contraire profondément marqué. Il s'était jeté à corps perdu dans l'étude et la lecture et y avait trouvé le seul dérivatif à ses obsessions morbides. Non content de chercher ainsi l'oubli dans les livres, Edwin s'était adonné avec une passion égale à toutes les activités que pouvait lui offrir la vie du collège et s'était mis notamment à pratiquer les sports. Pris du matin au soir, épuisé par l'effort, il avait pu acquérir au fil des mois un certain stoïcisme qui l'avait aidé à supporter le choc. Il était maintenant capable de penser à la tragique disparition d'Adèle sans en avoir le cœur brisé.

Olivia Wainright, sa tante, avait également joué un rôle considérable, bien qu'indirect, dans le développement et la maturation d'Edwin Fairley. Tout de suite après la mort de sa mère, le jeune homme était parti pour Londres y passer le reste de ses vacances scolaires. Il s'y était trouvé en contact avec le cercle des amis et relations d'Olivia : hommes politiques, écrivains, artistes, journalistes, tous personnages éminents dans leur spécialité et, pour la plupart, jouissant d'une certaine célébrité. Les rencontres qu'il fit ainsi, au sein d'une société brillante sans pédanterie et avide de plaisirs sans vulgarité, eurent sur lui une heureuse influence. Consciente du charme de son neveu et de son intelligence, Olivia s'était attachée à lui faire partager le mieux possible ses sorties et ses réceptions, où Edwin découvrit qu'il prenait un vif plaisir et se comportait d'une manière qui lui ralliait toutes les sympathies. Il acquit un vernis et une assurance qui le transformèrent sans, cependant, le faire tomber dans le travers du snobisme. Ainsi, Edwin Fairley était-il devenu un jeune homme bien différent du « chouchou » dorloté par sa mère qui subissait naguère les sarcasmes de Gerald et provoquait les soupirs navrés de son père.

Sa transformation morale s'était accompagnée d'une modification spectaculaire de son aspect physique. Par la pratique des sports, il était devenu un jeune homme d'allure vigoureuse. Sa beauté avait perdu toute mièvrerie et sa ressemblance avec son père s'était accusée de façon frappante. Il avait hérité les yeux bleu-gris expressifs d'Adam Fairley, sa bouche pleine et sensuelle au sourire ironique, les traits fins et intelligents de son visage, sans la rigueur ascétique qui assombrissait encore la physionomie de son père. Edwin était presque aussi grand qu'Adam, large d'épaules, la taille fine et la démarche pleine d'une aisance patricienne. Tout cela lui avait valu, parmi ses condisciples de Worksop, le sobriquet d'Adonis qui l'exaspérait prodigieusement. Et Edwin était trop souvent à son gré plongé dans l'embarras par l'agitation, les regards et les chuchotements que son apparition provoquait chez les sœurs et les cousines de ses camarades.

Car il n'éprouvait que du mépris pour toutes ces jeunes filles de la bonne société et les jugeait sans indulgence. Péronnelles au babillage assourdissant, à la tête vide et au cœur sec, elle le faisaient fuir en l'accablant de prévenances qu'elles croyaient flatteuses quand elles ne lui étaient qu'importunes. Edwin leur préférait infiniment la compagnie d'Emma, qui avait su lui procurer la consolation dont il avait tant besoin après son deuil. Aucune de ces « demoiselles de qualité » et des héritières dont son père lui imposait parfois la fréquentation ne pouvait, aux yeux d'Edwin, soutenir la comparaison avec *son* Emma, dont la beauté, la distinction naturelle, l'intelligence et l'élévation d'esprit lui semblaient sans égales. Le bref moment d'éblouissement qui, l'an passé, l'avait si profondément bouleversé dans le couloir clair-obscur de Fairley Hall se reproduisait en s'intensifiant à chacun de ses retours. Car Emma était plus que belle, elle était en effet devenue éblouissante. A seize ans, elle était complètement formée et sa silhouette était celle d'une femme. Quant à ses traits et à son regard, Edwin ne trouvait pas de mot plus faible que *sublime* pour les qualifier.

En pensant à elle, Edwin eut un sourire extasié. Oui, ce serait bon d'être de nouveau seul avec Emma, loin des regards inquisiteurs et malveillants des autres serviteurs. Et puis, Emma savait toujours trouver le trait d'esprit, la répartie ou la description caricaturale qui touchait juste et le faisait rire. Ainsi, elle avait affublé Gerald du sobriquet de « maigrichon », ce qui avait plongé Edwin dans des tempêtes d'hilarité tant son frère devenait obèse et engraissait de manière répugnante. L'esprit tout plein d'Emma, Edwin pressa joyeusement le pas et arriva bientôt au pied de Ramsden Crags. Il posa ses fardeaux, alla se poster sur un rocher et observa l'horizon en s'abritant d'une main des rayons du soleil.

Emma était en train de franchir la dernière crête du côté opposé. Elle avait vu Edwin avant qu'il ne la remarquât et elle se mit à courir. Les bruyères et les ajoncs lui griffaient les mollets et accrochaient sa jupe qu'ils gonflaient au passage, sa longue chevelure flottait derrière elle comme des rubans dorés par le soleil. Dans le ciel bleu parsemé de nuages blancs, les alouettes se poursuivaient en chantant. Le cœur battant, Emma voyait la silhouette d'Edwin se détacher contre la masse rocheuse. Il la repéra enfin et, de loin, lui fit un grand signe du bras en montrant la corniche où ils s'installaient toujours à l'abri du vent et où ils avaient l'impression de dominer le monde entier. Alors, sans l'attendre, il se mit à grimper.

« Edwin ! Edwin ! Attends-moi ! »

Mais le vent emporta au loin son appel. Edwin ne l'avait pas entendue et continuait son ascension. Quand Emma arriva enfin à Ramsden Crags, hors d'haleine, elle avait les joues rosies par l'effort.

« J'ai couru si vite, j'ai cru mourir ! » lui cria-t-elle.

En souriant, Edwin lui tendit la main pour l'aider à monter le rejoindre.

« Non, Emma, répondit-il tendrement, tu ne mourras jamais. Toi et moi, nous vivrons éternellement, ici, au Sommet du Monde ! »

Emma était debout près de lui, sur la corniche. En reprenant son souffle, elle lui jeta un bref coup d'œil, surprise et ravie de ce qu'il venait de dire et qui correspondait si bien à ses aspirations secrètes. Mais elle n'était pas encore prête à l'attendrissement et préféra le dissiper en riant.

« Je vois que tu as pensé à apporter le sac, dit-elle.

— Oui, et je n'ai pas non plus oublié le pique-nique.
— On en aura bien besoin, après tout le travail que tu veux nous faire faire !
— Tu verras, Emma, ce ne sera pas si difficile que tu le crois. D'ailleurs, c'est moi qui ferai le plus gros. Reste ici une minute... »

Il se laissa glisser à terre en prenant appui sur les aspérités du rocher et alla ouvrir son sac de toile. Il en sortit un marteau, un ciseau à froid et un gros clou qu'il fourra dans ses poches avant de relever la tête vers Emma :

« Je vais te prouver, dit-il d'un ton solennel, que ce gros rocher ne fait pas naturellement partie des Crags mais qu'on l'a transporté ici et qu'on peut le déplacer. »

Tout en parlant, il alla s'appuyer à une grosse roche de forme allongée comme un menhir. Dressée sur la pointe, elle était adossée à la corniche qu'elle dépassait de plus d'un mètre. Des rochers ronds semblaient la maintenir à la base.

« Je n'ai jamais prétendu le contraire, répondit Emma. Ce que je te répète, c'est qu'on ne trouvera rien derrière que d'autres rochers ou de la terre.
— Pas du tout ! Je suis convaincu au contraire que cette pierre dissimule l'entrée d'un espace creux. Tu vas voir... »

Il remonta sur la corniche, contourna Emma aplatie contre la paroi rocheuse et alla s'agenouiller à l'endroit où la pierre levée s'appuyait contre le rebord de la protubérance. Il sortit de ses poches le marteau et le ciseau à froid et se pencha à l'extérieur. Emma le regardait faire avec curiosité.

« Fais attention de ne pas basculer ! lui dit-elle avec sollicitude. Que comptes-tu faire ?
— Ne t'inquiète pas... Te souviens-tu de cette crevasse où j'ai perdu une pièce d'un shilling, le mois dernier ? Je l'ai écouté tomber et j'ai entendu qu'elle rebondissait beaucoup plus bas, bien que tu aies affirmé n'avoir rien remarqué. Ce que je vais faire maintenant c'est élargir la crevasse pour pouvoir regar-

der dedans et voir ce qu'il y a au-dessous du niveau de la roche.

— A ton aise ! Mais moi je te dis que tu ne verras rien. »

Edwin ne répondit que par un éclat de rire et commença sans plus attendre à s'attaquer aux rebords de la crevasse avec son ciseau à froid. Emma s'assit commodément et le regarda s'escrimer, en secouant de temps en temps la tête avec un sourire incrédule. Sur le moment, elle n'avait pas voulu le contredire pour ne pas aggraver son dépit d'avoir perdu sa pièce, car un shilling était, pour lui comme pour elle, une somme importante. Mais maintenant qu'elle le voyait à l'œuvre, elle trouvait son entêtement plutôt comique. Elle s'abstenait toutefois de le décourager. Cela faisait plaisir à Edwin et elle était heureuse, de son côté, d'être seule avec lui en cet endroit qu'ils aimaient tous deux autant.

Au bout de dix minutes de martèlements acharnés, Edwin était arrivé à agrandir la fente pour en faire une sorte de trou irrégulier d'à peine cinq ou six centimètres de large. Il se baissa pour y coller un œil en s'agrippant des deux mains aux flancs de la pierre levée.

« Alors, tu y vois quelque chose ? » demanda Emma en refrénant l'ironie de sa question.

Edwin se releva et secoua la tête.

« Non, rien. C'est tout noir. Mais je n'ai pas dit mon dernier mot... »

Il fouilla dans sa poche pour y trouver le clou et fit signe à Emma de s'approcher :

« Penche-toi et écoute bien. »

Elle lui obéit et vint s'agenouiller à côté d'Edwin, l'oreille collée au bord du trou. Alors, le jeune homme laissa le clou tomber dans l'orifice qu'il avait agrandi. Ils tendirent l'oreille et n'entendirent d'abord rien. Puis une série de tintements étouffés leur parvint avec netteté quand le clou rebondit sur une surface dure.

Edwin se redressa, le visage rayonnant :

« Ah ! Tu vois ce que je disais ! Tu as bien entendu, cette fois ? »

Emma fit une moue sceptique :

« Oui, bien sûr. Mais ça ne prouve rien. Le clou a très bien pu tomber sur un autre rocher, plus bas.

— Non, impossible, il a mis trop longtemps à tomber. Je te dis qu'il y a une cavité là-dessous. On y va. Tu vas redescendre de la corniche en faisant bien attention à ne pas glisser. Je te suis. »

Pendant qu'Edwin remettait ses outils dans ses poches, Emma redescendait précautionneusement de la corniche. Quand Edwin l'eut rejointe, il enleva sa veste et la jeta négligemment à terre avant de retrousser ses manches. Emma le regarda fouiller dans le sac.

« Qu'est-ce que tu vas inventer, maintenant ?

— Je vais dégager le champ opératoire, chère amie, répondit-il avec une emphase moqueuse. Cela va consister à racler la mousse et arracher les ronces et les mauvaises herbes à la base du rocher. Et tu ne vas pas rester à me regarder les bras croisés. Tiens, ajouta-t-il en lui tendant une binette, attaque-toi à ce côté-ci. Moi, avec ma bêche, je m'occuperai de celui-là. »

La résolution d'Edwin n'avait pas entamé la conviction d'Emma que l'entreprise était une perte de temps. Elle se mit néanmoins à l'ouvrage avec son énergie coutumière et entreprit de sarcler la végétation sauvage comme s'il s'était agi d'anéantir un ennemi redoutable. Un moment plus tard, mise en nage par le soleil et l'effort, elle dut retrousser elle aussi ses manches et dégrafer le col de sa robe.

A eux deux, il ne leur fallut pas vingt minutes pour dégager entièrement la base du rocher. Edwin l'observa avec attention, tourna autour en se courbant et eut enfin un sourire de triomphe. Il prit Emma par la main et l'attira à l'endroit où il était :

« Regarde, Emma, et dis-moi si j'ai eu tort ! Là et là, on voit nettement que cette pierre a été rapportée et que les gros rochers ronds lui servent de verrous, en quelque sorte. Jamais une pierre de cette taille n'aurait pu tomber avec autant de précision dans cette position. Si elle a été mise là, c'est donc qu'il y a une raison. »

Emma fut bien forcée de convenir que son ami avait judicieusement raisonné.

« Mais c'est trop gros, Edwin! ajouta-t-elle. Comment allons-nous faire pour déplacer un rocher de cette taille? »

Sûr de lui, Edwin montra une sorte de jointure au pied de la roche :

« Je vais tout simplement introduire un levier dans cette fente et faire basculer le rocher.

— Mais ça ne marchera jamais, Edwin! Tu risques de te blesser!

— Absolument pas. J'y ai déjà pensé et j'ai tout prévu. »

Joignant le geste à la parole, Edwin fit apparaître une barre à mine de l'inépuisable sac de toile. Il l'inséra sous le pied du rocher à coups de marteau, y glissa un gros caillou en guise de point d'appui. Enfin, pesant de toutes ses forces, il s'apprêta à démontrer l'une des lois élémentaires de la physique.

« Ecarte-toi, Emma! cria-t-il. Va là-bas, à côté des arbres. La pierre va basculer vers l'avant. »

Emma n'avait pas attendu sa recommandation pour se mettre à l'abri. Les mains jointes, inquiète malgré elle, elle vit Edwin s'arc-bouter sur son levier. Ses muscles se gonflèrent, son visage se congestionna. Mais la pierre ne bougea pas.

Vexé de l'inutilité apparente de ses efforts, il se redressa brièvement pour éponger la sueur qui lui coulait dans les yeux et s'attaqua de nouveau à la barre à mine avec une résolution farouche. Dans ses oreilles bourdonnantes, un cri d'Emma retentit soudain :

« Edwin! Edwin! Elle a bougé! Je l'ai vue!

— Oui, je viens de la sentir moi aussi », grogna-t-il.

Sans relâcher sa pression, il insista, pesa de tout son poids sur son levier. Alors, avec un craquement, le rocher céda d'un coup, bascula vers l'avant comme

Edwin l'avait prévu et s'abattit de tout son long en faisant trembler la terre avec un bruit sourd.

Haletant, Edwin se releva. Devant lui, sur la paroi rocheuse, il y avait une ouverture. Elle n'était pas très grande, une quarantaine de centimètres de large sur environ soixante de hauteur, mais paraissait suffisante pour permettre le passage.

Tremblant d'excitation, il se tourna vers Emma :

« Emma, regarde ! Il y a un trou, viens voir ! »

Pendant qu'elle se rapprochait, il se précipita vers l'entrée de la caverne et se pencha, le corps engagé dans l'ouverture. Il se releva presque tout de suite avec un sourire de triomphe pour montrer deux objets au creux de sa main tendue :

« Tiens, voilà le shilling et le clou ! C'est l'entrée d'un petit tunnel qui s'enfonce sous terre... »

Emma regarda les trophées en hochant la tête :

« Où crois-tu qu'il mène ?

— Je ne sais pas, en dessous des Crags sans doute. La colline fait des kilomètres de long... En tout cas, j'y vais. »

Emma le retint par le bras :

« Non, Edwin, c'est imprudent ! Suppose que tu déclenches une avalanche et que tu y restes coincé ?

— Mais non, ça ne risque rien... »

Il s'épongea le visage avec son mouchoir, se passa les doigts dans ses cheveux ébouriffés. Le sourire triomphant s'affermissait sur ses lèvres.

« Rassure-toi, reprit-il, je n'irai pas jusqu'au bout, je vais juste entrer un petit peu pour voir où cela conduit. Il y a des bougies et des allumettes dans le sac et j'ai même pris une corde. Veux-tu être assez gentille pour les chercher ? »

Emma hocha la tête et revint avec le sac de toile. Au moment de le tendre à Edwin, elle recula d'un pas :

« Je te le donne mais à une condition : j'y vais avec toi.

— Absolument pas ! dit-il en fronçant les sourcils. Du

moins pas avant que je n'aie fait une reconnaissance. J'irai seul d'abord et je reviendrai te chercher.

— Absolument pas ! répliqua-t-elle en l'imitant. J'y vais avec toi ou je cache la corde et les bougies ! Si tu n'as pas peur, je n'ai pas peur non plus. »

Edwin lui fit un sourire plein de tendresse.

« Je sais que tu es brave, Emma ! Sérieusement, je crois quand même qu'il vaut mieux que tu restes ici, pour le cas où j'aurais des difficultés. Je vais m'attacher la corde autour de la taille et tu vas en tenir le bout. Il se peut très bien que je tombe sur un labyrinthe et que je ne retrouve pas mon chemin. Tu m'aideras à en ressortir. D'accord ? »

Impressionnée par la résolution dont il faisait preuve et par la justesse de ses hypothèses, qu'il venait de démontrer brillamment, Emma fut bien forcée de s'incliner.

« Si tu veux, Edwin. Mais je t'en prie, sois prudent ! Avance tout doucement. A la moindre alerte, tire sur la corde pour me faire signe, tu me promets ?

— Promis, Emma. »

Elle le vit avec inquiétude se faufiler dans la petite ouverture et disparaître dans l'obscurité. La corde, lovée à ses pieds, se déroula lentement jusqu'à ce qu'Emma fût forcée d'en saisir l'extrémité et, pour la suivre, de se coller à la paroi rocheuse, le bras tendu à l'intérieur. Inquiète, elle tira de toutes ses forces pour se dégager et glissa la tête dans le tunnel :

« Edwin ! cria-t-elle de toutes ses forces. Où es-tu ? Tu as tiré toute la corde. Reviens ! »

La réponse lui parvint au bout d'un moment qui lui parut interminable. La voix d'Edwin se répercutait sur les parois comme si elle provenait d'un puits très profond.

« Non ! Laisse filer la corde !

— Jamais ! Remonte !

— Lâche la corde, Emma ! Tu m'entends ? »

Il y avait tant d'autorité dans la voix d'Edwin qu'elle obéit malgré elle. Agenouillée à l'entrée du tunnel, la tête à l'intérieur, elle s'efforçait d'en percer l'obscurité et sentait son cœur battre d'inquiétude.

A son grand soulagement, elle entendit du bruit quelques minutes plus tard et vit les cheveux blonds d'Edwin apparaître au fond du boyau. Elle s'écarta vivement pour le laisser sortir et poussa un cri d'horreur à son apparition. Son pantalon et sa chemise étaient couverts de poussière et son visage souillé de zébrures noirâtres. Mais, quand il se redressa, il arborait un sourire plus éclatant que jamais.

« Edwin, tu es sale à faire peur ! s'écria-t-elle. Qu'est-ce que tu as trouvé, là-dedans ? ajouta-t-elle sans dissimuler sa curiosité.

— Oh ! Emma, c'est prodigieux ! Une caverne, une vraie caverne ! Tu vois que j'avais raison ! Viens, il faut que tu voies cela. On n'a pas besoin de la corde, le tunnel est presque en ligne droite et mène directement à la grotte.

— Une vraie caverne ? Oh ! Edwin, c'est merveilleux ! Tu ne m'en veux pas d'avoir douté de ce que tu me disais ?

— Au contraire, répondit-il en riant. Si tu ne m'y avais pas forcé, je n'aurais jamais eu l'idée de persévérer. Allons, viens vite ! Il faut que je te montre ! »

Il prit plusieurs bougies dans le sac de toile et se réengagea dans le tunnel en jetant par-dessus son épaule :

« Suis-moi et baisse la tête. Le tunnel est très bas au début mais il s'élargit plus loin. »

Emma se glissa à quatre pattes derrière Edwin, avançant lentement dans l'obscurité. Peu à peu, cependant, elle finit par distinguer une vague lueur. Comme Edwin le lui avait annoncé, le tunnel s'élargissait à quelques mètres de l'entrée et ils purent terminer leur parcours debout en baissant simplement la tête. Emma vit enfin trembler la flamme de la bougie qu'Edwin avait laissée dans la caverne quelques minutes auparavant et, bientôt, elle y pénétra à son tour.

Edwin s'affaira tout de suite à allumer les bougies

qu'il disposa en rang sur une étroite saillie qui paraissait faite exprès le long de la paroi près de l'entrée. Emma, pendant ce temps, regardait autour d'elle avec une vive curiosité. Edwin avait raison, la caverne était une vraie merveille. Si vaste qu'on en distinguait à peine les limites, elle avait un plafond en forme de cône irrégulier dont la pointe disparaissait dans l'obscurité. Sur les parois, on voyait des saillies régulières qui alternaient avec des surfaces si parfaitement polies qu'on aurait dit le travail de quelque géant. L'air y était frais mais sec et il se dégageait de cette immense cathédrale naturelle une telle grandeur qu'Emma en ressentit un sentiment de crainte respectueuse.

Edwin vint la rejoindre et lui tendit une bougie allumée :

« Viens, allons explorer notre domaine. »

Ils s'avancèrent lentement et firent quelques pas, quand Edwin buta contre quelque chose et baissa sa bougie.

« Regarde ! s'écria-t-il. On a fait du feu, ici ! Cela veut dire que d'autres ont découvert cette caverne avant nous ! »

Du bout du pied, il écrasa du bois calciné qui tomba en poussière. Emma regardait devant elle et remarqua quelque chose d'encore plus surprenant.

« Edwin ! Là-bas, cela ressemble à une pile de sacs. »

Il se dirigea rapidement dans la direction indiquée et se retourna vers Emma :

« Tu as raison, ce sont des sacs ! Et là, au-dessus, dans cette espèce de niche, il y a un bout de chandelle ! Oh ! Emma. Il doit y avoir des trésors à découvrir, ici ! Partageons-nous le travail. Prends le long de cette paroi, moi je longerai l'autre. Nous nous rejoindrons au milieu. »

Tenant sa bougie devant elle, Emma tournait la tête de gauche à droite, levait et baissait les yeux pour ne pas manquer un pouce de ce qui s'ouvrait devant elle. Mais, à sa vive déception, la partie de la caverne qu'elle explorait semblait ne plus rien receler d'intéressant et paraissait déserte.

Elle s'apprêtait à rebrousser chemin pour rejoindre Edwin quand la lueur de sa bougie accrocha quelque chose sur une surface de roche polie. De loin, cela ressemblait à des lettres gravées. Sa curiosité de nouveau en éveil, Emma s'approcha, leva la bougie. C'était en effet une série d'inscriptions, grossièrement gravées dans la pierre.

C'est alors qu'Emma sentit son cœur s'arrêter de battre. Car le premier mot qu'elle vit s'étaler sous ses yeux était un nom : ELIZABETH. Incrédule, elle déplaça la flamme, découvrit d'autres lettres : ELIZABETTA, ISABELLA... Plus bas encore, disposés les uns au-dessous des autres, les diminutifs les plus courants : LILIBETH, BETH, BETTY, LIZA... En face, la colonne correspondante ne comprenait qu'un nom, répété deux fois seulement : ADAM.

Emma se pencha pour regarder de plus près, avala péniblement sa salive et crut défaillir. Car, maladroitement gravé sur la muraille, il y avait un cœur percé d'une flèche. A l'intérieur du cœur, deux initiales : A et E.

Emma resta comme paralysée, le regard rivé à ces deux lettres, inconsciente du temps qui passait et de l'endroit où elle était. A et E. Les initiales gravées sur le médaillon dissimulé au fond de la modeste boîte à bijoux de sa mère. Un cri se leva en elle : Non ! Non ! Pas ma mère et... lui, cet homme que je déteste ! Pas ma mère et Adam Fairley...

« Emma ! Coucou ! Où te caches-tu ? »

La voix d'Edwin et le bruit de ses pas qui se rapprochaient la ramenèrent brutalement à la réalité et Emma se força à reprendre contenance.

« Par ici », répondit-elle d'une voix tremblante.

Edwin n'avait pas remarqué son trouble et la rejoignit, joyeux et débordant d'enthousiasme.

« As-tu trouvé quelque chose ? demanda-t-il. De mon côté j'ai fait chou-blanc. »

Sans répondre, Emma montra du doigt les lettres gravées devant elle. Edwin s'approcha et lut avec stupeur :

« Adam ! Adam ! Ma parole, c'est mon père ! C'est lui qui a dû découvrir cette caverne ! Ça, alors... Et là, regarde, poursuivit-il en pointant vers l'autre partie du mur, le nom Elizabeth avec toutes les variations possibles, y compris en italien et en espagnol ! C'est extraordinaire ! Qui cela pouvait bien être, à ton avis, cette Elizabeth ? »

Emma fut incapable de répondre. Mais Edwin était tellement pris par son exaltation qu'il ne remarqua pas le changement d'attitude d'Emma ni la pâleur qui s'était répandue sur son visage.

« Ce serait un peu gênant que j'aille le demander à papa maintenant ! reprit-il en riant. Allons, continuons à chercher. Il y a tout un coin, par là, où on n'a encore rien regardé. Tu viens ? »

Sans attendre de réponse, il s'éloigna. Emma resta où elle était, pétrifiée par sa découverte et ce qu'elle impliquait.

La voix d'Edwin vint une nouvelle fois la distraire :

« Viens voir, Emma, j'ai trouvé quelque chose ! »

Emma faillit s'enfuir en courant, sortir de cette caverne qui lui faisait l'effet d'une tombe. Mais elle parvint à se dominer et s'approcha d'Edwin à pas lents. Il était revenu dans l'angle où étaient empilés les vieux sacs et tendit à Emma un galet plat, d'une quinzaine de centimètres de long sur dix de large. Le caillou formait un ovale parfait et ses faces étaient lisses et régulières.

« Regarde de ce côté-ci, dit Edwin en approchant sa bougie. On y a peint une miniature. C'est un portrait, tu vois ? Cela ressemble à tante Olivia. Qu'en penses-tu ? »

Emma n'eut pas besoin d'y jeter un coup d'œil pour se souvenir de l'extraordinaire ressemblance qu'elle avait remarquée un soir, dans la chambre d'Olivia Wainright, et qui l'avait tant bouleversée sur le moment.

Non, faillit-elle répondre, ce n'est pas ta tante Olivia.

C'est le portrait de ma mère, de ma mère qui a été la maîtresse de ton père... De ton père que je hais !

Elle haussa les épaules, accablée.

« C'est tante Olivia, n'est-ce pas ? insista Edwin.

— Oui, probablement », répondit Emma d'une voix sourde.

Edwin contempla un moment le galet et le glissa dans sa poche.

« Je vais le garder », dit-il gaiement.

Emma frissonna et la bougie trembla dans sa main. Cette fois, Edwin s'en aperçut.

« Tu as froid, Emma ? » demanda-t-il avec sollicitude.

Il lui entoura les épaules de son bras, d'un geste protecteur. Emma dut faire un violent effort pour ne pas le repousser.

« C'est vrai, répondit-elle, je n'ai pas chaud. Sortons d'ici, il fera meilleur dehors, au soleil. »

Sans attendre de réponse, elle se dégagea et courut vers l'ouverture de la caverne. Elle souffla sa bougie, la posa à côté des autres sur l'étagère de pierre et rampa le plus vite qu'elle put dans le tunnel. Ce ne fut qu'en se retrouvant à l'air libre qu'elle respira et se sentit soulagée d'un poids énorme, comme si on lui avait enlevé de la poitrine les rochers de Ramsden Crags. Non, se jura-t-elle, jamais elle ne retournerait dans cette caverne. Jamais...

Edwin reparut quelques instants plus tard et chercha Emma des yeux. Elle s'était mise à l'écart, à l'ombre des rochers, et secouait sa robe pleine de poussière. Ses cheveux défaits volaient dans le vent et, sur son visage fermé et durci, il ne put déchiffrer aucune expression. Avec un pincement de cœur, Edwin reconnut la soudaine froideur qui raidissait parfois Emma et en faisait une étrangère hostile, sans qu'il ait jamais pu comprendre la cause de ces changements d'humeur.

Il s'approcha d'elle et lui prit le bras avec douceur :

« Qu'y-a-t-il, Emma ? » demanda-t-il timidement.

Elle se dégagea avec brusquerie et détourna les yeux.

« Il n'y a rien du tout, répondit-elle.

— Tu as l'air tout drôle, insista-t-il. Tu es sortie de cette grotte comme si tu avais tout d'un coup vu un fantôme...

— Pas du tout, répondit-elle avec un haussement d'épaule. J'avais froid, c'est tout. »

Edwin la regarda un instant, décontenancé, et se détourna à regret, sentant qu'il n'arriverait à rien tant elle avait l'air butée. Il chassa de la main la poussière de ses vêtements, rassembla ses outils épars. Toute sa bonne humeur s'était évanouie et il se sentit inexplicablement déprimé. Emma s'était écartée de quelques pas pour s'asseoir sur la roche plate où elle faisait toujours halte. Edwin l'observa tandis qu'elle arrangeait sa chevelure en désordre avec des gestes pleins d'une grâce inimitable. Elle se croisa ensuite les mains sur les genoux et resta immobile, assise très droite, le regard au loin vers la vallée. Edwin ne put retenir un sourire. Elle avait ainsi une pose guindée si peu conforme à son âge qu'on était tenté d'en rire. Mais il se dégageait cependant de sa personne tant de dignité qu'il était impossible de s'en moquer. Un port de reine, pensa Edwin malgré lui.

Il s'approcha d'elle en affectant la désinvolture et hasarda quelques mots pour faire la paix. Mais elle lui opposa la même incompréhensible froideur et ne lui accorda même pas un regard. Totalement désarçonné, Edwin s'étendit par terre en s'adossant à la pierre plate et ferma les yeux. L'intolérable sentiment de solitude et de vide qu'il avait ressenti lors de cette rencontre fortuite dans le corridor, l'an passé, l'étreignait à nouveau.

Emma, pendant ce temps, ne pensait qu'aux noms gravés dans la grotte. Elle ne pouvait pas admettre, pour la paix de son âme, que sa mère, la douce et tendre Elizabeth, ait pu avoir un sentiment envers Adam Fairley, cette brute, cet exploiteur de la misère humaine! Comment l'aurait-elle pu, d'ailleurs! Jeune fille, sa mère habitait Ripon, avec sa cousine Freda. Emma se raccrocha soudain à cette pensée. Car rien ne prouvait qu'il se fût agi de sa mère. Elizabeth était, après tout, un prénom répandu. Il était plus que vraisemblable que l'Elizabeth en question était la fille de quelque châtelain des environs, une amourette de jeunesse d'Adam Fairley. Celui-ci, d'ailleurs, recherchait sûrement plus volontiers ses amis dans son milieu social et ne se serait jamais abaissé à fréquenter des roturiers !

Mais il restait le galet peint, le portrait. La ressemblance était trop troublante pour être ignorée. Et si c'était bien Olivia Wainright, comme Edwin l'avait tout de suite affirmé ? C'était plausible, probable même...

Quant au médaillon, gravé aux initiales A et E, il ne voulait sans doute rien dire, si l'on décidait de ne rien y trouver de compromettant. Il y avait de par le monde des milliers de personnes dont les noms commençaient par un A. N'importe qui, un amoureux de jeunesse peut-être ou une vieille parente, aurait très bien pu en faire cadeau à sa mère. Le E ne se rapportait peut-être même pas à elle. N'y avait-il pas eu une grand-tante Edwige, du côté de son père ?

Emma retourna cent fois ces mauvaises raisons dans son esprit et finit par en être d'autant plus volontiers convaincue que la seule perspective d'une amitié entre sa mère et Adam Fairley lui paraissait monstrueuse. En l'admettant, elle ne faisait pas que se torturer, elle salissait la mémoire de sa mère, et cela lui était insupportable. Après une dernière hésitation, elle décida donc sans appel que l'Elizabeth de la caverne était une inconnue qui n'avait rien à voir avec sa mère.

Une fois parvenue à cette conclusion, sa belle humeur lui revint très vite et elle baissa les yeux vers Edwin, toujours étendu à ses pieds. Pauvre Edwin, se dit-elle. Elle avait vraiment été méchante et injuste à son égard, alors qu'il était toujours si gentil et si patient avec elle. Elle se pencha et lui donna une petite tape sur l'épaule.

Edwin ouvrit les yeux et regarda Emma avec appréhension. Mais, à sa surprise ravie, elle semblait redevenue aimable. Elle lui souriait et ses yeux verts brillaient d'un éclat joyeux et amical.

« On dirait qu'il est l'heure du thé, dit-elle gaiement. As-tu faim ?

— Faim ? Je dévorerais un éléphant ! »

Heureux de voir le nuage entre Emma et lui totalement dissipé, Edwin se leva d'un bond et alla consulter sa montre dans la poche de sa veste.

« Il est quatre heures et demie passées ! s'écria-t-il. Il est grand temps de manger quelque chose, en effet. Je vais tout de suite préparer le pique-nique. »

Il s'apprêtait à défaire le panier quand il remarqua qu'Emma le dévisageait en pouffant de rire. Déconcerté, il s'arrêta à mi-chemin :

« Qu'y a-t-il de si drôle ?

— Oh ! Edwin, si tu pouvais te voir ! Tu ressembles à un ramoneur. Et tes mains ! Les miennes ne sont pas mieux, d'ailleurs, regarde ! »

Elle lui tendit ses mains, les paumes en l'air. Edwin éclata de rire à son tour. Déjà, Emma s'était levée et s'éloignait en courant.

« Le premier arrivé au ruisseau ! » lui jeta-t-elle par-dessus son épaule.

Edwin s'élança à sa poursuite et n'eut pas de peine à la rattraper. Il la saisit par la ceinture, Emma se débattit sans ralentir et ils tombèrent tous deux en roulant, emportés par la pente, trop secoués par le fou rire pour penser à se relever. Au bord du ruisseau, Edwin parvint à retenir Emma pour qu'elle n'y tombât pas et la tint serrée contre lui.

Ils restèrent ainsi un long moment, le souffle court et le cœur battant, moins par l'effort de la course que par l'émotion qui les étreignait soudain. Emma rompit enfin le charme et se dégagea vivement pour se mettre à genoux.

« Oh ! Edwin, s'écria-t-elle d'un ton faussement scandalisé. Regarde ce que tu as fait ! Ma robe est trempée ! »

Elle montrait du doigt l'ourlet de sa jupe légèrement humecté. Edwin leva les bras au ciel :

« Catastrophe ! Il va falloir demander au soleil son

aide toute-puissante pour sécher la traîne de la princesse ! »

Agenouillés côte à côte, ils se débarbouillèrent dans l'eau limpide du ruisseau. Ils restèrent ensuite assis dans l'herbe, de nouveau tout à la joie d'être ensemble. Edwin raconta avec enthousiasme ses projets pour Cambridge, où il serait l'an prochain, décrivit en termes extasiés le rôle qu'il espérait jouer quand il serait avocat, défenseur des opprimés et artisan de l'élaboration de lois plus justes. Quand il eut fini, Emma raconta fièrement le retour de son frère Winston, plus séduisant que jamais dans son uniforme tout neuf, ses ambitions, ses projets d'étude pour devenir peut-être officier et l'effet miraculeux que tout cela avait eu sur leur père, qui reprenait de l'entrain à vue d'œil.

Soudain, elle s'interrompit et regarda en l'air :

« C'est drôle, il m'a semblé recevoir une goutte d'eau. »

Edwin leva la tête à son tour, étonné :

« Le ciel est pourtant toujours aussi bleu au-dessus de nous. Il y a à peine quelques petits nuages gris, par là...

— Les autres doivent être cachés par les rochers. On ferait mieux de retourner prendre le panier et se dépêcher de rentrer au château.

— Toujours trop prudente ! répondit Edwin avec un geste désinvolte. Ce n'est sans doute rien qu'une averse d'été. Cela passera en cinq minutes... »

Il n'avait pas fini sa phrase que le soleil était déjà assombri par une masse de nuages menaçants dont le bord se montrait au-dessus de la ligne de crête et avançait à la vitesse d'un cheval au galop. Tout de suite après, on entendit un violent coup de tonnerre, suivi d'une série d'éclairs aveuglants. Le ciel tout entier avait maintenant pris une teinte gris sombre et le paysage était plongé dans la pénombre.

Edwin se releva en hâte et tira Emma par la main pour l'aider à se lever.

« Viens, allons nous mettre à l'abri ! Le temps change

si vite, dans cette lande de malheur, qu'on ne peut jamais prédire les orages ! »

Ils étaient encore en train d'escalader la pente quand la pluie se déchaîna. Elle tombait avec la puissance sauvage d'une chute d'eau, en véritables torrents rabattus par le vent qui s'était levé tout d'un coup. Quand ils arrivèrent au pied de Ramsden Crags, l'obscurité n'était plus rompue que par la lueur livide des éclairs qui se succédaient presque sans interruption. Le grondement du tonnerre était amplifié par les parois rocheuses et roulait de façon menaçante en les enveloppant d'un tumulte assourdissant. Les deux jeunes gens étaient trempés jusqu'aux os, plus complètement que s'ils s'étaient jetés tout habillés dans le ruisseau, et l'eau coulait de leurs cheveux collés par la pluie en finissant de les inonder.

Edwin jeta à Emma le sac de toile et sa veste pendant qu'il se chargeait du panier d'osier.

« Vite, va dans le souterrain ! lui cria-t-il.

— On ne ferait pas mieux d'essayer de rentrer au château ?

— Pas question, Emma, on n'y arrivera jamais ! dit-il en la poussant énergiquement. Cela m'a tout l'air d'un orage qui peut durer des heures. Attendons la fin dans la caverne, au moins on y sera au sec. Allons, ne discute pas, entre ! »

Malgré son peu d'empressement à retourner dans la grotte, Emma dut bien se rendre aux raisons d'Edwin. Elle connaissait assez la lande pour savoir que, par un temps comme celui-ci, ils y auraient couru les plus grands dangers. Elle s'engouffra donc dans l'entrée du tunnel et Edwin l'y suivit en hâte.

Une fois à l'intérieur de la caverne, ils se séchèrent de leur mieux avec le mouchoir d'Edwin et celui-ci fit preuve de tant d'initiative et d'énergie qu'Emma ne put que lui obéir sans protester.

« Tiens, dit-il en ouvrant le panier, voilà la *Gazette* du dimanche. Déchire-la pour allumer le feu. J'ai remarqué tout à l'heure une pile de bûches près des sacs. Le bois est parfaitement sec et nous n'aurons pas de mal à l'allumer. »

Il prit une bougie et localisa l'endroit où ils avaient vu les traces d'un foyer, lors de leur première visite.

« Nous allons faire le feu ici, déclara-t-il. C'est le meilleur emplacement, il est situé au point où se croisent deux courants d'air. Car il y a une autre ouverture, par là.

— Où mène-t-elle?

— Je ne sais pas, c'est trop étroit pour que j'aie pu y aller voir. Tout ce que je sais c'est que j'ai senti de l'air frais qui en venait. Allons, dépêche-toi, Emma! Quand le feu sera pris, nous pourrons nous sécher. Je commence à geler et tu n'as sûrement pas chaud toi non plus. »

Il ne leur fallut pas longtemps pour allumer le feu, car les brindilles et les bûches qu'ils avaient trouvées étaient sèches et s'enflammèrent sans difficulté. Edwin entassa habilement les bûches pour ménager le tirage puis s'attaqua à la pile des vieux sacs. Il y en avait une douzaine qu'il disposa devant le feu, les uns à plat, les autres roulés en forme de traversins qu'il appuya aux murs.

« Et voilà! annonça-t-il quand il eut fini. Ce n'est peut-être pas aussi moelleux qu'un canapé du salon mais ce sera quand même confortable... »

Emma était restée debout devant le feu. Elle tremblait de froid et claquait des dents. L'eau dégoulinait de ses cheveux dans son cou et sur sa poitrine et elle s'efforçait en vain de sécher sa robe en la tordant.

« Tu sais, je crois que tu ferais mieux d'enlever ta robe, dit Edwin. On va la pendre devant le feu, elle sèchera mieux.

— Enlever ma robe! s'exclama Emma horrifiée. Voyons, Edwin, je ne peux pas faire ça!

— Ne sois pas bêtement prude, voyons! Tu portes tout un tas de choses en dessous, des jupons et je ne sais quoi encore, n'est-ce pas?

— Oui, bien sûr. Mais... »

Elle dut s'interrompre tant elle claquait des dents.

« Alors, fais ce que je te dis, reprit Edwin. Je vais moi-même enlever ma chemise. Si nous restons trempés comme nous le sommes, nous risquons d'attraper tous les deux une bonne pneumonie ! »

Une fois de plus, Emma dut convenir qu'Edwin avait raison. Elle se détourna et se mit à déboutonner sa robe en tremblant, mais c'était cette fois de crainte et de timidité.

« Donne-la-moi ! », lui dit Edwin quand elle eut fini.

Elle la lui tendit derrière son dos, sans le regarder. En baissant les yeux, elle constata quand même que sa pudeur était mal placée, car elle portait, en effet, plusieurs épaisseurs de jupons et de camisoles qui la recouvraient entièrement. Seuls ses bras restaient à demi nus.

Elle hasarda donc un coup d'œil par-dessus son épaule et vit qu'Edwin ne la regardait pas. Il était trop occupé à pendre sa chemise et la robe d'Emma devant le feu, en les posant sur une saillie de la paroi et en les lestant avec des cailloux ramassés par terre. Emma s'approcha du feu de l'air le plus désinvolte qu'elle put et en ressentit immédiatement un grand bien-être. Quand son visage et ses mains se furent réchauffés à la flamme, elle s'efforça de sécher ses cheveux trempés, les tordit en longues torsades et les frotta ensuite entre ses mains au-dessus de la flamme. Edwin, pendant ce temps, semblait parfaitement à l'aise. Il rapprocha le panier des sièges improvisés à l'aide des sacs et en inventoria le contenu. Il eut bientôt tout un assortiment de flacons, d'assiettes, de paquets de sandwiches enveloppés de serviettes étalés autour de lui. Soudain, il poussa un long sifflement de surprise.

« Décidément, cette bonne Mme Turner pense à tout ! Non seulement elle a mis une nappe, mais elle a même ajouté une couverture. On va pouvoir se réchauffer ! »

Il continua de fourrager dans le panier en brandissant d'une main son trophée mais, n'obtenant pas de réponse, il leva les yeux avec inquiétude.

Debout devant le feu, Emma grelottait toujours. Son jupon trempé s'égouttait en formant une mare à ses pieds. Ainsi rappelé à la réalité, Edwin frissonna et, baissant les yeux sur son pantalon, se rendit compte qu'il n'était pas en meilleur état. Il eut soudain conscience que ses jambes étaient devenues des blocs de glace.

« Emma, nous allons attraper la mort si nous restons comme nous sommes. Le feu chauffe à peine, la caverne est trop grande. J'ai bien peur que nous n'ayons qu'une chose raisonnable à faire, c'est de nous déshabiller et de mettre nos vêtements à sécher avec les autres.

— Edwin! Mais ça ne se fait pas! Nous déshabiller... C'est... C'est choquant! »

Edwin sourit malgré lui.

« Fais ce que tu veux, Emma. Mais moi, je n'ai pas l'intention d'attraper une nouvelle pneumonie. Je vais enlever mon pantalon et le mettre à sécher. »

Emma réfléchit en se mordant les lèvres. Elle ne voulait pas être cause d'une rechute de la maladie de son ami. Mais la solution qu'il proposait offensait trop gravement son sens de la pudeur pour qu'elle y souscrive de son plein gré.

« Ecoute, Edwin, dit-elle en hésitant. Avant d'enlever ton pantalon, tu pourrais aller voir dehors si la pluie s'est arrêtée. Nous pourrions courir pour nous réchauffer.

— Ou on peut rester bloqués ici pendant des heures, répondit-il de mauvaise grâce. Enfin, je veux bien aller voir. »

Il s'engagea dans le tunnel le plus vite qu'il put. Mais à l'autre bout, il comprit vite l'inanité d'un espoir de libération prochaine. Le temps avait empiré. La pluie tombait encore plus violemment, rabattue en véritables trombes sur les rochers. Le ciel s'était tellement obscurci qu'il faisait presque nuit. L'orage redoublait de fureur et les grondements du tonnerre éclataient comme des coups de canon en faisant trembler les collines. Son hypothèse la plus pessimiste était donc la bonne : une tempête pareille mettrait des heures à se calmer.

Il rentra vivement la tête à l'intérieur et s'aperçut alors, à sa consternation, qu'il était pris au piège. Pour retourner à la caverne, il lui faudrait ou bien ramper à reculons, ou bien sortir complètement dehors pour se réengager dans le tunnel la tête la première. Après avoir soupesé les difficultés de chaque solution, il se décida pour la seconde, plus expéditive, et l'exécuta à toute vitesse. Mais sa brève incursion à l'air libre avait suffi pour qu'il se retrouve encore plus trempé qu'avant. Quand il reprit pied dans la caverne, il tremblait comme une feuille et claquait des dents. Emma poussa un cri où l'horreur se mêlait à la compassion.

« Grand Dieu, Edwin, pourquoi es-tu sorti ? »

Il lui expliqua sa manœuvre tout en se frictionnant avec une serviette de table de Mme Turner et prit résolument la couverture en s'éloignant de quelques pas.

« Je suis désolé, Emma. Mais, que tu le veuilles ou non, je ne vais pas rester comme je suis. »

Emma se détourna en rougissant et s'absorba dans l'entretien du feu, où elle ajouta quelques bûches. Ses sous-vêtements étaient si mouillés qu'elle n'arrivait pas à les sécher en les tordant. Elle était elle aussi saisie par le froid et frissonnait sans arrêt. Mais elle se refusait obstinément à commettre un acte aussi impudique, même si elle devait en tomber malade.

Du coin de l'œil, elle vit Edwin s'approcher et disposer son pantalon et ses chaussettes sur la saillie de rocher. Elle leva timidement les yeux : il s'était entouré de la couverture qu'il avait nouée à la taille. Elle le couvrait jusqu'à terre, comme un kilt pensa-t-elle malgré elle, et Edwin n'avait effectivement rien d'indécent. Malgré tout, elle se sentit devenir rouge de confusion.

Edwin éclata de rire et s'agenouilla près d'elle.

« Emma, tu as tort de t'entêter ! dit-il en tâtant le bas de son jupon. Regarde, c'est toujours aussi mouillé. Sais-tu ce que tu vas faire ? Je vais te donner la nappe et tu t'en envelopperas comme d'un sari indien... »

Joignant le geste à la parole, il se releva et drapa la nappe autour de ses épaules.

Il lui fallut de longues minutes de persuasion pour convaincre Emma qui, finalement, ne se décida que sur une série d'éternuements. Quand elle prit enfin la nappe qu'il lui tendait, ce fut avec une telle démonstration de méfiance et de crainte qu'Edwin ne put s'empêcher de rire.

« Pour qui diable me prends-tu, Emma ? s'écria-t-il. On dirait que je suis un affreux satyre et que je te force à commettre des actes contre nature ! Tu me connais assez pour savoir que je n'ai aucune mauvaise intention à ton égard, voyons ! »

Cette déclaration fit rougir Emma de plus belle.

« Je sais bien que tu ne me veux pas de mal, Edwin... dit-elle en hésitant.

— Bon, alors c'est entendu. Va là-bas te changer. Pendant ce temps, je vais enfin préparer le pique-nique. Cela nous fera le plus grand bien. »

Emma s'éloigna à regret en serrant la nappe contre sa poitrine. Edwin la suivit des yeux, attendri, et la rappela d'un mot :

« Emma ! »

Elle s'arrêta, se retourna à demi.

« Il ne faut pas avoir peur des amis, Emma, reprit Edwin. Je suis ton ami, n'est-ce pas. Et toi, tu es ma meilleure amie. Ma seule amie, même... »

Elle hocha la tête, ouvrit la bouche comme pour répondre mais se retourna sans rien dire. Edwin la regarda s'enfoncer dans l'obscurité, étreint par une puissante émotion. Elle est si douce, si attachante, pensa-t-il. C'est vrai, elle est la seule amie véritable que j'ai sur terre. Je l'aime comme ma sœur...

Le pique-nique avait été somptueux, grâce à la sollicitude de Mme Turner pour Edwin, son préféré. Emma et Edwin se sentaient réchauffés par les bonnes choses qu'ils avaient mangées de grand appétit et le flacon de vin de mûres dont ils n'avaient pas laissé une goutte.

Etendus côte à côte sur les sacs, adossés au rocher tiédi, ils présentaient leurs pieds nus à la flamme. La gêne qu'Emma avait éprouvée à se trouver dévêtue, enveloppée de la nappe qui la moulait étroitement, avait peu à peu disparu. Car Edwin paraissait ne rien remarquer de son état de semi-nudité et faisait tout pour mettre Emma en confiance. Il avait pourtant été stupéfait de son apparition qui, à ses yeux, se comparait à celle d'une déesse descendue de l'Olympe. Il lui avait fallu faire un violent effort pour ne pas fixer d'un regard admiratif les épaules rondes et menues, les mollets parfaitement galbés et les chevilles fines qui débordaient de l'étoffe. Quant aux courbes que l'on devinait sous les plis de la toge improvisée, Edwin avait senti en les contemplant une boule lui monter dans la gorge et l'empêcher de parler.

Ils avaient bavardé avec l'animation familière qui marquait toujours leurs rapports. Longtemps après, Emma hasarda une question :

« Au fait, que penses-tu de ces inscriptions gravées là-bas, sur le mur ? Crois-tu que c'est ton père qui les a faites ? »

Edwin hocha la tête :

« Certainement. J'y ai beaucoup pensé depuis tout à l'heure et je crois avoir deviné qui était la mystérieuse Elizabeth. A mon avis, poursuivit-il sans remarquer qu'Emma retenait sa respiration, il doit s'agir de la sœur de Lord Sydney. Mon père et les Sydney étaient amis d'enfance et ils sont certainement venus jouer ici. »

Emma exhala discrètement un profond soupir.

« Ah! oui? dit-elle d'un ton détaché. Je ne savais pas que Lord Sydney avait une sœur. On ne l'a jamais vue dans la région.

— Elle est morte il y a une dizaine d'années aux Indes, où son mari était diplomate. Je me souviens avoir entendu mon père en parler souvent avec beaucoup d'affection. Ils avaient le même âge, je crois. Plus j'y pense, plus je crois que ce devait être elle. »

Emma éprouva un soulagement si intense qu'elle se

sentit presque sans force. Avait-elle eu tort de sauter ainsi sur des conclusions hâtives et d'accuser sa mère ! Edwin avait raison, comme toujours d'ailleurs.

« Oui, dit-elle en dissimulant son trouble, c'est sûrement cela. A propos, quelle heure peut-il bien être ?

— Allons bon, j'ai laissé ma montre dans ma veste ! J'espère qu'elle marche encore... »

Edwin se leva pour aller fouiller dans la poche de sa veste trempée qui séchait elle aussi devant le feu. Il porta la montre à son oreille et eut un sourire satisfait.

« Elle marche encore et il est six heures. Mais, dis-moi, ton père ne va pas s'inquiéter, au moins ?

— Non, mais c'est Mme Turner qui va se demander où je suis passée. Elle m'attendait pour cinq heures et demie. En voyant le temps qu'il fait, elle aura sans doute cru que j'attendais la fin de la pluie. C'est plutôt à ton sujet qu'elle va s'affoler, Edwin. Tu sais comment elle est.

— C'est bien possible. Espérons qu'elle croira que je me suis réfugié au village. Et puis, nous n'y pouvons rien. Inutile de se tracasser... »

Un roulement de tonnerre plus fort que les autres leur parvint, très étouffé mais clairement reconnaissable, par l'étroite ouverture du tunnel. Emma sursauta.

« On ne va pas rester enfermés ici, Edwin ? » demanda-t-elle d'une voix tremblante.

Il éclata de rire et se rapprocha d'elle.

« Mais non, Emma, la pluie va bien finir par cesser. Viens, serrons-nous l'un contre l'autre pour nous réchauffer. Le tas de bûches diminue et il va falloir l'économiser... Mais tu n'as rien à craindre, Emma, je suis là pour te protéger. Dès que nos vêtements seront secs, nous pourrons nous rhabiller. En attendant, viens que je te frictionne, tu recommences à avoir froid.

— Je veux bien, Edwin. »

Elle se rapprocha, lui tendit un bras avec un sourire confiant. Edwin se mit à frotter énergiquement un bras puis l'autre. Il s'attaqua ensuite à son dos.

Au début, il n'y voyait pas malice. Insensiblement,

toutefois, ses frottements vigoureux se muèrent en caresses de plus en plus langoureuses, remontèrent du dos aux épaules, puis au cou et au visage. Surprise, mais n'attribuant la chaleur qui la gagnait qu'aux efforts d'Edwin, Emma ne protesta pas. Ce ne fut que quand la main d'Edwin s'égara « par hasard » et vint lui effleurer un sein qu'elle sursauta et se recula vivement en lui lançant un regard où la réprobation se mêlait à la crainte. Sans dire un mot, elle se dégagea et mit entre eux une distance respectable.

Edwin rougit :

« Je te demande pardon, Emma. Je te jure que je ne l'ai pas fait exprès. Reviens, voyons, sois raisonnable. Si tu restes là, loin du feu, tu vas te remettre à frissonner. »

Il ne savait s'il devait être furieux contre lui-même et sa maladresse, qu'il croyait sincèrement involontaire, ou soucieux du bien-être d'Emma qu'il avait prise sous sa protection.

Emma ne lui accorda pas un regard. Pelotonnée sur les sacs, les genoux relevés et les mains jointes, elle lui opposait un mur de méfiance et d'hostilité.

« Bon, bon, à ton aise... » grommela Edwin.

Il se détourna et prit une pose identique. Un long silence s'établit entre eux pendant lequel on n'entendit plus que le crépitement des bûches et, lointain et assourdi, le roulement du tonnerre. Emma frissonnait et faisait des efforts pour le dissimuler. Edwin se sentait de plus en plus désemparé par ce nouveau changement d'humeur, que son geste innocent ne justifiait pas à ses yeux. La tête posée sur les genoux, il coula un regard en coin vers Emma pour voir si elle ne s'adoucissait pas. A ce moment précis, les braises s'écroulèrent, une bûche prit feu avec une longue flamme qui illumina la pénombre et la silhouette d'Emma se découpa avec une parfaite netteté.

Edwin réprima un sursaut. Car, dans la lumière plus vive, le corps d'Emma lui apparut en transparence tant la nappe était fine et l'étoffe détendue par la pose de la jeune fille. Avec précision, il distingua le contour de ses seins fermes, de ses longues cuisses rondes. Plus fascinant encore était le triangle d'ombre qui se laissait deviner à leur naissance et dont Edwin, malgré ses efforts, ne put détacher son regard. Une puissante émotion l'envahit en lui nouant la gorge et en faisant naître sur sa peau des ondes de chair de poule.

Ce n'était pas la première fois qu'Edwin ressentait une stimulation sexuelle, car à ce stade de l'adolescence il en faut peu pour s'exciter. Mais c'était la première fois qu'il se trouvait ému de manière aussi puissante et précise, car c'était la première fois qu'il se trouvait aussi proche d'une femme à demi dévêtue et qui ne laissait rien à l'imagination. Un long moment, tout son être se concentra dans son regard au point qu'il en oublia de respirer. Un désir sauvage, incontrôlable, le submergeait, lui hurlait de tendre la main, d'assouvir l'envie qui le faisait trembler.

Finalement, au prix d'un effort héroïque, il détourna les yeux et les fixa sur le mur en face de lui. Le feu y faisait danser des ombres fantastiques qu'Edwin s'efforça de contempler, où il voulut voir des silhouettes d'animaux ou de plantes. Là, c'était un lapin dansant. Là encore, un chêne courbé par le vent... Sa concentration fit peu à peu son effet, son désir décrût. Mais il était incapable de le faire complètement disparaître.

Ce fut Emma, la première, qui brisa le silence d'une voix timide :

« Edwin ? J'ai froid. »

Il se tourna vers elle brusquement, prêt à bondir pour la prendre dans ses bras. Il parvint néanmoins à se contenir.

« Veux-tu que je vienne te réchauffer ? » demanda-t-il.

Elle frissonnait et recommençait à claquer des dents. Mais Edwin avait à peine osé poser sa question, tant il craignait de la rebuter encore une fois et de la perdre, ou plutôt de l'effaroucher définitivement. Aussi fut-il stupéfait de l'entendre répondre à mi-voix :

« Oui, viens... »

Elle leva vers lui un regard timide, à demi dissimulé par ses longs cils et ajouta en rougissant :

« Je te demande pardon, Edwin, je n'aurais pas dû me fâcher. »

Sans répondre, Edwin fut près d'elle en deux bonds. Il l'enveloppa dans ses bras, la poussa avec douceur pour l'allonger sur les sacs. Quand ils furent tous deux couchés côte à côte, il la serra plus fort contre lui et lui fit partiellement une couverture de son corps.

« C'est le meilleur moyen de nous tenir chaud », lui dit-il à l'oreille en hésitant.

Elle se blottit contre lui, avec la confiance d'un petit enfant.

« Oui, je sais », murmura-t-elle.

Edwin chercha désespérément à dissimuler son trouble. Parlant toujours à voix basse pour ne pas révéler son halètement, il fit un geste du menton :

« Regarde, sur le mur là-bas. On dirait des animaux, des arbres, des montagnes... »

Emma sourit et suivit la direction de son regard. Comme par un coup de baguette magique, la caverne avait perdu son aspect rébarbatif et s'était miraculeusement peuplée de tout un monde magique, où le souvenir de sa mère et d'Adam Fairley n'avait plus de place. Elle était devenue leur domaine à eux, Edwin et Emma, et à eux seuls.

La sentant toujours tremblante contre lui, Edwin se remit à lui frictionner les bras et le dos. Très vite, les rugosités de la chair de poule disparurent et la peau d'Emma lui parut de nouveau douce comme le satin. Alors, malgré ses fermes résolutions, les vigoureux frottements redevinrent des caresses. Emma avait levé vers lui ses grands yeux verts si lumineux. Elle avait les lèvres légèrement entrouvertes, dévoilant l'alignement parfait de ses petites dents blanches. Les mains d'Edwin étaient insensiblement remontées, elles écartèrent une mèche de cheveux qui cachait partiellement le visage. Il laissa ses doigts glisser le long des joues d'Emma, souligna le contour si pur de son menton et de son cou. Dans la lueur tremblante des chandelles, jamais sa peau n'avait paru si fine et si fragile.

« Oh! Emma, Emma... murmura-t-il d'une voix rauque. Tu es si belle. Laisse-moi t'embrasser, une fois, une seule fois. »

Elle ne répondit pas. Mais on pouvait lire tant de confiance et d'innocence dans l'expression de ce ravissant visage, tant d'amour malhabile à s'exprimer mais si sincère dans l'éclat de ces yeux d'émeraude qu'Edwin en fut bouleversé. Lentement, avec révérence, il se pencha sur elle, comme s'il voulait plonger et se noyer dans l'eau verte et limpide de ses yeux. Ses lèvres effleurèrent les lèvres d'Emma, qu'elles trouvèrent si douces et tièdes, si accueillantes et affolantes à la fois que ce seul baiser ne put le rassasier. Il accentua sa pression, s'en arracha, recommença pour retrouver cette extase, puis y goûta encore et encore avec une passion grandissante qui ne laissa pas à Emma le temps de protester ni, moins encore, de se détourner.

Quand enfin Edwin releva la tête, étourdi par l'ivresse, Emma avait fermé les yeux. Il posa timidement la main sur sa joue, la caressa, descendit pour s'attarder sur son cou et sur son épaule, hésita, remonta un instant pour redescendre et se poser enfin sur un sein.

Emma eut un sursaut et ouvrit les yeux :

« Non, Edwin, non! Il ne faut pas...
— Un instant, Emma! » dit-il d'un ton implorant.

Il lui ferma la bouche d'un baiser pour faire taire ses protestations, poursuivit et accentua ses caresses. Alors, incapable de se dominer plus longtemps, Edwin glissa la main sous le léger tissu qui s'interposait encore et laissa ses doigts errer à petites touches frissonnantes sur la peau douce et tiède de la poitrine et du ventre.

Emma s'arracha à lui avec un léger cri, les joues rouges de confusion et du désir qu'il avait éveillé en elle mais qu'elle s'efforçait de combattre. Edwin, cette fois, ne la laissa pas s'échapper et la reprit dans ses bras avec douceur et fermeté, la serra contre sa poitrine et lui couvrit le visage de baisers.

« Emma, je t'aime... »

Elle se débattit pour le repousser. Mais elle était sans force, tremblante de la peur que — malgré ses déclarations d'athéisme naïf et son rejet de Dieu — toute son éducation passée lui avait inculquée de l'enfer où l'on est précipité quand on cède aux tentations de la chair.

« Il ne faut pas, Edwin, ce n'est pas bien...

— Chut, Emma! Ma douce Emma, mon Emma que j'aime, dit Edwin d'un ton apaisant. Je ne veux rien faire de mal, je veux simplement que nous soyons l'un contre l'autre, je veux sentir la douceur de ta peau contre la mienne. Je veux te dire que je t'aime... Comment peut-on faire mal à la personne qu'on aime? Je t'aime plus que tout au monde, Emma. »

Les mots d'Edwin la remplirent d'une joie si profonde qu'elle en oublia ses craintes et, d'un mouvement à peine conscient, se serra contre lui. Les yeux levés vers lui, elle scrutait intensément ce visage qu'elle connaissait si bien et dont elle avait appris à aimer la finesse et la sensibilité. Dans la lueur indécise des chandelles, il paraissait irradier le bonheur et les yeux d'Edwin étaient posés sur elle avec adoration. Cela balaya ses dernières réticences.

« M'aimes-tu vraiment, Edwin? demanda-t-elle à voix basse.

— Oui, je t'aime, Emma. Du plus profond de mon cœur. Et toi, ne m'aimes-tu donc pas?

— Oh! si, Edwin, je t'aime. »

Elle se laissa aller contre lui avec un soupir de bonheur. Elle sentait les mains d'Edwin qui se promenaient sur elle, effleuraient, exploraient tout son corps. Mais elle n'eut pas envie d'échapper à ces caresses si douces et qui lui faisaient tant de bien. Soudain, sans qu'elle en ait immédiatement conscience, elle sentit les doigts qui s'arrêtaient à un endroit, le plus secret, le plus interdit de toutes les parties de son corps, et elle ne comprit pas tout d'abord ce qu'Edwin voulait faire. Quand elle s'en rendit compte, il était trop tard pour protester ou l'en empêcher. Car ce contact venait de déclencher en elle des sensations inattendues, déconcertantes mais si intensément délectables qu'elle se sentit tout entière parcourue de frémissements qui lui firent battre follement le cœur. Comme dans un rêve, elle sentit que son corps perdait son poids et sa substance, flottait sur un nuage irréel mais merveilleux et qu'elle se fondait en Edwin, qu'il l'enveloppait, l'enserrait jusqu'à ce qu'elle souhaite de tout son cœur ne plus faire qu'un avec lui. Soudain lasse, sans forces, elle s'abandonna aux caresses qu'il lui prodiguait et qui l'amenaient au paroxysme d'une exaltation qu'elle n'avait encore jamais ressentie.

Parvenue à ce degré d'excitation, Edwin sut contenir son désir pour mieux le ménager et marqua une pause. Emma était étendue devant lui, frémissante et les yeux clos. D'un geste décidé, il défit la couverture qui l'enveloppait encore et la jeta à l'écart. Puis il déroula la nappe qui couvrait Emma. Elle ne fit pas un geste mais elle cligna des yeux et les ouvrit peu à peu pour les fixer sur Edwin. Le corps nu de son ami lui donna un bref instant de crainte. De son côté, Emma apparaissait à Edwin si parfaitement belle, si pure, comme délicatement ciselée dans le marbre, qu'il eut l'impression de commettre un sacrilège.

Mais cette hésitation ne dura guère. Avec infiniment de douceur et de délicatesse, lentement, guidé par la sincérité de son amour et l'extrême sensibilité de son instinct, Edwin entreprit d'aider Emma à surmonter ses craintes. En dépit de leur virginité et de leur inexpérience, ils commencèrent à faire l'amour. Très vite exacerbée par les longs préliminaires, la passion d'Edwin lui donnait, par son intensité même, les intuitions qui suppléent à l'ignorance et, parfois, confèrent plus de génie qu'une longue habitude souvent inattentive. A un moment, il sentit Emma se raidir et étouffer un cri de douleur. Mais il se montra si doux, si patient, il fut si constamment sensible à ses moindres réactions que le souvenir en fut vite effacé et qu'ils se laissèrent emporter ensemble par une extase partagée qui ne semblait jamais trouver de fin.

Etroitement enlacés, ils se mouvaient à l'unisson, éprouvaient les sensations d'une union si parfaite que bientôt leurs jeunes corps ne firent plus qu'un. Emma se sentait fondre, son âme et son corps se dissolvaient. Elle était en Edwin, elle était Edwin. La découverte qu'ils faisaient ensemble de l'amour leur réservait à chaque instant des surprises émerveillées. Emportée par le plaisir, Emma gémissait de joie. Ses mains parcouraient avec une virtuosité instinctive le corps d'Edwin et éveillaient en lui des sensations fulgurantes. Combien de temps passèrent-ils ainsi ? Ils n'auraient su le dire, car le temps avait cessé d'exister.

Soudain, le plaisir prit une nouvelle dimension. Et tandis qu'Edwin se sentait exploser en Emma, se mêlant de toutes ses fibres à celle qu'il aimait, il perdit presque conscience. Il ne s'entendit pas crier son nom et l'implorer de ne jamais le quitter, quoi qu'il arrivât.

19

Quelques heures plus tard, aussi soudainement qu'elle avait éclaté, la tourmente cessa. Les torrents de pluie se firent progressivement crachin avant de s'arrêter complètement. Les violentes bourrasques se calmèrent avant de disparaître et un silence de mort s'abattit sur la lande. Car la pleine lune qui brillait d'un éclat métallique dans le ciel redevenu pur jetait sa lumière froide sur un spectacle de dévastation.

Du haut des collines, souvent coupées en deux par les glissements de terrain et transformées en falaises, ruisselaient des cataractes. Leurs lits bloqués par des amas de glaise ou de pierrailles, des ruisselets s'étaient mués en torrents et débordaient en véritables lacs. L'averse s'était abattue sur la lande avec la force brutale d'un raz de marée. Sur son passage, elle avait arraché et déraciné les arbres et les buissons, déplacé les rochers et projeté ces débris en amoncellements qui témoignaient de sa violence. Trop lents à fuir le cataclysme, d'innombrables animaux avaient péri, moutons égarés, oiseaux littéralement hachés par les trombes d'eau, lapins, blaireaux noyés dans leurs terriers...

Partout, la foudre avait aussi laissé sa marque. Çà et là, des troncs fendus et noircis grésillaient encore, malgré la pluie. Un cheval à la pâture, en lisière du village, avait été tué par un éclair sous les yeux de son maître venu le rentrer à l'écurie. Dans le village même, les dégâts étaient considérables et l'on ne comptait plus les toits de chaume soufflés, les ardoises arrachées, les cheminées démolies par la violence de l'ouragan. L'on ne voyait partout que fenêtres défoncées et murs de torchis à demi effondrés. Une chaumière avait même été complètement rasée. Fait plus étrange encore : l'église de Fairley sortait indemne de la catastrophe à l'exception d'un seul vitrail pulvérisé par le vent et dont les milliers d'éclats multicolores jonchaient le dallage de la nef. C'était le vitrail offert par Adam Fairley en mémoire à sa femme Adèle.

Sur les hauteurs de Ramsden Crags, le chaos régnait. L'eau accumulée dans les creux se déversait en véritables rideaux et cascadait par-dessus les rochers. La terre était transformée en un marécage de boue grasse et glissante où l'on enfonçait jusqu'à mi-mollet. Les deux arbres qui, relativement protégés des vents dominants, se dressaient au pied des Crags depuis des décennies, telles deux sentinelles vigilantes, avaient été abattus par les efforts conjugués de la pluie, du vent et de la foudre qui s'acharnaient sur eux. Ils dressaient maintenant leurs racines et leurs moignons calcinés où frémissaient encore quelques feuilles, miraculeusement intactes. Tout autour de l'éminence, le paysage avait été si profondément bouleversé qu'Edwin et Emma, quand ils émergèrent de leur souterrain, ne le reconnurent d'abord pas.

Serrés l'un contre l'autre, ils poussèrent un cri d'horreur devant le désastre, qu'ils contemplèrent les yeux écarquillés par l'incrédulité.

« Quelle chance, grand dieu, nous avons eue de découvrir cette caverne, murmura Edwin. Si nous étions restés dehors, nous serions peut-être morts... »

Emma hocha la tête avec un frisson de peur rétrospective. Ils observèrent autour d'eux la lande bouleversée.

« Regarde! s'écria soudain Edwin en tendant le doigt. La cascade de Dimmerton Falls! C'est incroyable. »

Emma tourna les yeux dans la direction indiquée et ne put retenir un cri de stupeur. La gracieuse chute d'eau qui, en temps normal, égayait la lande de son innocent bruissement avait pris les proportions d'un Niagara. Elle tombait en bouillonnant du haut d'une colline dont elle avait arraché des pans entiers dans sa fureur. Sous la lumière précise et glacée de la lune, le spectacle était grandiose et terrifiant à la fois. Les deux jeunes gens le contemplèrent avec une horreur fascinée. Car, pour rentrer à Fairley Hall, ils étaient obligés de passer à proximité de ce monstre dont les rugissements leur parvenaient malgré la distance.

« Il faut quand même essayer de rentrer, Edwin, dit Emma d'une voix tremblante. Mme Turner va s'affoler...

— Tu as raison, Emma. Je ne sais pas combien de temps nous allons mettre et si nous pourrons même faire un détour pour éviter la cascade. Allons-y, nous verrons bien. »

Il n'était pas question de remettre en place la grosse pierre levée qui obturait l'ouverture de la caverne, car elle était engluée dans la boue. Edwin arracha des branchages aux arbres abattus et aux buissons déracinés dont le sol était jonché alentour et, avant d'occulter l'ouverture, laissa le panier à l'entrée du tunnel. Il valait mieux garder les mains libres pour franchir tous les obstacles.

Ils se mirent en route quelques instants plus tard, remplis d'appréhension. La boue gluante et tenace ralentissait leur marche. A chaque pas, ils glissaient, vacillaient, et ne pouvaient progresser qu'en se cramponnant l'un à l'autre. Partout, ils rencontraient des arbres déchiquetés, des rochers qui obstruaient le sentier, des mares d'eau dont il était impossible de sonder la profondeur. Quand ils arrivèrent enfin à la cuvette de Ramsden Ghyll, ils s'arrêtèrent en poussant un cri : le vallon entier était plein d'eau et menaçait de déborder d'un instant à l'autre. A la surface, flottant au milieu des branches et des débris de toutes sortes, des dizaines de cadavres de petits animaux. Il y avait même un mouton mort, le ventre déjà gonflé et les quatre pattes raidies dressées vers le ciel. Emma se cacha la figure en frissonnant dans l'épaule d'Edwin.

« J'aurais dû me douter que le Ghyll déborderait, dit-il en serrant Emma contre lui. Il faut faire demi-tour, traverser le ruisseau plus haut et prendre la route basse. On ne pourra jamais passer par les crêtes.

— Nous ne pourrons pas traverser le ruisseau, Edwin ! Si le Ghyll est comme cela, le ruisseau déborde sûrement et la route basse doit être complètement inondée. Et puis, ajouta Emma en hésitant, je ne sais pas nager.

— Ne t'inquiète pas, mon Emma, je suis avec toi. Viens. »

Après l'avoir serrée contre lui et lui avoir donné un baiser, Edwin prit Emma par la main et la guida pour redescendre la pente qu'ils venaient de gravir. Quelques instants plus tard, ils arrivèrent au bord du cours d'eau qui traversait le vallon et qui, en temps normal, était presque toujours à sec. La prévision d'Emma se révéla juste : c'était devenu un torrent qui bondissait en grondant, trop large, trop profond et, surtout, trop rapide pour qu'ils songent à le franchir à gué ou à la nage. Emma s'arrêta et fondit en larmes en se cachant le visage dans ses mains.

« Ne te décourage pas si vite, dit Edwin en fronçant le sourcil. Viens avec moi, tu verras. »

Ils longèrent sur quelques dizaines de mètres le cours du ruisseau, dont l'eau écumait à leurs pieds, alimentée par la multitude des filets qui ruisselaient le long des pentes. Edwin s'arrêta enfin devant un endroit où, moins encaissé, le cours s'étalait et perdait de sa violence.

« Attends-moi un instant et ne bouge surtout pas », recommanda-t-il à Emma.

Il s'avança prudemment dans l'eau, trébucha dans un trou, se releva et fit quelques pas. Il avait de l'eau jusqu'à la poitrine mais le niveau paraissait vouloir se maintenir jusqu'au milieu du lit.

Ainsi rassuré, il se rapprocha du bord et héla Emma, qui le regardait en tremblant de froid et de peur :

« Viens, tu vas te mouiller les pieds mais ce n'est pas grave! Saute sur mon dos et cramponne-toi. Nous avons pied au moins jusqu'au milieu. S'il le faut, je franchirai le reste en nageant! »

Emma hésita longuement. Elle avait toujours eu une peur maladive de l'eau et, en de telles circonstances, la noyade dressait devant elle un spectre redoutable.

Edwin s'impatientait et la rappela avec rudesse :

« Allons, dépêche-toi, que diable! L'eau est glacée! »

Emma surmonta ses craintes et s'avança pas à pas jusqu'à ce qu'Edwin lui saisisse la main et la tire vers lui sans ménagements. Elle monta sur son dos et lui entoura le cou de ses deux bras. Peu après le milieu du cours d'eau, où Edwin savait qu'il avait encore pied, il rencontra un nouveau trou, perdit l'équilibre et se mit à nager d'instinct, Emma toujours cramponnée à lui et trop paniquée pour pousser un cri. Le courant, à cet endroit, formait un tourbillon qui les aspirait vers le fond et les deux jeunes gens passèrent quelques longs moments d'une lutte terrifiante où Edwin sentait ses forces s'épuiser. Il parvint enfin à s'arracher au péril et sentit bientôt le sol sous ses pieds. Epuisé, il agrippa des racines dénudées qui s'offraient à ses mains et parvint à se haler sur le rivage où il se laissa tomber. Emma ne l'avait toujours pas lâché.

Il dut perdre conscience un moment car il se rendit compte, soudain, qu'il était étendu à terre et qu'Emma le frictionnait vigoureusement pour tenter de le réchauffer.

« Merci, Edwin, lui murmura-t-elle en le voyant

rouvrir les yeux. Tu m'as sauvé la vie, tu sais... »

Edwin essaya de répondre. Mais un étau lui serrait la poitrine et la gorge et il ne put que grimacer un sourire. Emma le regardait, prête à pleurer.

« Tu n'es pas malade, au moins ? dit-elle d'une voix tremblante. Dis, Edwin, comment te sens-tu ? »

Il fut alors secoué d'un violent frisson et parvint à articuler quelques mots.

« Cela ira mieux si nous bougeons. Levons-nous, courons. Cela nous réchauffera peut-être... »

Il se leva avec peine, s'ébroua et rit malgré lui de l'aspect lamentable qu'ils offraient tous deux.

« Nous voilà de nouveau comme des rats noyés ! Pauvre Emma, qui avais eu tant de mal à te sécher...

— Nous serons bientôt au château, répondit-elle d'un ton rassurant. Viens vite, mon Edwin. »

La route basse n'était pas inondée, comme Emma l'avait craint, mais l'eau et la boue l'avaient transformée en une véritable patinoire. Accrochés l'un à l'autre, en dépit des innombrables obstacles qu'ils devaient écarter ou contourner, ils réussirent quand même à marcher d'un bon pas. Edwin respirait plus librement et, une fois leurs muscles dégourdis par la marche, ils se mirent à trottiner et même à courir quand l'état du chemin le leur permettait. Ils arrivèrent ainsi, plus vite qu'ils ne le pensaient, à l'entrée du parc de Fairley Hall. Un vantail de la lourde grille de fer forgé avait été à demi arraché de ses gonds et pendait lamentablement en grinçant. Partout, la tempête avait laissé des traces de son passage. Ce n'étaient que massifs de fleurs hachés et labourés, haies déchiquetées, pelouses jonchées de débris. Les buis et les ifs taillés du jardin, orgueil du jardinier, étaient pour la plupart, méconnaissables. Pathétique, le tronc d'un des grands chênes penchait, prêt à s'écrouler, fendu et noirci par la foudre.

Avant de franchir la lisière du bouquet d'arbres, Edwin s'arrêta et prit Emma dans ses bras. Il écarta de son visage les mèches de cheveux collées par la puie, la caressa avec tendresse et contempla longuement ses traits délicatement ciselés par les rayons de lune qui se glissaient entre les branches. Alors, se penchant vers elle, il lui donna un long baiser plein de passion. Ils restèrent longtemps ainsi, étroitement enlacés, leurs corps tanguant à l'unisson, leurs cœurs battant en écho dans le profond silence de la nuit.

« Je t'aime, Emma, murmura enfin Edwin avec ferveur. Je t'aime de tout mon cœur. M'aimes-tu ? »

Emma le fixait de ses yeux verts qui, dans la pénombre, semblaient luire et scintiller. En l'entendant, elle sentit son cœur étreint d'une étrange et plaisante douleur, émotion à la fois douce et poignante qu'elle n'avait encore jamais ressentie. C'était comme un ardent désir mêlé d'un regret mélancolique dont elle était incapable d'analyser et de comprendre la vraie nature.

« Oui, Edwin, je t'aime », murmura-t-elle.

Leurs lèvres se joignirent de nouveau. Longtemps après, Edwin l'écarta assez pour poser sur le visage d'Emma un regard brillant de désir :

« Tu viendras au Sommet du Monde me rejoindre dans la caverne cette semaine, quand le beau temps sera revenu ? »

Emma ne répondit pas tout de suite et son silence souleva en Edwin une peur irraisonnée. Il avait été trop sûr qu'elle accepterait. Et si elle refusait ? Le monde lui parut soudain s'écrouler autour de lui. Il vacilla, se raccrocha à elle en l'étreignant convulsivement :

« Oh ! Emma, réponds-moi, je t'en supplie ! Ne me repousse pas, Emma. Dis-moi que tu acceptes. »

Sa voix rauque tremblait de désespoir. Non, elle ne pouvait pas l'abandonner maintenant, après lui avoir ouvert les portes d'un paradis dont il venait à peine de découvrir les bonheurs prodigieux...

« Qu'y a-t-il, Emma ? insista-t-il. Dis-moi quelque chose, au moins. Tu... Tu n'es pas fâchée contre moi à cause de ce que nous avons fait ? »

L'étrange regard d'Emma l'affolait en le rendant perplexe. Que se passait-il dans sa tête ? L'avait-il si gravement offensée qu'elle ne lui pardonnerait jamais ? Pourtant, elle lui avait dit tout à l'heure qu'elle l'aimait, elle aussi... Alors ? Dans son innocence, Edwin était incapable de percer les mystères d'un cœur féminin.

A l'allusion qu'il venait de faire, Emma avait rougi et voulut se détourner. Mais il la maintint de force dans ses bras pour lui faire face. Les yeux verts d'Emma plongèrent dans les yeux gris-bleu d'Edwin et ce qu'ils y virent causa à Emma un bonheur si profond qu'elle se sentit balayée par une vague de joie. Il y avait, bien sûr, la flamme de l'amour et d'un désir impérieux. Mais, à peine discernable derrière ces sentiments, Emma avait reconnu autre chose, comme un éclair de peur. La peur de la perdre.

Elle comprit alors qu'Edwin l'aimait vraiment, autant qu'il le lui avait dit. Elle comprit qu'il la sentait désormais faire partie de lui-même comme elle se sentait lui appartenir corps et âme. Emerveillée, Emma s'attarda un instant à cette pensée. Comment, par quel mystère y avait-il dorénavant dans sa vie une personne qui y occupait une telle place qu'elle avait préséance sur toutes les autres ? En s'abandonnant tout à l'heure à Edwin, dans la caverne, Emma n'avait pas prévu une si surprenante éventualité. Elle n'avait pas davantage pensé qu'elle serait elle-même incapable de supporter la douleur de le perdre un jour, ni que cette même douleur, qu'elle lisait en ce moment dans les yeux d'Edwin, lui causerait à elle une peine insupportable.

Elle ne voulut pas prolonger cette torture involontaire et lui fit un sourire rassurant :

« Oui, Edwin, j'irai te rejoindre à la caverne. Et je ne suis pas fâchée contre toi. Ce que nous avons fait, nous l'avons fait ensemble. C'était merveilleux... »

Le désarroi qui assombrissait le visage du jeune homme s'effaça d'un seul coup. Serrant Emma contre lui à l'étouffer, il la couvrit de baisers passionnés en murmurant à son oreille :

« Oh ! Emma, mon Emma, je t'aime tant, tu sais... Tu es tout pour moi. Sans toi, je ne pourrais plus vivre. Jure-moi que tu m'aimeras toujours... »

Ainsi enlacés sous les vieux chênes baignés de lune, ils scellèrent d'un interminable baiser l'amour qui devait avoir sur leurs destins une influence déterminante. Ils avaient totalement perdu conscience de leurs vêtements trempés, de leurs membres engourdis qui frissonnaient dans l'air froid de la nuit. Ils ne voyaient et n'entendaient que les mots d'amour qu'ils se chuchotaient entre deux baisers, que leur amour exprimé dans le regard de l'autre. Ils n'avaient pas vingt ans, ils s'aimaient avec les transports d'une passion toute neuve. Ils ne pouvaient pas voir au-delà du moment magique qu'ils étaient en train de vivre.

Ils se séparèrent enfin sur un dernier regard et prirent le chemin de la maison, la main dans la main. Edwin marchait d'un pas léger, plein d'entrain et d'insouciance. Mais Emma, chez qui l'esprit pratique avait vite repris ses droits, se préparait déjà à l'accueil orageux qu'ils n'allaient pas manquer de recevoir.

A peine avaient-ils tourné le coin de la cour qu'ils virent se dessiner le rectangle de lumière projeté par la porte grande ouverte de la cuisine. Mme Turner était debout sur le seuil, immobile comme la statue de l'anxiété, les bras ballants, son visage rebondi blanc comme la pierre. Sans faire un geste, elle donnait cependant l'impression de se tordre les mains de désespoir. En la voyant, Emma lâcha discrètement la main d'Edwin et se laissa distancer de trois pas.

A la vue d'Edwin, l'attitude de la cuisinière se modifia instantanément pour exprimer le soulagement le plus intense. Mais l'inquiétude l'avait si bien rongée et pour si longtemps que ce soulagement se manifesta d'emblée par une vive colère. Si Edwin n'avait pas été le seul maître à la maison ce jour-là, la bonne Mme Turner se serait sans doute laissée aller à des voies de fait en lui administrant une bonne fessée, comme elle le faisait parfois quand il était encore enfant. Elle se domina à grand-peine en prenant bien soin de le faire remarquer.

« Monsieur Edwin ! s'écria-t-elle d'une voix perçante.

Vous pouvez vous vanter de m'avoir fait une belle peur ! Cela fait des heures, vous m'entendez, des heures que je me fais un sang d'encre à vous attendre ! Je vous ai cru emporté par la tempête, noyé, foudroyé, est-ce que je sais... Savez-vous qu'il est bientôt dix heures ? »

Edwin s'était arrêté net pour laisser passer la première volée d'apostrophes et se tenait à la lisière de la zone de lumière qui illuminait la cour.

« Si c'est pas malheureux ! reprit la cuisinière en attisant son indignation. Vous avez bien de la chance que le maître ne soit pas là et que Monsieur Gerald reste à Bradford jusqu'à demain, sinon vous vous seriez fait tirer les oreilles, c'est moi qui vous le dis ! Enfin, a-t-on idée de rentrer à des heures pareilles et de faire mourir tout le monde de peur ? Deux fois, vous m'entendez, deux fois j'ai envoyé Tom à votre rencontre avec la lanterne ! »

Mme Turner s'interrompit juste assez longtemps pour exhaler un soupir qui aurait victorieusement concurrencé les plus fortes bourrasques et recula d'un pas pour dégager l'entrée de la cuisine.

« Allons, qu'est-ce que vous faites à rester dehors au froid ? Rentrez tout de suite vous mettre au chaud, voyons ! »

Elle tourna le dos sans plus accorder un regard au coupable et disparut dans la cuisine. Edwin s'avança sur les marches et se retourna pour faire signe à Emma, qui était restée dans l'ombre.

« Viens, n'aie pas peur ! chuchota-t-il. Je me charge de Mme Turner. »

Edwin pénétra dans la cuisine, s'offrant à une nouvelle bordée de commentaires mi-indignés mi-apitoyés sur ses vêtements trempés, son visage couvert de boue et les saletés qu'il faisait sur le dallage tout propre, quand la cuisinière interrompit net sa diatribe en voyant Emma se glisser par la porte entrebâillée. Bouche bée, elle la contempla avec stupeur :

« Qu'est-ce que tu fais là, ma fille ? s'écria-t-elle. Je te croyais bien à l'abri chez toi, avec ton père. Jamais je n'aurais pu penser que tu aurais mis le nez dehors par un temps pareil ! »

Emma ne répondit pas tout de suite et la cuisinière, imaginant le pire, laissa errer des regards chargés de stupeur réprobatrice d'Edwin à Emma. Les mains sur les hanches, elle s'apprêtait à parler quand Edwin s'approcha d'un pas. D'un ton assuré où il mit ce qu'il fallait d'autorité pour rappeler à Mme Turner à qui elle avait affaire, il se chargea d'expliquer la présence d'Emma :

« Je l'ai rencontrée sur la lande au moment où la tempête commençait. Elle m'a dit qu'elle rentrait ce soir parce que vous lui aviez demandé de revenir vous aider à faire les confitures ou je ne sais quoi et nous avons essayé de retourner ensemble à la maison. Mais en voyant la tournure que cela prenait, j'ai décidé que ce serait de la folie de continuer et nous nous sommes abrités de notre mieux sous des rochers à Ramsden Crags... »

Il s'interrompit pour assener à la cuisinière un regard qui la fit, malgré elle, reculer d'un pas.

« Nous nous sommes remis en route dès que la pluie a cessé mais ce n'était pas facile, je vous prie de le croire. Le Ghyll est inondé, tous les ruisseaux débordent, il y a de la boue partout, des arbres abattus, la route basse est une patinoire... Mais nous voilà quand même sains et saufs. Il n'y a vraiment pas de quoi fouetter un chat, madame Turner. Nous nous serions bien passés d'être en retard et de subir cette tempête, croyez-moi ! »

Décontenancée par l'assurance du jeune maître, la cuisinière grommela quelques mots incompréhensibles et se rattrapa en faisant étalage de son autorité. Elle expédia Annie chercher des seaux d'eau chaude à monter à la salle de bain, dit à Edwin d'aller tout de suite se plonger dans la baignoire et se mettre au lit, où elle lui ferait monter son dîner. Emma fut, elle aussi, dépêchée dans la salle de bain des serviteurs et dans sa chambre avec interdiction d'en sortir.

« Et enlevez vos souliers tout boueux, Monsieur Edwin ! ajouta la cuisinière en le voyant s'engager dans l'escalier. Vous n'allez pas me traîner ça partout sur les tapis propres, au moins ! Ah ! jeunesse, jeunesse, il faudrait tout le temps être derrière leur dos, c'est moi qui vous le dis... »

Elle le regarda s'éloigner en dissimulant son attendrissement, car Edwin avait toujours été son préféré. Mais quand elle se retrouva seule, la digne cuisinière s'assit pour mieux réfléchir aux événements de la soirée. L'histoire que lui avait racontée Edwin était certes plausible et elle aurait été tentée de le croire sur parole, car elle ne l'avait jamais encore surpris à mentir comme son frère Gerald. Emma, non plus, ne pouvait guère être soupçonnée de duplicité. Mais Mme Turner ne parvenait pas à se débarrasser d'un sentiment de malaise.

D'abord, s'ils s'étaient réellement rencontrés sur la lande au début de la tempête, ils auraient largement eu le temps d'aller au village se mettre à l'abri et, de là, seraient revenus au château sans mal en prenant le grand chemin. Mais il y avait plus grave. Depuis quelque temps, elle avait surpris les deux jeunes gens à rire et chuchoter dans les coins quand ils ne se croyaient pas observés. A plusieurs reprises, elle les avait aussi aperçus dans le jardin et toutes ces rencontres étaient bien trop fréquentes à son goût. Cela ne présageait décidément rien de bon.

Plus elle y pensait, plus ses soupçons prenaient corps et la digne Mme Turner en vint bientôt aux certitudes. Emma et Edwin... Non, c'était criminel ! Cette petite Emma, malgré toutes ses qualités, est en train de commettre une grosse boulette et elle s'en mordra les doigts. Car jamais les serviteurs ne doivent se mêler aux maîtres. A vouloir sortir de sa condition, on s'expose aux plus graves ennuis, c'est fatal !

« Il faut savoir rester à sa place ! » dit-elle à haute voix.

En s'entendant parler, elle jeta à la hâte des regards

effarés autour d'elle pour s'assurer qu'elle était bien seule. Personne, heureusement, n'était témoin de son émoi. Car, depuis qu'elle avait évoqué le spectre d'une liaison coupable entre Emma et le jeune maître, sa tranquillité d'esprit avait complètement disparu.

Des souvenirs qu'elle espérait oubliés vinrent l'assaillir en foule, si clairs, si vivants qu'elle sursauta en poussant un petit cri. Elle vit se reformer devant ses yeux des scènes dont elle n'avait rien oublié. Le maître, Monsieur Adam, et son père, leurs disputes. Et elle... Elle...

Mme Turner poussa un gémissement à fendre l'âme et s'affaissa sur sa chaise. Non, cela n'allait pas recommencer. Cela ne pouvait pas recommencer. Comme avant...

20

Un panier au bras, un sécateur dépassant de la poche de son tablier, Emma traversa la terrasse et prit le sentier qui menait à la roseraie. Il devait y avoir des invités de marque pour le déjeuner et cela méritait que l'on emplît de roses les grands vases de cristal taillé qui décoraient le salon. Emma avait toujours aimé les fleurs et particulièrement les roses. Aussi, de tout le parc de Fairley Hall, la roseraie était-elle son endroit favori. Formant avec la maison, toujours aussi triste et laide à ses yeux, un contraste frappant, la roseraie possédait un charme paisible et une beauté rafraîchissante où elle aimait se retremper.

Elle était entourée de vieux murs aux pierres moussues et dorées par le soleil où s'épanouissaient des rosiers grimpants soigneusement taillés. A leur pied, des plates-bandes bordées de buis accueillaient une infinie variété de rosiers de toutes tailles et de toutes formes, certains en buissons, d'autres accrochés à des arbustes ou à des treilles. Au centre, comme en contrepoint, un vaste massif entouré d'allées sablées présentait au contraire dans un ordre rigoureux une symphonie somptueuse des plus beaux spécimens. On était environné d'une telle variété de couleurs, allant du carmin le plus éclatant au blanc le plus délicat, on respirait des arômes d'une telle finesse qu'on ne savait si l'œil ou l'odorat était, des sens ainsi sollicités, le plus richement traité. Comme le parc et les alentours, la roseraie avait été durement éprouvée par la tempête du mois de juin. Mais Adam Fairley avait engagé tout exprès des spécialistes pour seconder ses jardiniers et, au prix d'efforts et de dépenses considérables, la roseraie s'était retrouvée parée d'une gloire encore plus éclatante.

En cette belle matinée d'août chaude et calme, le jardin était si beau qu'Emma s'arrêta à l'entrée pour l'admirer à son aise. Le soleil était déjà chargé de senteurs entêtantes. Il n'y avait pas un souffle de vent et, seul, le bourdonnement d'une abeille ou le battement d'ailes d'un oiseau venait de loin en loin troubler le silence.

Avec un sourire de plaisir, Emma gagna l'ombre d'un mur et se pencha devant les rosiers. Elle savait qu'il ne fallait pas cueillir plus d'une ou deux fleurs par plant pour ne pas détruire l'harmonie d'un parterre et elle se mit au travail avec une délicatesse infinie. Pour la plupart, les roses étaient en pleine maturité et, par conséquent, fragiles. Elle mania donc son sécateur avec précaution et commença à remplir son panier en choisissant avec discernement les nuances de rouge, de jaune ou de blanc en prévision des bouquets qu'elle allait composer ensuite.

Edwin était revenu au château la veille au soir, en compagnie de son père qui rentrait toujours dans le Yorkshire pour l'ouverture de la chasse au coq de bruyère. Le jeune homme venait de passer une quinzaine de jours dans la maison de campagne de sa tante Olivia, dans l'un des comtés du sud de l'Angleterre, et cette courte absence avait semblé une éternité à Emma. Ordinairement, le château était un lieu inhospitalier et froid. Mais sans Edwin et avec la seule présence de

Gerald, Emma s'y était sentie plus oppressée que jamais. Maintenant qu'*il* était de retour, les vastes pièces sombres et silencieuses lui paraîtraient bien différentes. Ses sourires, l'affection dont il l'entourait avec adoration, leurs pique-niques sur la lande — qu'ils avaient poursuivis régulièrement en juin et juillet — lui avaient manqué à un point qui la surprenait elle-même.

Parfois, Emma était retournée seule au Sommet du Monde et s'était assise sur sa pierre plate, le regard dans le vague, les pensées se bousculant dans sa tête. Mais elle n'était jamais retournée dans la caverne sans Edwin. Avant son départ, il lui avait d'ailleurs formellement interdit de déplacer la pierre sans lui, car elle aurait risqué de se blesser. Maintenant qu'Edwin était là, tout allait reprendre sa place et le sentiment de solitude qui avait tant serré le cœur d'Emma était déjà dissipé.

Ils s'étaient hâtivement rencontrés ce matin dans un couloir, le temps de se chuchoter un rendez-vous dans la roseraie avant qu'Edwin parte pour sa quotidienne promenade à cheval. Emma était arrivée avec quelques minutes d'avance mais l'attente la rendait nerveuse. Son panier était déjà presque plein et, si elle tardait trop, la cuisinière se douterait de quelque chose. Enfin, alors qu'elle allait désespérer, Emma entendit le pas d'Edwin qui faisait crisser le sable des allées. Elle releva la tête, le cœur battant. Son regard et son sourire trahissaient le bonheur qui la submergeait.

Edwin l'avait vue et pressa le pas. Qu'il était beau, *son* Edwin! Vêtu d'une chemise de soie blanche, un foulard négligemment noué autour du cou, avec des culottes de cheval impeccablement coupées et des bottes étincelantes, il semblait avoir encore grandi et forci. Il était plus viril et plus séduisant que jamais et Emma sentit sa gorge serrée par la douleur douce-amère qu'elle connaissait bien, désormais. C'était celle de l'amour.

Quand il l'eut rejointe, ils restèrent un long moment face à face, tremblant de joie et de désir, trop heureux de se retrouver pour ne pas d'abord se repaître de la vision l'un de l'autre. Emma se sentit chavirer en lisant dans les yeux gris-bleu d'Edwin le bonheur qu'il avait d'être près d'elle. Sans même penser à jeter un coup d'œil vers la maison, pour s'assurer qu'on ne les observait pas, ils tombèrent enfin dans les bras l'un de l'autre et se donnèrent un long baiser. Puis Edwin s'écarta un peu d'Emma pour mieux l'admirer. Jamais il ne l'avait vue aussi radieusement belle.

Il la prit par la main et l'entraîna vers un banc à l'ombre. Autour d'eux, la roseraie embaumait. Ils s'embrassèrent de nouveau, chuchotèrent les mots d'amour dont ils avaient été privés pendant leur séparation.

« Oh! mon Emma, que c'est bon de te retrouver! dit enfin Edwin. Si tu savais comme je me suis ennuyé chez tante Olivia. Tous les jours, il y avait des douzaines d'invités. Pas un moment de tranquillité. Elle a même donné deux bals, en mon honneur, a-t-elle dit. Je n'en pouvais plus d'être obligé de faire danser ces péronnelles... »

Emma se raidit malgré elle en se sentant traversée par un soudain éclair de jalousie. Ce bref nuage n'échappa pas à Edwin, qui reprit en souriant :

« C'est fini, heureusement, et je suis tellement plus heureux avec toi! Irons-nous au Sommet du Monde dimanche prochain, mon Emma ?

— Dimanche est mon jour de repos... »

Elle avait répondu distraitement, avec une moue dubitative. Edwin fronça les sourcils, étonné de cette réaction inattendue.

« Justement, tu m'y retrouveras, n'est-ce pas ? »

Elle ne répondit pas, se tourna vers lui, sérieuse, et scruta les traits de ce visage qui avait constamment peuplé ses jours et ses nuits. Edwin sourit timidement :

« Te voilà toute pensive! Ne me dis pas, au moins, que tu as changé d'avis et que tu ne m'aimes plus! »

Même sur le ton de la plaisanterie, cette phrase éveilla en lui une soudaine angoisse qui n'échappa pas à Emma.

« Non, Edwin, je n'ai pas changé et je t'aime. Mais... »

Elle hésita, avala sa salive avec peine. Les mots qu'elle devait lui dire restaient bloqués dans sa gorge. Elle ne trouvait pas le courage de les prononcer.

Edwin lui posa tendrement une main sur l'épaule :

« Qu'y a-t-il, Emma ? Pourquoi hésites-tu ainsi ? Tu ne peux pas venir dimanche ? Eh bien, dis-moi pourquoi, je comprendrai.

— Ce n'est pas cela, Edwin. Il faut que je te dise... Je vais avoir un enfant. »

Elle avait lâché sa bombe d'une seul coup, incapable d'imaginer les précautions qu'il aurait fallu prendre pour lui annoncer une nouvelle qui la bouleversait, incapable de porter plus longtemps le poids écrasant de ce fardeau. Elle avait parlé sans le quitter des yeux, en serrant convulsivement ses mains pour les empêcher de trembler.

Il y eut un silence qui parut tomber entre eux comme un rideau de fer et le cœur d'Emma s'arrêta de battre. Elle eut conscience du raidissement d'Edwin, de son recul imperceptible. L'incrédulité qui se peignit sur son visage fut bientôt suivie d'une expression d'horreur.

Comme assommé, il s'affaissa enfin contre le dossier du banc et la dévisagea. Il était devenu livide. Un tic lui tirait un coin de la bouche, un tremblement lui agitait les mains. Il remua un instant les lèvres sans pouvoir proférer un son.

« Grand dieu ! murmura-t-il enfin. En es-tu sûre ? »

Décontenancé par cette réaction, Emma se mordit les lèvres en l'observant avec attention, pour tenter de deviner ce que son attitude impliquait.

« Oui, Edwin, j'en suis sûre », dit-elle à voix basse.

Elle l'entendit alors lâcher une bordée de jurons, ce qui était si peu conforme à son caractère qu'elle en resta interloquée.

Edwin sentait une chape de plomb lui tomber sur les épaules et l'étouffer. Incapable de raisonner de manière cohérente, il ne pouvait penser qu'à une chose.

« Mon père va me tuer, balbutia-t-il.
— Si le tien ne le fait pas, le mien s'en chargera », répondit Emma d'une voix sourde.

Elle hésitait encore à comprendre ce qui se passait en lui, et surtout elle était parfaitement inconsciente de la violence du coup qu'elle lui avait porté.

« Et... et... qu'est-ce que tu comptes faire ? dit-il enfin.
— Tu veux dire, qu'est-ce que *nous* comptons faire, Edwin ? »

Emma se dominait encore assez pour avoir atténué la menace sous-entendue dans sa réponse. Mais elle sentait monter en elle une terreur panique qui lui tordait le cœur. Au cours des semaines précédentes, elle avait longuement pensé à cette scène, sans toutefois avoir prévu la réaction d'Edwin. Elle s'attendait à ce qu'il soit choqué, bouleversé comme elle l'était elle-même, furieux peut-être. Mais elle ne s'attendait absolument pas à ce qu'il rejette d'instinct ses responsabilités et cherche à lui faire porter seule les conséquences de leur acte. Elle avait peur.

« Oui, bien sûr, je voulais dire *nous*, se hâta de répondre Edwin en bafouillant. Mais... es-tu absolument sûre, Emma ? N'est-ce pas simplement un... retard ?
— Non, Edwin. Malheureusement, je suis sûre de ce que je t'ai dit. »

Le silence retomba. Edwin sentait son esprit s'enfoncer dans des sables mouvants où sa raison s'enlisait. Totalement aveuglé par la beauté d'Emma et les élans de passion qu'il éprouvait pour elle, il se rendait compte un peu tard de la stupidité dont il avait fait preuve en ne pensant même pas à s'inquiéter des conséquences naturelles et prévisibles de leurs rapports.

« Edwin, je t'en prie, parle-moi ! Ne reste pas comme cela, dis quelque chose ! Aide-moi, je t'en supplie ! Depuis ton départ, je suis folle d'inquiétude, je ne pouvais rien dire à personne... J'ai été seule à porter le poids de cette nouvelle et j'attendais avec tant d'impatience ton retour... »

Edwin avait à peine entendu ce pathétique plaidoyer. Il se torturait les méninges sans parvenir à entrevoir de solution et se sentait enfermé dans un effrayant dilemme auquel il ne voyait pas d'issue.

À la fin, une vague lueur se fit jour dans son esprit. Il se gratta la gorge, gêné, et parla en trébuchant sur les mots :

« Ecoute, Emma... J'ai entendu dire qu'il y a des docteurs qui... s'occupent de ce genre de choses. Au début, il paraît que ce n'est pas grave... Il doit y en avoir un à Leeds ou à Bradford... Cela coûte cher mais je me débrouillerai... Il faut en chercher un. »

Emma resta sidérée de ce qu'elle venait d'entendre. Les mots d'Edwin furent pour elle autant de poignards plongés dans sa chair. Elle le contempla muette d'horreur, accablée de le découvrir aussi égoïste, aussi vil. A la fin, la colère la fit revivre.

« Ai-je bien entendu, Edwin ? explosa-t-elle. Tu veux que j'aille me livrer à un charlatan, à un de ces bouchers qui risque de me tuer ? C'est cela que tu me proposes, Edwin ? »

Sous le sombre éclat des yeux verts, Edwin eut un mouvement de recul et fit un geste des deux mains :

« Je ne sais pas quoi te proposer d'autre, Emma ! dit-il plaintivement. Ce qui nous arrive est une catastrophe. Une catastrophe ! Tu ne peux pas garder cet enfant ! »

Il s'interrompit, encore plus troublé, encore moins conscient de ce qui lui arrivait. Bien sûr, eut-il la force de penser, l'honneur exigerait que je l'épouse. Nous pourrions nous enfuir, aller à Gretna Green, en Ecosse, où l'on peut se marier sans formalités, paraît-il. Il ouvrit la bouche pour le dire, se ravisa. Epouser Emma... Edwin frissonna en pensant à la fureur de son père. Adam Fairley ne le tuerait pas, bien entendu. Mais il ferait bien pire : il le déshériterait. Edwin se retrouverait seul au monde, sans rien. Il ne serait plus question de Cambridge, d'études de droit. Plus question d'avenir. A son âge, que ferait-il d'une femme, comment la ferait-il vivre ?

Ses yeux se posèrent sur Emma qu'ils détaillèrent sans qu'Edwin en eût pleinement conscience. Emma était belle, on ne pouvait en douter. Ce matin, surtout, avec ses cheveux châtains aux reflets roux qui brillaient dans le soleil comme une couronne d'or. L'ovale de son visage, sa peau fine plus pâle que d'habitude et qui prenait des reflets de porcelaine. Ses yeux, surtout, ses admirables yeux d'émeraude... Il ne faudrait pas grand-chose pour la transformer. Des robes, quelques leçons d'élocution et de maintien... Elle avait déjà une distinction naturelle telle qu'il serait sans doute facile d'inventer une famille, une histoire plausible...

Mais avec quel argent vivre, payer les robes ? Car son père ne serait pas seulement furieux, il en deviendrait fou de rage ! Voir son fils, son Edwin, se mésallier à ce point, épouser... une femme de chambre ! Non, cela ne pourrait jamais aller. On ne comble pas de tels fossés. Quoi qu'il fasse, quoi qu'il arrive, ce serait la ruine pour lui. Et pour elle. Deux vies brisées.

Edwin avala sa salive avec peine et resta silencieux. Les mots qu'il était prêt à dire quelques instants auparavant restèrent dans sa gorge. Il venait ainsi de commettre une erreur dont il ne mesurerait la portée que bien des années plus tard.

Emma avait suivi sur le visage d'Edwin toutes les étapes de son débat intérieur et n'eut pas de peine à y voir la conclusion, son rejet définitif. A son propre étonnement, elle n'en fut pas surprise. C'était la règle du jeu. Avait-elle été assez sotte, assez aveugle pour espérer qu'il en serait autrement et ne pas mieux s'y préparer ! D'un violent effort elle fit taire les sentiments de désespoir, de dégoût et de haine qui l'agitaient, et se redressa avec défi.

« Non, Edwin, dit-elle avec calme, je n'irai pas voir un charlatan. A ton silence, je me rends compte que tu n'es pas davantage prêt à m'épouser... »

Elle s'interrompit pour faire entendre un bref éclat de rire amer et cinglant.

« Ce ne serait d'ailleurs pas convenable, n'est-ce pas,

Monsieur Edwin ? reprit-elle. Les maîtres et les domestiques peuvent bien coucher ensemble, mais de là à se marier, il y a un monde ! »

Edwin fit une grimace et devint cramoisi, tant elle avait su lire ses pensées et lui avait craché son mépris au visage.

« La question n'est pas là, Emma ! protesta-t-il. Ce n'est pas parce que je ne t'aime pas. Mais nous sommes trop jeunes, toi et moi, pour nous marier. Je dois aller à Cambridge à la rentrée. Et mon père...

— Oui, je sais, il te tuerait, tu l'as déjà dit », coupa Emma sèchement.

Elle lui assena un regard où se lisait une condamnation si définitive, un mépris si profond qu'Edwin pâlit et recula. Jamais il ne pourrait oublier la haine qu'il avait lue, ce matin-là, dans les yeux verts d'Emma Harte.

« Emma, je... je suis profondément... sincèrement... »

Elle l'interrompit d'un geste impérieux.

« Il faut que je quitte Fairley, dit-elle. Le château et le village. Je préfère ne pas pousser mon père à faire quelque chose qu'il regretterait, s'il était au courant. D'ailleurs, il ne survivrait pas à la honte et je lui dois au moins de la lui épargner. »

Edwin détourna les yeux et fixa le sable de l'allée, rougissant de plus belle.

« Quand... quand comptes-tu partir ? »

Ainsi, pensa-t-elle, il ne peut même pas attendre de me voir filer !

« Le plus tôt possible. »

Les coudes sur les genoux, Edwin cacha son visage dans ses mains. Emma partirait. C'était peut-être cela la solution idéale, après tout... Légèrement soulagé, il leva timidement les yeux vers elle pour les détourner aussitôt.

« As-tu de l'argent ? » demanda-t-il.

Emma ne répondit pas tant elle se sentait envahie par la nausée. La trahison d'Edwin, sa veulerie, les sentiments de colère, d'humiliation, de haine qui l'agitaient lui serreraient la poitrine dans un étau. Le parfum douceâtre des roses lui soulevait le cœur. Elle voulait fuir cette odeur, fuir ce garçon qui la torturait, ce jardin qui avait été son calvaire.

Elle parvint à se dominer assez pour répondre :

« Oui, j'en ai mis un peu de côté.

— Je ne possède en tout et pour tout que cinq livres reprit Edwin. Bien entendu, je te les donnerai, si cela peut te rendre service. »

Son premier mouvement fut de refuser avec indignation. Sans même se rendre compte, cependant, elle accepta :

« Merci, Edwin. Au fait, j'aurais aussi besoin d'une valise, ajouta-t-elle amèrement.

— Naturellement. J'en porterai une dans ta chambre cet après-midi et je mettrai les cinq livres dedans.

— Merci, tu es trop aimable. »

L'amertume de son ton le fit grimacer :

« Je t'en prie, Emma, essaie de comprendre...

— Oh ! mais je comprends parfaitement, Edwin ! Crois-moi, j'ai très bien compris ! »

Sous l'effet cinglant des paroles d'Emma, Edwin rougit et se leva d'un bond. Alors, gêné, mal à l'aise, il resta debout devant elle en se dandinant gauchement d'un pied sur l'autre. Il n'osait pas s'en aller, alors qu'il en mourait manifestement d'envie, qu'il avait hâte d'échapper enfin à cette pénible scène, à cette jeune fille qui le jugeait et le condamnait...

Emma le toisait avec une lucidité impitoyable. Oui, il était beau, Edwin Fairley. L'image du parfait *gentleman*. Mais qu'y avait-il derrière cette élégante façade ? rien. Une poule mouillée, une lavette. Un gamin veule et apeuré dans un corps d'homme. Rien d'autre. Il ne valait même pas la poussière qu'elle foulait du pied...

Elle se leva à son tour et prit son panier de roses. Elle s'était ressaisie et se tourna vers Edwin, digne et calme :

« Je ne pourrai malheureusement pas te rendre ta valise, Edwin, car je ne te reverrai plus. Plus jamais, Edwin, aussi longtemps que je vivrai. Adieu. »

Elle s'éloigna lentement, droite, la démarche pleine d'une dignité qui masquait la sensation de dévastation qu'elle éprouvait. Autour d'elle, le jardin était plongé dans le silence. Tout lui semblait voilé d'irréalité. A chaque pas, l'air semblait s'assombrir, ses yeux se couvrir d'une taie. Un froid glacial l'envahit. Son cœur s'arrêtait par moments pour s'affoler ensuite et battre comme un oiseau qui cherche à s'échapper de sa cage.

Emma marchait toujours, posant machinalement un pied devant l'autre, les soulevant avec une peine infinie comme s'ils collaient à la terre. S'attendait-elle vraiment à ce qu'Edwin l'épouse ? Sans doute pas... Mais elle avait été stupéfaite de le voir réagir avec une insensibilité aussi révoltante, une telle indifférence pour sa situation à elle, une telle pusillanimité. Il n'avait même pas dit un mot, exprimé le moindre sentiment pour l'enfant qui allait naître, son enfant ! Un homme, cela ? Allons donc ! C'était à la fois pitoyable et ridicule. Lui, Edwin Fairley, n'avait à son âge et dans sa position sociale que cinq livres pour toute fortune ! Elle, la petite villageoise devenue domestique, elle en avait davantage. Quinze, pour être exact. Sans compter sa volonté de fer, son ambition. Et sa détermination à réussir.

Figé au même endroit, Edwin suivait des yeux la silhouette d'Emma qui s'éloignait dans l'allée. De plus en plus mal à l'aise, de plus en plus troublé, il fit un pas pour la rejoindre, s'arrêta, la héla :

« Emma ! Emma ! Attends, je t'en prie ! »

Son cœur battit en la voyant s'arrêter. Allait-elle répondre, se retourner ? Non. Elle n'avait brièvement stoppé que parce que sa jupe était accrochée dans des épines. Quand elle se fut dégagée, elle gravit les marches de la terrasse et quitta la roseraie sans avoir une fois regardé en arrière.

Edwin était toujours à la même place, pétrifié. Soudain, au moment où il vit Emma disparaître derrière une haie, une sensation étrange provoqua en lui une violente terreur, comme si par une ouverture impossible à refermer une force inconnue aspirait toute sa substance vitale pour ne laisser subsister aucun sentiment, aucune émotion. Il se sentit littéralement vidé, son corps une enveloppe sans vie, sur du néant. Cette sensation éprouvée à dix-sept ans, Edwin Fairley n'allait plus jamais la perdre. Elle l'accompagnerait toute sa vie et jusque dans la tombe.

Emma entra dans la serre et la traversa jusqu'à la petite pièce par où elle communiquait avec la maison. Elle posa son panier sur la table, poussa le verrou de la porte et se précipita vers l'évier. Alors, elle ne résista plus et vomit jusqu'à ce qu'elle pensât en mourir. Quand enfin son malaise prit fin, elle resta un instant immobile, pliée en deux, trop faible pour réagir. Peu à peu, elle se ressaisit, actionna le bras de la pompe et s'aspergea le visage d'eau froide en respirant profondément.

Ensuite, comme une automate, elle s'occupa de ses roses. A gestes précis, elle égalisa les tiges, coupa des feuilles, disposa les fleurs dans les vases de cristal. Le parfum des roses l'incommodait à tel point qu'elle pouvait à peine le supporter. Par la suite, elle conserverait une haine tenace pour ces fleurs qu'elle avait tant aimées. Pour le moment, elle devait bon gré mal gré s'en accommoder, car elle avait un travail à faire.

Edwin ne lui avait pas demandé où elle allait : il ne s'était intéressé qu'au moment de son départ ! Et cela, au moins, elle l'avait déjà décidé. Elle quitterait Fairley le lendemain matin, pendant que son père et son frère Frank seraient à l'usine, comme ils y allaient parfois le samedi pour faire des heures supplémentaires et arrondir leur salaire. Elle partirait tout de suite après eux et laisserait un mot sur la table, comme Winston l'avait fait avant elle. Elle ne savait pas encore ce qu'elle dirait. Il serait toujours temps d'y penser plus tard... Où irait-elle ? Elle n'en savait rien non plus.

Avait-elle été bête, dans toute cette affaire ! Non qu'elle ait des regrets ou des remords pour ses escapades à la caverne avec Edwin. Ce qui était fait était fait et les regrets étaient une perte de temps. Si elle était coupable, c'était de s'être laissé distraire par Edwin de son Plan — avec un grand P — tout comme elle l'avait fait après le départ de Winston, quand le découragement de son père l'avait forcée à s'occuper de la maisonnée. Jamais elle n'aurait dû perdre de vue ses objectifs et retarder son départ de Fairley.

L'écho d'une voix tinta faiblement à ses oreilles, une voix du passé. Elle disait des mots qui avaient été prononcés plus d'un an auparavant, le soir de ce grand dîner juste avant la mort de sa mère. Des mots qu'Emma avait cru oublier mais qui lui revenaient maintenant en mémoire avec une parfaite clarté. C'était Adèle Fairley qui les lui avait dits : « Il faut partir, Emma ! Il faut quitter cette maison avant qu'il soit trop tard ! » Pauvre Adèle Fairley... Elle n'était pas aussi folle qu'on voulait le faire croire. Elle avait compris, elle. Elle savait quelque chose. Elle sentait que ces murs n'abritaient que le malheur.

Emma fut secouée d'un violent frisson et s'accrocha à la table en fermant les yeux. Quand elle les rouvrit, ils brillaient d'un éclat qu'ils n'avaient encore jamais eu, un éclat dangereux, fait d'amertume, de haine et de calcul et d'où toute tendresse avait été balayée. C'est alors qu'elle prononça un serment qu'elle se jura de respecter tant qu'il lui resterait un souffle de vie et d'énergie. Plus jamais elle ne se laisserait dévier de son chemin. Plus jamais elle ne permettrait à un événement, à un être ni à elle-même d'affaiblir ou d'altérer sa détermination. A compter de ce jour, elle allait consacrer exclusivement sa vie à un seul but : l'argent. Beaucoup d'argent. Des monceaux. Car l'argent donne la force et confère la puissance contre laquelle le monde ne peut rien. Avec de l'argent, elle deviendrait invulnérable. Alors, elle se vengerait. Car la vengeance est le plus délectable des mets.

Elle termina la composition de ses bouquets et emporta le premier vase au salon. Aujourd'hui, elle ferait son travail sans manifester émotion ni crainte.

Elle ferait tout pour éviter Edwin et, si possible, ne pas même le regarder. Car elle s'était juré, en quittant la roseraie, de ne jamais plus jeter les yeux sur lui. Le mépris qu'elle éprouvait encore à ce moment-là s'était transformé en haine, une haine si violente et si exclusive que son âme en était pleine.

21

Le lendemain matin, Edwin Fairley errait dans la cour de la filature. Sombre, le visage défait, il jetait de temps en temps un coup d'œil en direction du village en se demandant si Emma y était encore.

Elle avait en tout cas déjà quitté le château. Au milieu de la nuit, incapable de trouver le sommeil tant il était rongé par le sentiment de sa lâcheté et de sa culpabilité, Edwin s'était glissé silencieusement jusqu'à la mansarde d'Emma. La valise qu'il y avait déposée dans l'après-midi n'y était plus et la chambre était vide. Il n'y vit même plus les quelques pauvres objets personnels qu'Emma gardait au château, un vase contenant quelques brins de bruyère séchée posé sur l'appui de la fenêtre, ou cette horrible petite broche en verre teinté qu'Edwin avait remarquée sur elle à plusieurs reprises et à laquelle elle semblait tenir.

Tout en arpentant la cour de l'usine, Edwin était en proie à un violent conflit intérieur. Il était écrasé de honte : sa conduite envers Emma avait été inqualifiable. Si seulement elle lui avait laissé le temps de se retourner, de récupérer après le choc de cette nouvelle... Peut-être aurait-il alors été en état de penser clairement, de trouver une solution ?

Laquelle ? fit une voix moqueuse à son oreille. Allons, Edwin, sois honnête avec toi-même : tu sais très bien que tu n'aurais pas épousé Emma. Tu crains bien trop le scandale, tu redoutes par trop le poids des responsabilités... D'un geste rageur, Edwin fit taire sa conscience. A quoi bon se tourmenter ainsi ? Pourquoi tourner cent fois, mille fois les mêmes pensées dans sa tête ? A quoi cela l'avançait-il ?

Emma était partie et nul n'y pouvait plus rien. Compte tenu des circonstances, c'était sans doute la solution idéale, à tous points de vue. Si Emma était restée, elle aurait pu l'entraîner involontairement dans une situation impossible, provoquer le scandale tant redouté... Un nouveau sursaut de franchise brisa le cours de ce raisonnement spécieux. Il connaissait assez Emma pour savoir que jamais elle ne se serait abaissée à proclamer que c'était lui, Edwin, le père de son enfant. Elle était trop fière pour admettre ses erreurs et c'était elle qui, indirectement, l'aurait protégé du scandale et des conséquences de son acte. La vérité était amère, mais Edwin ne pouvait se mentir à lui-même.

Et elle, qui la protégerait ? Qu'allait-elle devenir, seule au monde avec cet enfant ? Vers qui se tournerait-elle pour demander de l'aide ? Où allait-elle ? Hier, Edwin était tellement obnubilé par son égoïsme qu'il n'avait pas même pensé à s'en inquiéter ! C'était ignoble...

Edwin n'était venu à l'usine ce matin que pour avoir un prétexte à traverser le village et tenter d'apercevoir Emma ou obtenir de ses nouvelles. Ses timides efforts avaient été vains et il ne servait plus à rien de rester ici, où sa présence et son comportement ne feraient qu'exciter la curiosité. Avec un soupir, il se dirigea vers la grille où sa jument était attachée. Un bon galop à travers la lande lui ferait du bien, lui éclaircirait la tête. Peut-être réfléchirait-il mieux et trouverait-il enfin la solution qui s'obstinait à le fuir ? Le jour était certes mal choisi pour une promenade. Contrairement au temps radieux de la veille, il faisait orageux, le ciel était chargé de gros nuages gris et le vent se levait déjà en rafales. Mais mieux valait le grand air, au risque de se faire tremper, que rester enfermé dans sa chambre à tourner comme un ours en cage et ressasser les mêmes idées déprimantes. Edwin avait perdu Emma par sa faute. Il lui restait à aller au bout d'un processus pénible et humiliant : admettre qu'il en éprouvait en fin de compte plus de soulagement que de peine.

Le regard perdu dans le vague, Edwin caressait distraitement l'encolure de sa jument sans remarquer de petits filets de fumée qui se glissaient sous la porte d'un grand entrepôt non loin de là. Quand l'animal hennit et se cabra, Edwin comprit qu'il se passait quelque chose d'inquiétant et regarda autour de lui. Il vit alors la fumée, qui roulait de plus en plus épaisse, flatta sa jument pour tenter de la calmer et s'élança vers l'entrepôt.

Il traversait la cour en courant quand John Harte déboucha à l'angle de l'atelier de tissage, chargé d'une pile de sacs vides. D'où il était, son regard donnait directement sur l'une des fenêtres de l'entrepôt. Stupéfait, il s'arrêta net en voyant une lueur rougeoyante à l'intérieur. Au même moment, tournant la tête en direction d'un bruit, il reconnut Edwin Fairley qui tentait de déverrouiller la porte et vit en un éclair le danger de cette intervention irréfléchie. Il s'élança vers le jeune homme en criant :

« Non ! N'ouvrez pas ! Attention à l'appel d'air ! »

Edwin n'entendit pas l'avertissement et crut, au contraire, que l'homme qui se précipitait vers lui venait à la rescousse. Il redoubla donc d'efforts, parvint à ouvrir la porte et pénétra dans le bâtiment avant que le Grand Jack l'ait rejoint. Celui-ci lâcha son chargement et se rua à la suite d'Edwin pour l'arracher au danger.

A l'autre bout du vaste magasin, des caisses de bois servant au transport des bobines vides ou des écheveaux de laine brute avaient pris feu. Les braises étaient retombées sur les balles de laine empilées non loin de là et qui, déjà, flambaient furieusement. Au moment où les deux hommes y entrèrent, l'entrepôt en bois et son contenu s'embrasèrent comme une boîte d'allumettes. La charpente crépitait, les braises et les escarbilles volaient dans toutes les directions, des torrents de fumée noire s'échappaient des balles de laine brute gorgée de suint où les flammes trouvaient un aliment de choix. Dans quelques minutes à peine, l'on pouvait s'attendre à une terrifiante conflagration car l'air qui s'engouffrait par la porte ouverte attisait les flammes. Déjà, la chaleur était intenable et la fumée irrespirable.

Edwin avait fait quelques pas et s'était arrêté à la lisière de la fournaise. Par-dessus le rugissement du brasier, il entendit une voix forte et se retourna :

« Sortez, Monsieur Edwin ! hurla le Grand Jack. Sortez d'ici, tout de suite !

— Mais il faut faire quelque chose ! »

John Harte le saisit par le bras et le tira en arrière.

« Je le sais bien, mon garçon, mais vous n'avez rien à faire ici ! Il faut refermer cette porte de malheur pour que le feu ne se propage pas et aller tout de suite chercher la pompe à incendie. Sinon, toute l'usine risque d'y passer ! »

La fumée qui s'épaississait leur cachait déjà la porte. Edwin suivit John à tâtons, sans voir un anneau scellé dans une trappe. Il s'y prit le pied et tomba de tout son long. Etourdi par sa chute, il fit des efforts désespérés pour se dégager en criant des appels au secours. Le Grand Jack revint rapidement sur ses pas et s'agenouilla auprès d'Edwin pour tirer sur le pied.

« Vous ne pouvez pas sortir votre jambe de cette botte ? cria-t-il.

— Pas dans la position où je suis ! répondit Edwin en se débattant sans succès.

— L'anneau est mal scellé, je vais essayer de l'arracher de la trappe ! »

Toussant et suffoquant dans la fumée âcre, le Grand Jack banda ses muscles puissants et tira de toutes ses forces sur le métal rouillé. Le bois commença à céder, l'anneau se déforma. Il ne fallait plus qu'un dernier effort pour libérer Edwin et échapper à l'enfer...

A ce moment précis, un craquement menaçant fit lever les yeux à John Harte. La large galerie de bois qui ceinturait le bâtiment à mi-hauteur, et sous laquelle se trouvaient les deux hommes, était prête à s'effondrer sur eux. Le plancher de madriers au-dessus de leur tête était comme un fleuve de feu. Déséquilibrées, les piles de balles de laine s'écroulaient et les balles enflammées tombaient au hasard, comme des météores. La galerie vacillait sur ses piliers en feu. Une section entière du plancher, juste au-dessus d'Edwin, craqua soudain et le Grand Jack poussa un cri d'horreur. Sans réfléchir, sans penser à sa propre sécurité, il se jeta sur le jeune homme pour lui faire un rempart de son corps. A peine était-il couché qu'une balle enflammée tomba sur son dos.

Le hurlement de douleur qu'il allait pousser fut coupé net par le choc de la lourde balle qui arracha tout l'air de ses poumons. Une fraction de seconde plus tard, ses vêtements prirent feu. A demi inconscient, il fit un effort prodigieux pour repousser le fardeau mortel qui le clouait à terre. Il y parvint au prix de toute son énergie et se redressa, asphyxié par la fumée, torturé par l'atroce douleur des flammes courant sur sa peau. Méprisant la souffrance, il saisit l'anneau de ses deux mains puissantes et tira. Ses tentatives précédentes n'avaient pas été vaines car la trappe céda du premier coup. Edwin fut d'un bond sur ses pieds, livide et tremblant moins de frayeur que d'angoisse pour le sort de celui qui venait héroïquement de lui sauver la vie.

Suffoqués par la fumée, les deux hommes sortirent de l'entrepôt à l'instant même où tout le milieu de la toiture s'effondrait. John Harte fit deux ou trois pas en titubant avant de se jeter à terre et de se rouler désespérément pour éteindre le feu sur ses vêtements. Toussant, à demi aveuglé, Edwin arracha sa veste et essaya de l'en envelopper pour étouffer les flammes.

Adam Fairley arrivait en courant, suivi du directeur et d'une douzaine d'ouvriers à qui il lançait des ordres. Il fut stupéfait de voir John Harte se tordant par terre et Edwin penché sur lui. En deux enjambées, Adam les rejoignit en enlevant sa redingote.

« Vite ! cria-t-il. Des seaux d'eau ! »

Avec sang-froid, il réussit à envelopper John Harte de sa redingote et se servit de la veste d'Edwin pour lui entourer les jambes. A l'aide de sacs vides que Wilson lui avait jetés en hâte, il termina l'étouffement des flammes au moment où l'on apportait les seaux d'eau. Enveloppé des sacs noircis, John Harte gisait à terre, apparemment inconscient.

Agenouillé près de lui, Adam tâta son pouls avec précaution. Il était faible mais battait encore et, sentant le contact de la main sur sa peau brûlée, le Grand Jack ouvrit les yeux, fit une grimace de douleur. Un faible cri s'échappa de ses lèvres tuméfiées et il retomba, inerte.

Adam se releva, hochant la tête anxieusement :

« Transportez-le dans mon bureau ! dit-il à deux employés qui attendaient ses ordres. Allez-y doucement, surtout ! Et toi, ajouta-t-il en se tournant vers Edwin, es-tu blessé ?

— Non, répondit-il entre deux quintes de toux. Mes vêtements et mes cheveux sont un peu roussis et je suis à moitié étouffé par la fumée, mais rien de grave.

— Alors, saute immédiatement à cheval et va chercher le docteur Malcolm. Dis-lui de venir sans perdre une minute pour soigner John Harte.

— John Harte ? »

Edwin dévisagea son père bouche bée, paralysé par la stupeur. L'homme à qui il devait la vie était donc le père d'Emma ?

« Par tous les diables, Edwin, ne reste donc pas planté là comme un imbécile ! lui cria son père. Va chercher le docteur ! Cet homme est en danger de mort !

— J'y vais, père... »

Mais Edwin ne bougeait toujours pas, ses yeux allaient de son père au corps inanimé du Grand Jack.

« Il... Il m'a sauvé la vie, reprit-il à voix basse. Il s'est jeté sur moi pour me protéger de la chute d'une balle enflammée. C'est pour cela qu'il est brûlé...

— Je comprends, mais ce n'est pas le moment de perdre son temps en paroles, nom d'une pipe ! s'écria

Adam Fairley exaspéré. Fais ce que je te dis et va chercher Malcolm ! Chaque minute compte si nous voulons le sauver ! »

Edwin sursauta, rappelé à la réalité par la colère de son père. Un instant plus tard, il sautait en selle et partait à bride abattue. Il ne pouvait plus penser qu'à une seule chose : il devait la vie au père d'Emma. Au père d'Emma...

Tandis que quatre hommes emmenaient le Grand Jack en le portant avec d'infinies précautions, Adam Fairley reporta son attention sur l'entrepôt en flammes. Une équipe de dix hommes arrivait sur les lieux en tirant la pompe à vapeur dont l'usine s'était équipée depuis plusieurs années mais qui n'avait encore jamais eu à servir. En quelques instants, les tuyaux furent branchés pendant que le chauffeur activait le foyer. Sous la direction de Wilson et des contremaîtres, on fit la chaîne entre l'usine et le fleuve pour remplir le réservoir de la pompe. Les seaux inutilisés étaient jetés à la volée sur le foyer de l'incendie. Au cœur de l'action, donnant des ordres pertinents tout en travaillant de ses mains avec ses ouvriers, Adam Fairley se dépensait sans compter.

L'incendie faisait toujours rage quand, avec la soudaineté propre au climat de la région, le vent tourna. Mais on avait à peine eu le temps de pousser un soupir de soulagement qu'un nouveau sujet d'inquiétude surgit : en tombant, un morceau de la toiture avait enflammé des broussailles. Maintenant que le vent avait tourné, les flammes risquaient de se propager à un petit bois qui s'étendait jusqu'aux premières maisons du village.

« Wilson ! cria Adam Fairley. Il me faut immédiatement une équipe de huit hommes. Le vent souffle dans la direction du bois, il faut prendre nos précautions.

— Mais l'usine, monsieur...

— Faites ce que je vous dis, bon sang ! L'usine, on pourra toujours la reconstruire. Mais il y a des femmes et des enfants au village ! Avez-vous perdu toute notion des priorités ? »

Les volontaires reçurent des instructions précises pour dégager un coupe-feu à l'orée du bois et des renforts furent envoyés pour faire la chaîne et mouiller la végétation la plus exposée. Pendant ce temps, l'incendie de l'entrepôt cédait sous le puissant jet de la pompe et le changement de direction du vent. Épuisé, Adam Fairley s'interrompit un instant pour essuyer son visage noirci de suie et de fumée. Le roulement d'une voiture attira son attention et il vit arriver le docteur Clive Malcolm accompagné de sa femme Violette, infirmière expérimentée. Edwin suivait à cheval à peu de distance.

Le médecin sauta vivement de son cabriolet en jetant les rênes à sa femme. Adam le rejoignit et l'entraîna vers les bureaux.

« Harte est sévèrement touché. Faites l'impossible, docteur.
— Y a-t-il d'autres victimes ?
— Quelques hommes souffrent de légères brûlures, l'un d'eux a été contusionné par un madrier. Rien de très sérieux. Occupez-vous de John Harte de toute urgence. Edwin ! ajouta-t-il en hélant le jeune homme qui mettait pied à terre. Va avec le docteur et Mme Malcolm ! Fais ce qu'ils te demanderont et rends-toi utile ! »

Il les vit tous trois disparaître en hâte à l'intérieur des bureaux et se retourna pour suivre les progrès de la lutte contre le sinistre. L'entrepôt finissait de brûler. Les broussailles enflammées projetaient des flammèches vers le petit bois mais pour la plupart elles tombaient dans l'espace qu'il avait fait dégager pour servir de coupe-feu. Les volontaires les noyaient immédiatement sous des flots d'eau. Si le vent tombait, le village serait sauvé.

La fumée qui lui avait rempli les poumons fit tousser Adam Fairley qui se sentit soudain très las. Immobile au milieu de la cour, il laissa passer l'accès de toux et respira profondément. Wilson, le directeur, vint le rejoindre :

« Je crois que nous avons maîtrisé le plus gros du sinistre, monsieur. L'usine est sauvée et, grâce à vous, le village aussi. Le vent faiblit... »

Ils levèrent tous deux les yeux vers le ciel noir et menaçant. Quand donc allait-il enfin se décider à pleuvoir ? Comme pour répondre à leur fervente prière muette, une goutte d'eau tomba et Wilson poussa un cri de joie :

« La pluie ! »

À peine avait-il prononcé ces mots qu'un véritable déluge s'abattit. Pour la première fois de sa vie, Adam Fairley se prit à bénir le climat capricieux de la lande. Autour d'eux, les ouvriers avaient lâché leurs seaux et leurs haches et formaient des groupes d'où montaient des exclamations joyeuses. Eddie, l'un des contremaîtres, fit un entrechat et lança sa casquette en l'air :

« On est toujours à se plaindre de ce foutu temps de malheur, s'écria-t-il gaiement. Pour une fois, not' *Squire,* on peut dire que c'est une bénédiction du ciel !

— On ne peut pas mieux dire, mon brave Eddie ! » répondit Adam en souriant.

L'homme remit sa casquette et s'approcha timidement :

« Dites, monsieur, ça ne vous ferait rien que j'aille au bureau tenir compagnie à mon ami John Harte ? Je pourrais peut-être rendre service...

— Bien sûr, Eddie, allez-y. Je vous rejoins dans un instant. »

La pluie redoublait de violence et noyait les dernières braises. Adam organisa avec Wilson les travaux de nettoyage des décombres et, déjà, des hommes armés de grappins abattaient les pans de murs calcinés et dégageaient les abords de l'entrepôt.

« Nous avons eu de la chance, monsieur, dit le directeur en contemplant les restes noircis du bâtiment.

— En effet, répondit Adam en hochant la tête. Je voudrais d'ailleurs vous en parler à tête reposée. Je me demande encore comment cet incendie a pu se déclarer. »

Les deux hommes échangèrent un regard et se séparèrent sans rien ajouter. Avant de rentrer dans les bureaux, Adam Fairley appela les ouvriers qui firent cercle autour de lui et les remercia chaleureusement du courage qu'ils avaient déployé. Il promit des primes et des gratifications exceptionnelles à tous ceux qui s'étaient distingués et ses paroles furent accueillies par des sourires silencieux, des remerciements pleins de dignité ou des saluts. L'un des ouvriers s'avança d'un pas et toucha du doigt sa casquette, en un simulacre de salut militaire :

« C'est bien la moindre des choses, *Squire*. La filature nous appartient bien aussi un petit peu, pour ainsi dire. Et puis, si vous nous permettez, vous n'avez pas chômé vous non plus et je crois parler au nom de tous les camarades en vous proposant pour le grade de pompier d'honneur ! »

Ce discours fut salué d'éclats de rire pleins de bonne humeur, auxquels se joignirent ceux d'Adam Fairley. Il serra la main du porte-parole et se dirigea vers son bureau.

Le docteur Malcolm était toujours penché sur John Harte. Eddie, le contremaître, se tenait dans une embrasure avec Edwin et les deux hommes parlaient à voix basse.

« Comment est-il ? demanda Adam en passant la porte.

— Très mal, répondit le docteur, mais je pense qu'il s'en tirera. Il est sévèrement traumatisé et il a le dos et les jambes couverts de brûlures au troisième degré. Pour le moment, je fais de mon mieux pour alléger ses souffrances. Mais il faudra l'emmener d'urgence à l'hôpital. Je vous demanderai votre voiture, Adam, pour pouvoir le transporter à plat. Edwin pourrait aller au château dire d'atteler. Ici, je ne dispose pas de l'équipement nécessaire.

— Edwin ! appela son père. Tu as entendu le docteur ? File, mon garçon, ne perds pas une minute. Et les autres, docteur ? Comment vont-ils ?

— Je les ai installés dans le bureau voisin où Violette leur donne des soins. Rien de grave, quelques brûlures superficielles. Ils seront sur pied demain ou après-demain. »

Adam Fairley alla s'asseoir derrière son bureau et s'affala sur son fauteuil, terrassé par la fatigue, une expression soucieuse sur son visage.

« Vous n'avez pas vraiment répondu à ma question au sujet de Harte, docteur. Survivra-t-il à ses blessures ?

— Je crois, Adam, bien que je ne puisse pas vous répondre avec certitude. Je ne sais pas s'il a souffert de contusions internes à la suite du choc subi en recevant la balle de laine sur le dos. Il a également avalé beaucoup de fumée et la chaleur a pu lui endommager les poumons. Autant que j'aie pu m'en rendre compte, j'ai bien peur qu'il n'en perde un. A l'auscultation, j'ai entendu un râle très inquiétant...

— Grand Dieu ! s'exclama Adam. Est-il vraiment si mal en point, le malheureux ?

— Il a une forte constitution et je garde espoir qu'on réussisse à l'en tirer. Mais il en gardera des traces... Allons, Adam, cessez de vous tourmenter. Vous n'êtes pas responsable de ce qui est arrivé. Réjouissez-vous, au contraire, qu'il n'y ait pas eu davantage de victimes.

— Je sais, soupira Adam Fairley. Mais je ne peux pas m'empêcher de penser qu'Edwin aurait pu être à la place de ce pauvre John. Ce qu'il a fait est héroïque et je ne l'oublierai jamais. On ne trouve plus beaucoup d'hommes comme lui, dans le monde où nous vivons... »

Le docteur Malcolm posa sur Adam Fairley un regard pénétrant.

« C'est exact, Adam. Le Grand Jack n'a jamais été comme les autres, nous le savons tous deux... Je vous promets en tout cas que nous ferons l'impossible pour le sauver.

— Merci, Clive... Naturellement, tous les frais médicaux sont à ma charge pour tous les blessés. Pour John Harte, j'entends qu'il bénéficie des meilleurs soins possibles. Dites à l'hôpital de ne pas épargner la dépense et de l'installer dans une chambre particulière. Que l'on mette à sa disposition tout ce dont il aurait besoin... »

On entendit un coup timide frappé à la porte. A l'appel de Wilson, un jeune grouillot noir de fumée et de suie apparut sur le seuil.

« Que veux-tu, mon garçon ? » lui demanda le directeur.

Le garçonnet tourna les yeux vers la forme étendue de John Harte et parla en retenant ses larmes :

« C'est... c'est pour mon papa. Il n'est pas... »

Adam s'était levé d'un bond et fit entrer l'enfant en lui entourant les épaules d'un bras protecteur.

« C'est Frank, le fils de John », dit Eddie sans quitter son embrasure.

Frank était debout devant son père, son visage noirci tout barbouillé de larmes.

« Il n'est pas mort, au moins ? demanda-t-il en reniflant.

— Mais non, répondit Adam d'un ton rassurant. Il a été gravement blessé, c'est vrai. Mais le docteur Malcolm l'a déjà soigné et va le transporter à l'hôpital dans ma voiture. Là-bas, on le soignera très bien. »

Adam Fairley essuya avec son mouchoir le visage maculé du petit garçon et reprit avec douceur :

« Il faut être aussi brave que ton papa et ne plus pleurer, n'est-ce pas ? Tu verras, il sera bientôt guéri. »

Frank leva vers le *Squire* un regard anxieux :

« C'est bien vrai, monsieur ? Vous ne dites pas ça pour me rassurer ?

— C'est bien vrai, intervint le docteur Malcolm. Ton père sera très bien soigné à l'hôpital et il rentrera bientôt à la maison. »

Frank semblait à demi convaincu et regardait alternativement Adam Fairley et le docteur en ravalant ses larmes. Eddie s'approcha alors et lui posa la main sur l'épaule.

« Tu as entendu ce qu'ont dit le *Squire* et le docteur, Frank ? Tu peux les croire, le Grand Jack va être sur pied en moins de temps qu'il n'en faut pour le dire. Ce n'est pas une mauviette, ton papa, tu sais ! Allons, viens avec moi, fiston, je vais t'emmener chez ta tante Lily. »

Adam Fairley hocha la tête en signe d'approbation :

« Va avec Eddie, Frank. Le docteur viendra te voir tout à l'heure pour te donner des nouvelles. Tu n'as rien eu, toi au moins ? Tu n'as besoin de rien ?

— Non, monsieur. Merci, monsieur. »

Quand Eddie et Frank se furent éloignés, Adam Fairley s'étira en poussant un soupir de lassitude.

« En attendant la voiture, je vais aller à côté prendre des nouvelles des autres, dit-il en refermant la porte.

— Pas si vite, Adam ! Vous avez les mains en sang. Laissez-moi d'abord m'en occuper. »

Vers la fin de l'après-midi, un gobelet de whisky dans ses mains bandées, Adam Fairley faisait nerveusement les cent pas dans la bibliothèque de Fairley Hall. Assis sur le canapé devant la cheminée, Wilson l'observait avec un regard soucieux.

Il interrompit finalement son va-et-vient et alla s'asseoir dans un fauteuil, en face du directeur de la filature.

« Allons, Wilson, nous sommes entre nous maintenant. Dites-moi franchement ce que vous pensez. Comment le feu a-t-il pu prendre aussi subitement dans cet entrepôt où il n'y a pas une machine et où toutes les lampes étaient éteintes ? Quand j'ai interrogé Edwin, tout à l'heure, il m'a dit que, lorsqu'il était entré, les caisses brûlaient déjà et que les flammes s'étaient communiquées aux balles de laine. Il a eu tort d'ouvrir la porte et d'attiser les flammes, mais ce n'est pas lui qui a allumé le feu. Avez-vous une idée de ce mystère ? »

Wilson hésita longuement, les lèvres serrées, les yeux baissés. Quand il les releva enfin, il regarda Adam avec gravité :

« J'ai bien une idée sur la question, monsieur. Mais elle n'est pas particulièrement agréable à entendre. A mon avis, il s'agit bien d'un incendie criminel. La laine brute ne s'enflamme pas facilement. Mais le bois, oui. Malgré tout, cela n'aurait pas suffi à faire prendre les balles comme elles l'ont fait. J'ai soigneusement écouté ce que m'a décrit M. Edwin : il a vu des flammèches sauter d'une pile à l'autre comme des feux follets et les balles s'embraser d'un seul coup, ce qui est contraire à tout ce que nous savons. Pour moi, on a dû répandre du pétrole sur la laine... S'il n'y avait pas eu cette soudaine saute de vent, toute l'usine y passait, j'en suis presque convaincu. »

Accablé, Adam l'avait écouté sans l'interrompre.

« Mais pourquoi ? dit-il d'une voix sourde. Pourquoi ? »

Wilson hésita, but une gorgée de whisky :

« Une vengeance, monsieur. Des représailles, en quelque sorte.

— Des représailles ? s'écria Adam, stupéfait. Contre quoi, contre qui ? On peut me reprocher tout ce qu'on veut mais vous savez mieux que personne que j'ai tout fait, depuis quelques années, pour augmenter les salaires et améliorer les conditions de travail ! Mes ouvriers sont mieux traités à Fairley que dans toute l'Angleterre ! Vous plaisantez, Wilson ! Qui m'en voudrait au point d'allumer un incendie criminel comme celui de ce matin ? »

Depuis plusieurs heures, le directeur de la filature réfléchissait à la manière dont il lui faudrait faire passer sans trop de mal le message déplaisant qu'il devait communiquer à son patron. Il marqua encore une pause et choisit ses mots avec soin.

« Depuis près d'un an, monsieur, vous avez été souvent en voyage et vous n'êtes pas venu régulièrement à l'usine. Les hommes ont un peu perdu le contact avec vous et vos visites aux ateliers ont été brèves...

— Venez-en au fait, que diable ! coupa Adam sèchement. Dites ce que vous avez sur le cœur et ne tournez pas tant autour du pot.

— Eh bien, soit ! L'incendie a été allumé à cause de M. Gerald. »

Adam Fairley eut un haut-le-corps.

« Gerald ! Qu'est-ce que ce misérable a fait en mon absence ? Dites-moi tout, Wilson. S'il en est vraiment responsable, je l'écorcherai vif de mes propres mains ! »

Wilson se gratta nerveusement la gorge :

« Soyons justes, monsieur, M. Gerald travaille dur et je suis le premier à le reconnaître. Il est très attaché à l'usine, c'est vrai. On ne peut pas lui enlever ses qualités. Mais... Eh bien, disons qu'il ne sait pas s'y prendre avec les hommes. Pour la plupart, ceux qui vous connaissent bien et qui travaillent chez vous depuis longtemps, ils n'y font pas attention et le laissent parler. Mais il y a tout un groupe de jeunes... Des extrémistes, des fauteurs de troubles. A mon avis, ils sont poussés par le parti travailliste, vous savez, ce nouveau parti qui excite les esprits... Bref, monsieur, ces gens-là, eh bien... M. Gerald les prend à rebrousse-poil, si vous voulez mon avis...

— C'est justement ce que je m'évertue à vous demander, Wilson ! Donnez-le-moi, votre avis, et plus vite, je vous prie !

— Il n'a pas la manière qu'il faut pour commander les ouvriers, voilà. A tout bout de champ, il les agonit de sottises, se moque d'eux, les menace de sanctions. Quand ils lui demandent une concession, comme par exemple cinq minutes de prolongation de la pause de l'après-midi, il les renvoie sans même les recevoir...

— Allons, Wilson, ce n'est pas sérieux ! explosa Adam. Vous n'allez pas me faire croire qu'on a mis le feu à l'usine parce que Gerald refuse d'accorder cinq minutes de plus pour prendre le thé ou parce qu'il fait des plaisanteries de gamin mal élevé ! C'est grotesque !

— Non, bien sûr, monsieur, il n'y a pas que cela. Mais c'est un ensemble de détails de ce genre, de mesquineries, de brimades inutiles qui se sont accumulés ces derniers mois. Les jeunes, surtout, ne cachent pas qu'ils ne peuvent plus supporter la rudesse de M. Gerald, sa brutalité, le ton grossier avec lequel il leur parle. Et ils n'ont pas entièrement tort... »

Adam Fairley ne répondit pas. Il se tassa dans son fauteuil, poussa un profond soupir.

« Ainsi, Wilson, vous croyez que certains de ces ouvriers ont voulu se venger de Gerald en mettant le feu ? »

Il se pencha vers le directeur et le regarda pensivement :

« Cela ne tient quand même pas debout, Wilson. Où donc ont-ils la tête ? Si l'usine avait été détruite, ils se seraient tous retrouvés mis à pied pendant des semaines, des mois, à ne gagner que la demi-paie. Ils ne peuvent pas être stupides à ce point.

— Je sais, monsieur, c'est aussi ce que je me suis dit. Mais je crois qu'ils ont été dépassés par les événements. Les plus excités ont simplement voulu nous donner un avertissement, faire brûler quelques balles de laine, ralentir la production un ou deux jours pour que nous les prenions au sérieux. Le feu a pris une ampleur qu'ils n'avaient pas prévue.

— Qui sont les coupables ? »

Wilson fit un geste d'impuissance :

« Comment le savoir ? Ceux auxquels j'ai fait allusion étaient tous présents ce matin et ont participé comme tout le monde à la lutte contre le feu. Les accuser hâtivement ferait plus de mal que de bien... »

Ce que le directeur se gardait bien d'ajouter, c'est que trois des agitateurs les plus résolus contre Gerald Fairley s'étaient fait remarquer par leur absence. Il gardait le renseignement par-devers lui pour leur régler directement et discrètement leur compte. Homme d'expérience, Wilson préférait faire passer à ces inconscients l'envie de recommencer en leur inspirant une saine terreur qui, par la suite, lui permettrait d'avoir barre sur eux et de les rendre dociles. Il espérait sincèrement qu'Adam Fairley aurait assez de bon sens pour en faire autant avec son fils.

Adam Fairley l'avait écouté en fronçant les sourcils.

« Cela n'a pas de sens, dit-il. Pourquoi iraient-ils allumer un incendie et s'exposer ensuite au danger ?

— Pour la raison que je vous ai dite, monsieur. Ils ont pris peur en voyant la tournure des événements et ils ont bien été forcés de faire comme leurs camarades, pour ne pas attirer l'attention sur eux. Nous ne saurons sans doute jamais lequel ou lesquels ont lancé l'allumette. »

Adam Fairley s'efforçait de contenir sa rage contre Gerald, à côté de laquelle sa colère envers les incendiaires irresponsables était presque teintée d'indulgence.

« C'est bien, Wilson, votre théorie semble raisonnable. Mais n'y a-t-il rien que nous puissions faire contre ces misérables ? Leur folie a menacé le village !

— Hélas ! monsieur, nous n'avons aucune preuve concrète. Si nous voulions poursuivre les meneurs, il est bien probable que les autres se rangeraient de leur côté par solidarité et nous nous trouverions avec une grève sur les bras. Le remède serait pire que le mal... »

Wilson s'interrompit et se gratta la gorge avec embarras :

« Si je puis me permettre, monsieur, il serait peut-être bon que vous parliez à M. Gerald, à son retour de Shipley. Il faudrait lui conseiller de modérer ses propos, d'être moins dur avec les ouvriers...

— J'y compte bien, Wilson, rassurez-vous ! Il va recevoir une correction dont il gardera le souvenir, croyez-moi ! Le gredin ! Jamais je n'aurais cru qu'il désobéirait ainsi à mes ordres les plus formels... Revenons-en au plus pressé. Que nous reste-t-il comme matières premières en stock ?

— De quoi assurer la production jusqu'à la fin du mois, à peu de chose près. Dans quinze jours, trois semaines, nous devrions recevoir une expédition de McGill, et nous serons tirés d'affaire. D'ici là, il faudra vérifier l'inventaire et voir si nous ne pourrions pas retarder quelques livraisons en cas de besoin. Sinon, nous risquons d'être trop justes.

— Faites pour le mieux, Wilson. Je viendrai au bureau de bonne heure lundi matin m'en occuper avec vous. Il faut prévoir dès maintenant la reconstruction de l'entrepôt, en brique cette fois. Pensez aussi à passer commande d'une autre pompe à incendie. J'espère que cette catastrophe ne se reproduira pas, mais il vaut mieux être prêt à toute éventualité.

— Elle ne se reproduira pas, monsieur, je vous le garantis! » s'écria le directeur d'un ton si convaincu qu'Adam le dévisagea avec surprise.

Wilson se mordit les lèvres et regretta sa bévue. D'un ton plus égal, il détourna la conversation et les deux hommes réglèrent calmement les derniers détails des affaires en cours.

Tandis qu'il allait remplir les verres, Adam Fairley réfléchit à la surprenante exclamation de son directeur. Ainsi, se dit-il, Wilson connaît sûrement les coupables et préfère ne pas m'en informer pour régler la question lui-même. Il hésita à peine et préféra ne pas insister pour savoir la vérité. Mieux valait laisser Wilson punir les incendiaires à sa façon, dont on ne pouvait douter qu'elle serait efficace. C'était désormais à lui, Adam, de faire de même avec Gerald, le vrai responsable. Mais l'était-il autant qu'on l'en accusait? se demanda Adam. Si l'on remontait aux causes, c'était lui, son père, qui devait se blâmer. Depuis trop longtemps, il lui avait beaucoup trop laissé la bride sur le cou. Dernièrement, ses absences prolongées n'avaient fait qu'aggraver l'indépendance et le manque de jugement de Gerald. Il devenait impératif qu'il reste à Fairley et reprenne les choses en main. C'était son devoir.

Mais il y avait Olivia... A la pensée de se séparer d'elle plus de quelques jours, Adam Fairley frissonna. Elle était devenue sa seule raison de vivre, le roc sur lequel il avait rebâti son existence en ruine. Parviendrait-il à la convaincre de revenir vivre à Fairley Hall? Comprendrait-elle les raisons graves qui le contraignaient à assurer effectivement la conduite de ses affaires, dont dépendait la vie de tant d'individus? Si seulement cet imbécile, cette brute, ce porc de Gerald était capable de se conduire comme un homme, et non comme une bête! Heureusement, comme tous les fanfarons, Gerald était un lâche. Il comprendrait le langage de la force et s'y soumettrait. A coups de fouet, s'il le fallait. Oui, à coups de fouet, grommela Adam.

Les dents serrées, le visage rouge de colère, Adam Fairley respira profondément et prit sur lui pour retrouver son calme. Il finit de remplir les verres et rejoignit Wilson, l'air calme comme à son habitude.

« J'espère que le docteur Malcolm ne tardera pas à arriver, dit-il en se rasseyant. Je suis extrêmement inquiet au sujet de ce pauvre John Harte.

— Moi aussi, monsieur. Mais le Grand Jack est un homme, un vrai. Il se battra jusqu'au bout et il s'en tirera, vous verrez. Ses enfants ont besoin de lui et il le sait.

— Que Dieu vous entende, Wilson. Pour ma part, je ne pourrai jamais m'acquitter de ma dette envers lui. Jamais. »

TABLE

Prologue 1968 9

1904 41

1905 179

« Composition réalisée en ordinateur par IOTA »

IMPRIMÉ EN FRANCE PAR BRODARD ET TAUPIN
7, bd Romain-Rolland - Montrouge - Usine de La Flèche.
LE LIVRE DE POCHE - 12, rue François 1er - Paris.
ISBN : 2 - 253 - 02812 - 6

30/5573/8